AF565129

Uschi Herzer und Joachim Hiller

DAS OX-KOCHBUCH 6

Kochen ohne Knochen

Unsere besten veganen Punk-Rezepte

kochbuch@ox-fanzine.de
www.ox-fanzine.de/kochbuch

Edition Kochen ohne Knochen

1. Auflage 2022
ISBN 978-3-95575-176-0

Redaktion: Uschi Herzer und Joachim Hiller
Titelgrafik und Illustrationen: Rautie, www.rautie.de
Fotos: Uschi Herzer und Joachim Hiller,
außer S. 50, 81, 161: Daniela Mohr, danielamohr.com
Layoutentwicklung: Oliver Schmitt
Layout: Philipp Hüsgen
Lektorat: Ute Borchardt
Druck und Bindung: Maincontor

Ventil Verlag
Boppstr. 25, 55118 Mainz
www.ventil-verlag.de

Inhalt

DIY 21

Tapas 35

Suppen & Eintöpfe 61

Hauptgerichte 75

Salate 141

Süßes 159

Kuchen 165

Index 185

Wir kochen ohne Knochen

Über zwei Jahrzehnte sind seit Erscheinen unseres ersten vegetarisch-veganen Kochbuchs (»Das Ox-Kochbuch«) 1997 vergangen. Sich vegetarisch zu ernähren war Mitte der Neunziger schon einigermaßen normal und akzeptiert, wir selbst blickten auf rund ein Jahrzehnt – Uschi etwas mehr, Joachim etwas weniger – vegetarische Lebens- und Küchenerfahrung zurück. Vegan lebende Menschen kannten wir auch einige aus unserem sozialen Umfeld, der Punk- und Hardcore-Szene, immer war hier der Hintergrund das tierrechtliche Engagement. Wir selbst konnten diese Sichtweise seinerzeit noch nicht so recht für uns annehmen, zu stark waren wir der »Käseküche« verhaftet, fremdelten auch etwas mit der Radikalität und Absolutheit, mit der die antispeziesistischen Argumente oft vorgetragen wurden. Vegetarisch, das war doch genug, das war uns gut genug.

2010 waren wir dann bei Mille und Mareike eingeladen, einem befreundeten vegan lebenden Paar. Und die beiden taten das, was viele Menschen meist nicht tun bei Diskussionen unter Freund:innen: sie leisteten argumentativ Widerstand, als wir unsere sattsam bekannten Vegetarier-Entschuldigungen abließen, von wegen auf Käse könnten und wollten wir einfach nicht verzichten, bla bla bla. Wir gerieten schnell in die Defensive und versprachen, es zumindest mal vier Wochen vegan zu versuchen – nicht ohne dass ich bei meinem Rückzugsgefecht noch darauf beharrte, beim allwöchentlichen Pizzeriabesuch auf jeden Fall weiterhin Käse zu essen. Gesagt, getan ... und nach zwei Wochen schmeckte mir der Käse auf der Pizza dann nicht mehr, fühlte sich der Fett-Eiweiß-Klumpen im Magen nicht mehr gut an.

Tja, und der Rest ist Geschichte ... Unser veganes Magazin »Kochen ohne Knochen« kam auf den Markt, und das zu einem Zeitpunkt, als wir merkten, dass mit diesem »Vegan« sich irgendwas bewegt. Andere Vegan-Magazine gab es noch nicht, auch keine veganen Bestseller-Kochbücher. Und die über hundert Jahre alte Interessenvertretung der Pflanzenesser:innen hieß noch »Vegetarierbund« und nicht ProVeg, es gab keine landesweiten veganen Messeveranstaltungen mit zehntausenden Besucher:innen, die Anzahl veganer Kochbuch-Neuerscheinungen belief sich pro Jahr (und nicht pro Monat) auf zwei Handvoll, und in Supermärkten, von Discountern ganz zu schweigen, gab es keine Pflanzenmilch, keine vegane Pizza, keinen »Keese«, keine »Vurst«. Vegane gastronomische Angebote an jeder Ecke? Ein schöner Traum. Mediale Aufmerksamkeit für pflanzenbasierte Themen? Maximal zur Belustigung der »Normalessenden«. Politische und wissenschaftliche Forderungen nach maximaler Reduzierung des Fleisch- und Milchproduktkonsums zur Rettung des Weltklimas? Schafften es nicht in die Massenmedien. Vegane Influencer:innen mit hunderttausenden Follower:innen? Undenkbar. Ebenso wie der Erfolg rein wissenschaftsbasierter Ratgeber für eine gesunde pflanzliche Ernährung.

2012 kam nach vier vegetarisch-veganen Kochbüchern dann unser erstes komplett veganes Kochbuch, »Kochen ohne Knochen« betitelt, mit dem Untertitel »Das Ox-Kochbuch 5«. Davor hatten die Kochbücher durchnummeriert »Das Ox-Kochbuch« geheißen und irgendwann hatte sich die wundervolle, von uns ersonnene Alliteration »Kochen ohne Knochen« als Untertitel eingeschlichen, die mit dem gleichnamigen Magazin dann ein Eigenleben entwickelte und ihrerseits zur Marke geworden ist. Was es mit diesem »Ox« auf sich hat? Dabei handelt es sich um unser 1988 gegründetes Punkrock-Musikmagazin, in dem von Anfang an eine vegetarisch-vegane Rezeptseite ihren Platz hatte, die Mitte der Neunziger als eine Loseblattsammlung die Keimzelle des ersten Ox-Kochbuchs darstellte. Das wiederum in einem kleinen Mainzer Verlag erschien, aus dem später der Ventil Verlag hervorging, der mittels der Edition Kochen ohne Knochen die Heimat von veganen Autor:innen wie Niko Rittenau, Stina Spiegelberg oder Justin P. Moore wurde.

Vor diesem Hintergrund quälten wir uns dann jahrelang mit der bohrenden Frage von Verlag, Fans und Freund:innen, wann denn endlich unser neues, sechstes Kochbuch komme. Waren wir mit unseren bisherigen Büchern gefühlt immer Trendsetter gewesen, hatten wir angesichts von immer stärker »aufgerüsteten« veganen Kochbüchern zu so ziemlich jeder denkbaren Landesküche und Themenstellung, mit immer sensationelleren Fotos, das Gefühl, damit weder mithalten zu können noch zu wollen. Unsere Bücher zeichnete bislang ihre »Niederschwelligkeit« aus: kein stylishes Layout, wenige Fotos, keine Inszenierung. Aber ist das noch zeitgemäß? Auf ein Buch, das versucht, irgendwie noch einen draufzusetzen, hatten wir keine Lust. Wir hatten unsere Bücher bislang immer als quasi anekdotischen »Soundtrack unseres (Küchen-)Lebens« gesehen, uns geht das Interesse an der Inszenierung ab. Und damit war dann eigentlich klar, wie unser neues Kochbuch aussehen, wie es klingen muss: wie die davor. Und apropos klingen: Natürlich gibt es zu jedem Rezept auch wieder unsere Musikempfehlung.

Deshalb haben wir uns unsere alten und ewigen Lieblingsrezepte angeschaut, überprüft, wie wir diese heute kochen im Vergleich zur damaligen Niederschrift, was dazugekommen ist, und stellten fest, dass wir mit diesem neuen Buch das tun, was viele unserer Lieblingsbands machen: Sie gehen mit einem neuen Album auf Tour, spielen viele neue Songs und achten darauf, auch immer die Klassiker in bisweilen neuer Interpretation im Set unterzubringen. Und genau das haben wir auch getan. Ergänzend haben wir auch einige wenige Rezepte von Freund:innen übernommen.

Wir wünschen viel Spaß beim Kochen! Genießt es!

Uschi & Joachim

Wir danken: Rautie für seinen grandiosen grafischen Beitrag. Ute fürs Lektorieren. Philipp für das Layout. Niko für seinen aufklärerischen Einsatz. Oli von Ventil für die Layoutentwicklung. Jens, Ingo, Jonas, Patrick und Brit vom Ventil Verlag für all die tollen gemeinsamen Projekte. Den diversen Praktikant:innen, die über die Jahre an unserer Rezeptdatenbank gearbeitet haben. Unseren Gastrezeptspender:innen. Und allen, die uns inspiriert haben.

Wieso vegan warum?

Was bedeutet »vegan«?

Vegan zu leben bedeutet, in seiner Ernährung und seiner Lebensweise komplett tierische (bisweilen wird das Wort »tierlich« gegenüber »tierisch« bevorzugt) Produkte zu vermeiden: keine Eier, kein Käse, keine Milch, kein Honig, kein Fleisch, kein Fisch, keine Gelatine, kein Leder – und auch keine Produkte, bei deren Herstellung Substanzen tierischer Herkunft verwendet wurden. Dadurch unterscheidet sich die vegane Lebensweise von der der Omnivoren (essen alles), Vegetarier:innen (essen nichts vom toten Tier) oder Pescetarier:innen (fischessende Vegetarier:innen). Auch vegane Rohköstler:innen gibt es. Und nicht zu vergessen: die »Flexitarier:innen« – die essen zwar gerne mal vegan, aber eben nicht immer. Mitunter wird statt vegan auch der Begriff »streng vegetarisch« verwendet. Und Obacht: Wer »veganisch« sagt oder schreibt, macht sich gänzlicher Uninformiertheit verdächtig.

Auch beim Begriff »pflanzenbasiert« ist Vorsicht geboten: der kann synonym zu vegan gebraucht werden, muss aber nicht gleichbedeutend sein.

Veganer:innen – was sind das für Menschen?

Es klingt immer negativ, wenn man aufzählt, was Anhänger:innen einer bestimmten Lebensweise alles nicht tun – und wenn dann zusätzlich vermutet wird, dass das, wie unter Befolgung eines quasireligiösen, nicht hinterfragten Regelwerks getan werden muss, und dabei vergessen wird, dass alle uns bekannten vegan lebenden Menschen zu dieser Lebensweise durch einen meist längeren Erkenntnisprozess gelangten. Wer vegan lebt, darf und kann alles essen, will es aber nicht!

Also vergegenwärtigen wir uns lieber, was vegan lebende Menschen tun: Sie achten ihre Mitkreaturen, die Umwelt, machen sich Gedanken über das Verhältnis zu den anderen Lebewesen auf diesem Planeten, schützen die Umwelt, die Ressourcen, die eigene und die Gesundheit anderer. Und das ganz einfach, indem Dinge gelassen werden, die bei rationaler Überlegung eben nicht getan werden müssen. Es gibt bei genauerer Betrachtung für einen in einer westlichen Überflussgesellschaft lebenden Menschen weder gesundheitliche noch wirtschaftliche Gründe, eine in jeder Hinsicht ausreichende Ernährung durch die Tötung und/oder Nutzung (vegan lebende Menschen sprechen hier von Ausbeutung, sehen den Begriff »Nutzung« als Euphemismus an) von Tieren sicherstellen zu müssen.

Was nun das von Nicht-Veganer:innen, von »Normalesser:innen« hier und da als aggressiv, beleidigend oder belehrend empfundene Gebahren von manchen Veganer:innen gegenüber »Fleisch(fr)essern« und als inkonsequent empfundenen Vegetarier:innen betrifft: Solch ein Verhalten gibt es. In jeder sozialen Gruppe gibt es Menschen, die ihren Lebensstil, weil als allein selig machend empfunden, am liebsten der ganzen Welt aufdrücken wollen, weil sie sich in beinahe religiöser Weise erleuchtet und erhöht fühlen. Das sind oft Menschen, die angesichts der millionenfachen Tötung von Tieren so wütend sind, dass sie vergessen, dass man mit aggressivem Auftreten, mit Pöbeln und Beleidigen niemanden von seiner Meinung überzeugen kann. Das gelingt allein durch ein positives Beispiel und freundliches Vertreten und Erklären seiner Ansichten.

Viele vegan lebende Menschen machen allerdings die Erfahrung, dass sie von »Normalesser:innen« allein schon durch ihre Anwesenheit, durch das Verweigern von Fleisch, Wurst, Käse, Milch und Co. als »Störer:innen« wahrgenommen werden, als Querulant:innen. »Jetzt hab dich nicht so, das Stückchen Sahnetorte kannst du doch wohl essen!« oder »Da ist nur ein bisschen Speck drin, das kannst du doch rausfummeln« sind Sätze, die alle vegan lebenden Menschen schon so oft gehört haben, dass es manchmal schwerfällt, beim tausendsten Mal noch nett zu lächeln.

Die allermeisten Veganer:innen sind dennoch freundliche, positive Menschen, denen belehrendes Auftreten völlig fremd ist, die sich nur auf konkrete Nachfrage als vegan lebend zu erkennen geben – und sie machen dennoch die Erfahrung, dass man auf

ihr Verhalten, ihre Einstellung aggressiv reagiert. Es mag nach »Küchenpsychologie« klingen, aber es ist wohl so, dass viele Fleischesser:innen ein latent schlechtes Gewissen haben wegen ihres Tuns (bzw. Nicht-Lassens). Jede:r weiß, dass mehr Sport, weniger Alkohol, nicht rauchen und auch weniger (oder kein!) Fleisch besser wäre, und wird man auf das Thema angesprochen, wacht der innere Schweinehund auf und fühlt sich auf den Schwanz getreten. Statt eines resignativen »Jaaa, du hast ja eigentlich Recht ...« gilt aber bei vielen Menschen die Devise »Angriff ist die beste Verteidigung«, und so wird die vegan lebende Person, die einem durch sein bloßes Nicht-Tun vor Augen führt, was man selbst (der letzte Lebensmittelskandal ist zu jedem beliebigen Zeitpunkt höchstens ein paar Wochen her) eigentlich weiß, nur zum/zur unabsichtlichen Überbringer:in einer Botschaft, die man nicht hören will. Die Griechen brachten den Überbringer der schlechten Nachricht einst um, so weit geht man dann doch nicht, aber für ein aggressives Anpampen reicht es dennoch. Und wenn die »angepampte« Person dann nicht nur lächelt, sondern noch was Treffendes entgegnet, stimmt vermeintlich das Bild der veganen Spaßbremse, des/der überheblichen Pflanzenfressenden wieder.

Warum vegan, und was ist »falsch« an vegetarischer Ernährung, am Fleischkonsum?

Es ist ganz simpel: Ohne Kuh keine Milch, und keine Milch ohne Kälbchen. Damit Kühe Milch geben, müssen sie Nachwuchs bekommen. Damit sie Milch geben, müssen sie ständig Nachwuchs haben. Und der Nachwuchs (also die Kälbchen) muss weg. Deshalb gibt es Kalbfleisch. Oder um es andersherum zu betrachten: Keine Milch (kein Käse, keine Sahne ...) ohne Kalbfleisch, ohne Rindfleisch. An genau dieser Stelle setzt die Kritik an Menschen ein, die sich »nur« vegetarisch ernähren: Wer Milchprodukte konsumiert, isst zwar selbst kein Fleisch, trägt aber zwingend dazu bei, dass es ständig neue Kälbchen (und Kühe) gibt, die der landwirtschaftlichen Logik entsprechend »verwertet« werden müssen – im Schlachthaus. Ergo gilt: Wer nicht will, dass für seine Ernährung Tiere sterben müssen, darf nicht nur selbst kein Fleisch essen, sondern sollte konsequenterweise auch nicht durch sein Essverhalten dazu beitragen, dass für die Fleischesser ständig neuer Fleischnachschub »produziert« wird. Biologische Milchviehwirtschaft ändert an dieser grundlegenden Problematik übrigens nichts.

Ähnlich verhält es sich auch mit Eiern: Legehühner, auch die vom Bio-Hof, landen letztlich im Suppentopf und nicht auf dem Hennen-Gnadenhof. Da beim Nachwuchs künftig weniger selektiert werden soll (da viel mehr Hühner als Hähne gebraucht werden, landen männliche Küken direkt im Schredder), lautet die zynische (vermeintliche) Lösung »Zweinutzungshuhn«.

Vom direkten Fleischkonsum brauchen wir gar nicht erst zu reden: Die Zeiten, als sich hierzulande Bäuer:innen ein paar Schweine hielten, um Lebensmittelreste verfüttert zu bekommen, sind lange schon vorbei, die Bauernhofidylle ist längst eine Lüge, riesige Mastbetriebe sorgen für Billigfleisch im Supermarktregal, zigtausende Tonnen Gülle vergiften die Umwelt, Medikamentenrückstände bedrohen nicht nur die Fleischesser:innen, sondern uns alle. Und Geflügel, »gesundes« Putenfleisch, Chicken-Nuggets & Co.? Der Realität der Massen(qual)haltung kann sich niemand verschließen, der die Nachrichten verfolgt. Die (industrielle) Produktion von Fleisch unter Einsatz von Mastfutter, in der Regel auf Sojabasis, bedeutet Urwaldrodung, Monokulturen, genmanipulierte Pflanzen, massenhaften Pestizideinsatz, von Großkonzernen und Spekulation dominierte Märkte.

Und Bio-Fleisch oder Bio-Milchviehwirtschaft? Für manche Menschen mag diese Art der »Produktion« als akzeptable Lösung erscheinen zur Vermeidung der schlimmsten Auswüchse, »Überzeugungsveganer:innen« interessiert das nicht: tot ist tot, und für das Töten von Tieren, ihre »Nutzung«, gibt es keinen vernünftigen Grund, lässt sich doch eine vollwertige, gesunde Ernährung auf rein pflanzlicher Basis problemlos sicherstellen. Und sowieso: »Artgerecht ist nur die Freiheit!«

Fisch aus Wildfang ist angesichts überfischter Bestände nicht nur unter ökologischen und ethischen Aspekten unverantwortlich. Die Fangflotten der Industrie- und Schwellenländer leeren die Meere schneller, als die Fische nachwachsen können, und berauben etwa vor Afrikas Küsten die einheimische Bevölkerung ihrer Nahrungsquelle, werfen zigtausende Tonnen Fische, als »Beifang« verletzt oder tot, wieder ins Meer. Aber auch Fisch, Shrimps und Co. aus Zuchtbetrieben sind unter ökologischen Aspekten abzulehnen, jenseits von ethischen Gründen wird hier doch oft mit massiver Medikation und Massenhaltung das wiederholt, was man aus der Tierhaltung zu Lande kennt.

Von Genussveganer:innen und Antispeziesist:innen

Die vegane Szene ist so bunt wie das Leben. »Die« Veganer:innen gibt es nicht, einig ist man sich nur darin, nichts vom Tier essen oder gebrauchen zu wollen. Manche finden pflanzliches Essen einfach leckerer als solches, das vom lebenden oder toten Tier stammt. Andere leben aus gesundheitlichen Gründen vegan, manchmal spielt hier eine »Vorbelastung« durch eine Allergie eine Rolle, Laktose-Intoleranz oder eine Herz-Kreislauf-Erkrankung. So oder so, eine vegane Ernährung kann, wenn sie planvoll angegangen und ausgewogen umgesetzt wird, gesundheitlich vorteilhaft sein. Eine Ernährungsberatung ist sinnvoll, wenn diese Motivation im Vordergrund steht. Auch die Beschäftigung mit der Gießener veganen Lebensmittelpyramide hilft zu verstehen, wie vegane Ernährung gut umgesetzt werden kann. Unabdingbar ist die Substituierung von Vitamin B_{12}, das nicht in pflanzlichen Lebensmitteln enthalten ist. Der B_{12}-Spiegel muss regelmäßig ärztlich kontrolliert werden.

Ökologische Aspekte sind für viele vegan lebende Menschen ebenfalls ein wichtiger Grund für ihre Entscheidung, schließlich schaden Massentierhaltung, Fleischkonsum und Milchwirtschaft wegen des enormen Ressourcen- und Flächenverbrauchs der Umwelt ganz erheblich und tragen zur Erderwärmung bei. Wenn pflanzliche Nahrungsmittel als Viehfutter verwendet werden, ist zudem immer ein politischer Aspekt im Spiel: in Südamerika und zunehmend auch in Afrika gehören riesige Agrarflächen internationalen Großkonzernen, deren Interessen gegenüber Kleinbäuer:innen und Landlosen oft mittels korrupter Regierungen und durch polizeiliche und militärische Gewalt

durchgesetzt werden, von den mafiösen Strukturen im Holz-Raubbau (auf den gerodeten Flächen weiden hinterher Tiere oder wird beispielsweise Soja angebaut) einmal abgesehen. Nicht zu vergessen der Absatzmarkt für oft genmanipuliertes, patentiertes Saatgut nebst dazugehörigen Pestiziden und gesundheitlichen Folgen für die Landarbeiter:innen, die diesen ausgesetzt sind.

Für andere Veganer:innen stehen wiederum die Tierrechte im Vordergrund: Denen geht es nicht darum, ob Legehennen ein paar Quadratzentimeter mehr Platz haben oder dass Zirkustiere ordentlich gehalten werden. Statt »nur« um den Tierschutz, geht es hier ganz grundsätzlich um das Verhältnis zwischen Menschen und »nichtmenschlichen Tieren«. Von Antispeziesismus ist da oft die Rede: Warum sollte dem Menschen das Recht zustehen, andere Lebewesen zu nutzen, sie auszubeuten, sie zu töten? Hier kommen aber bisweilen auch Ansichten und Forderungen zum Tragen, die nicht jeder nachvollziehen kann oder will. Gerade Fleischesser:innen oder Nur-Vegetarier:innen sind von diesen komplexen, philosophischen Argumenten gerne mal überfordert, zudem wenn sie mit aggressivem Unterton vorgetragen werden, etwa mit der Parole »Vegetarier sind Mörder«. Oft wird hier vergessen, dass Menschen sich nur durch positive Beispiele beeindrucken und überzeugen lassen, nicht aber durch anklagend erhobene Zeigefinger.

Was Veganer:innen nicht konsumieren – und was sie stattdessen verwenden

»Hilfe, ich bin vegan, was soll ich denn jetzt essen?!« Ruhe bewahren: Prinzipiell lässt sich sagen, dass sich für alles, was man bislang nur als nichtpflanzliches Produkt kannte, eine Alternative findet. Eine vegane Ernährung bedeutet eben immer auch eine grundsätzliche Umstellung der Ernährung. Wer als Fleischesserin vorher Berge von Hähnchen und Schweinshaxen in sich reingestopft hat, wer als Vegetarier:in kiloweise französische Käsespezialitäten vertilgt hat, wird es auf kurze Distanz sicher schwer finden, sich mit gleichen Speisen »in vegan« zu ernähren. Zwar ist die vegane Lebensmittelbranche sehr erfinderisch, gerade was »Fleischersatzprodukte« betrifft, und es gibt auch diverse vegane »Käse«-Sorten, doch viele vegan lebende Menschen, die ehrlich zu sich selbst sind, geben zu, dass manche dieser Produkte zwar durchaus gelungen sind und man sie ab und zu auch mal gerne isst, aber in jeder Hinsicht überzeugend, also von Geschmack bis zur küchentechnischen Verwendbarkeit, sind sie nicht für jeden.

Die Konsequenz: Man setzt solche Produkte hier und da und eher sparsam ein, wenn man denn darauf steht, wohingegen andere Veganer:innen bei allem, was nach Fleisch oder Käse aussieht und riecht, die Flucht ergreifen. Veganer Käseersatz ist eben oftmals – nur merkt man es da im Gegensatz zum Original an der Zutatenliste – ein Klumpen Fett und damit ernährungsphysiologisch zumindest fragwürdig. Auch tun sich hier oft Welten auf zwischen einem vollwertigen Lebensmittel aus Bio-Zutaten und einem zwar rein pflanzlichen, aber dafür auf die Kunstgriffe moderner Lebensmittelchemie zurückgreifenden Produkt. Polemik und stark wertende Urteile sind hier aber fehl am Platz, denn letztlich ist erlaubt, was schmeckt und gefällt.

Und mit Bildern aus der Massentierhaltung und Schlachthöfen vor Augen fällt das Urteil über das »kleinere Übel« sowieso eindeutig aus.

Wenn man nun aber nach der Entscheidung für eine vegane Lebensweise so »normal« wie möglich weiterkochen und -essen will, stößt man zwangsläufig auf einige Produkte, die in der europäischen Küche ständig vorkommen und für die man entsprechende pflanzliche Alternativen benötigt. Mit etwas Übung sind alle veganen Zutaten einfach einsetzbar, und da man als vegan lebender Mensch sowieso etwas anders kocht als Omnivore oder Vegetarier:innen, generell neugierig und lernfreudig ist, macht das alles eigentlich keine Mühe – und für so ziemlich jede Frage findet sich irgendwo im Netz ein Blog- oder Foreneintrag. Hier nun eine kleine Übersicht, was es gibt, was man damit macht und was nicht. Im Hinterkopf behalten sollte man die Grundregel, den Schwerpunkt seiner Ernährung auf möglichst unverarbeitete Lebensmittel zu legen.

Milch: Veganer:innen sollte man besser nicht mit Milch (auch nicht laktosefreier!) kommen, nicht mit Sahne, Butter, Crème fraîche, Käse, etc. Erstaunlicherweise haben viele Omnivore völlig absurde Vorstellungen bezüglich der Lebensmittel, die Milchprodukte enthalten, ja Schwierigkeiten, etwa Butter als tierisches Produkt zu identifizieren. Jeder vegan lebende Mensch ist deshalb zwangsläufig geschult im Erläutern solcher Sachverhalte, aber angesichts der Ahnungslosigkeit, Ignoranz oder Arroganz, die ihm entgegenschlägt, immer wieder erstaunt. Vegane Milch darf – dumme Gesetze sorgen dafür – nicht so heißen, also lautet der korrekte Begriff beispielsweise »Sojadrink«. Auch aus Hafer, Reis oder Mandeln lässt sich Pflanzenmilch herstellen. Manche Produkte sind mit Kalzium angereichert, andere gesüßt oder aromatisiert, das eine lässt sich für Cappuccino besser aufschäumen als das andere, manches flockt in Tee oder Kaffee aus. Ausprobieren und Lieblingsprodukt finden! Und wer sich an Getränkekartons stört: es gibt etwa Hafermilch auch in der Pfandflasche oder als Pulver zum Anrühren.

Sahne: Wie bei Milch gibt es eine breite Palette an Alternativprodukten etwa auf Soja- oder Haferbasis, oder auch Mandelmus. Nicht immer lassen sich die pflanzlichen Alternativen 1:1 identisch verarbeiten, manche Vegan-Sahne mag es nicht, aufgekocht zu werden, auch das Aufschlagen für Kuchen und Süßspeisen ist im Detail anders und nicht bei jedem Produkt möglich. Aber etwas Übung, Recherche und Küchenforschung helfen auch hier schnell weiter.

Quark/Frischkäse: Hier gibt es verschiedene Fertigprodukte, viele küchenerfahrene Veganer:innen schwören aber auf Seidentofu, der sich hervorragend für Käsekuchen oder Mousse au Chocolat eignet. Und einen Frühstücksquark bzw. Kräuterfrischkäse auf Tofu- oder Cashewbasis kann man leicht selbst herstellen (Rezepte hier im Buch).

Butter: Statt Butter bietet sich vegane Margarine (Obacht, manche Margarine enthält Milchprodukte) als Brotaufstrich an, zum Backen eignet sich die etwas festere Variante sehr gut, auch Rapsöl beispielsweise ist beim Backen je nach Anwendung eine gute Alternative. Standard ist beim Backen oft die »gelbe Alsan«.

Käse: Es gibt viele Hersteller von veganem Käse, mancher Milchkonzern mischt hier heute mit. Welcher einem schmeckt, kann jede:r selbst herausfinden, doch viele Ex-Vegetarier:innen sehen hier den härtesten Schnitt zu ihrem bisherigen Essverhalten. Speziell auf Cashewbasis gibt es hier mittlerweile oft von kleinen Manufakturen hergestellte Spezialitäten à la Camembert, die unbedingt einen Versuch wert sind. Zum Überbacken eignet sich aber auch Hefeschmelz, der leicht selbst gemacht ist (Rezept hier im Buch). Auch ordentlichen veganen Feta gibt es.

Joghurt: Sojajoghurt schmeckt, vor allem wenn mit Früchten vermischt oder z. B. als Zaziki zubereitet, nicht anders als solcher aus Milch. Beim Kauf aufpassen, denn mancher Natur-Sojajoghurt ist gesüßt (Zutatenliste beachten) und eignet sich deshalb nicht für Herzhaftes. Auch auf Hafer- oder Kokosbasis wird Joghurt angeboten – ausprobieren und Lieblingsmarke finden. Selbermachen ist auch möglich – dann auf vegane Joghurtkulturen achten.

Ei: Das vegane Frühstücksei oder Spiegelei bleibt trotz manch spannender Entwicklung (noch) Zukunftsmusik, aber davon abgesehen ist die Substituierung beim Backen und Kochen einfach. Man kann spezielle Ersatzprodukte kaufen, billiger geht es mit Sojamehl oder Kichererbsenmehl, das etwa beim Backen oder zum Stocken einer Quiche Eier ersetzen kann. Beim Backen kann Banane oder Apfelmus ein guter Ersatz sein. Und Rührei kann man hervorragend mit einer Mischung aus normalem Tofu und Seidentofu zaubern (Rezept hier im Buch). Übrigens denken viele »Normalos«, dass Nudeln immer Eier enthalten – dabei besteht italienische (Trocken-)Pasta typischerweise nur aus Hartweizengries, wohingegen frische Nudeln meist Ei enthalten.

Mayonnaise: Warum ist da überhaupt Ei drin? Geschmacklich ist Ei in Mayo völlig redundant, eifreie Mayo ist in jedem Supermarkt erhältlich und zudem leicht selbst herstellbar (Rezept hier im Buch).

Honig: Honig lässt sich leicht ersetzen, etwa durch Agavendicksaft, Ahornsirup oder speziellen veganen Honig (der nicht Honig heißen darf). Die »reine Lehre« des Veganismus sagt: kein Honig, weil ein Produkt der Tierausbeutung. Aber zu diesem Thema hat jeder vegan lebende Mensch eine eigene Meinung, manche essen Honig, andere nicht. Bienenwachs wird oft als Trennmittel verwendet, z. B. bei eigentlich veganen Fruchtgummis.

Fleisch, Wurst: Die Trennlinie in der Veganszene verläuft zwischen Freund:innen der »Substitutküche« einerseits und jenen, die alles Fleischige ablehnen, ob nun vom Tier oder nur nachgeahmt. Pragmatische Veganer:innen essen, worauf sie Lust haben: Wiener Schnitzel aus Seitan? Lecker. Sojasteak? Yummy! Gebratener Tofu? Eine Delikatesse! Das sehen andere anders, lecker geht für sie pflanzlich, und alles, was nach Fleisch aussieht, so schmeckt oder seine Textur hat, wird abgelehnt. Auch die vegane Küche ist eben in erster Linie Geschmackssache. Wer es also gerne fleischig hat in Pfanne und Eintopf, auf Grill oder Brot, findet unzählige Alternativprodukte, basierend auf texturiertem Soja, Tofu, Erbsprotein oder Seitan (Weizengluten). Ob Hackfleisch, Schnitzel, Geschnetzeltes, Döner/Gyros, Bratwurst, Aufschnitt – in keinem Aspekt ist die vegane Lebensmittelbranche erfinderischer. Wenn man das mag, ist es lecker, wenn man allerdings vegan wurde aus Ekel vor Fleisch und Wurst, ist die Alternative oft so echt, dass sie die gleichen Reaktionen hervorruft. Aus Geschmacksgründen gibt es angesichts vielfältiger, ausgereifter Pflanzenprodukte keinen Grund weiterhin Tiere zu essen.

Gelatine und andere »versteckte« tierliche Substanzen: Mit Agar-Agar oder Johannisbrotkernmehl lässt sich eine feste Konsistenz von beispielsweise Süßspeisen genauso gut erreichen wie mit Gelatine, die aus Schlachtabfällen hergestellt wird, sind ihrerseits aber nicht immer unumstritten. Die Lebensmittelindustrie ist findig, wenn es darum geht, in Produkten oder bei deren Herstellung Teile vom lebenden oder toten Tier einzusetzen. Medikamente werden in Gelatinekapseln gefüllt, Tabletten mit Milchzucker hergestellt, Saft und Wein bisweilen mittels Gelatine oder Hühnereiweiß von Trübstoffen befreit.

Leder, Pelz, Wolle, Seide: Wer kein totes Tier auf dem Teller liegen haben will, trägt es auch nicht an den Füßen, an den Beinen oder am Oberkörper spazieren. Manche Veganer:innen gehen so weit, auch Kunstpelz und Kunstleder abzulehnen, vielen aber genügt es zu wissen, dass ihre Kleidung und Schuhe tierproduktfrei sind. Dass die Ersatzprodukte oft aus ökologisch (auch) nicht unbedenklichen Kunststoffen sind, wird als das kleinere Übel angesehen. Lederfreie Jacken und Hosen sind kein Problem, bei Schuhen muss man etwas suchen und eine etwas kleinere Auswahl hinnehmen, stellt dann aber fest, dass es für jeden Bereich von Outdoor bis Büro lederfreie Alternativen in sehr guter Qualität gibt, auch von explizit veganen Anbietern. Kleidung aus Wolle und Seide wird gemieden, ebenso Produkte, die beispielsweise Rosshaar (z. B. in Matratzen) enthalten. Und idealerweise wird nur Kleidung gekauft, die mit einem Siegel (z. B. »Grüner Knopf«, »FairWear«) faire Herstellungsbedingungen gewährleistet, und der Bio-Anbau der Naturfasern sollte ausgewiesen sein. Konsequent: gebraucht kaufen.

Haustiere: Hunde als »Allesfresser« lassen sich relativ einfach artgerecht und problemlos vegan ernähren. Bei Katzen, die Fleischfresser sind, ist es anders: zwar ist veganes Katzenfutter (trocken und feucht) erhältlich, aber alle Katzenbesitzer:innen wissen: Katzen fressen nur, was sie wollen. Also greifen viele vegane Katzenbesitzer:innen dann notgedrungen doch zum (Bio-)Fleischfutter. Immer eine konsequente Entscheidung: Tiere aus dem Tierheim, nicht von Züchtenden, so trägt man nicht zu Steigerung der Nachfrage bei. Und natürlich sind Hund und Katze kastriert. Grundsätzlicher gehen manche Tierrechtler:innen die Sache an und lehnen die Haltung von Tieren in Gefangenschaft – zuhause und im Zoo – ab, inklusive Goldfisch, Kanarienvogel und Hamster.

Kosmetik: Viele Kosmetik- und Körperpflegeprodukte enthalten tierische Inhaltsstoffe, die mögliche Palette ist groß – und viele Hersteller bieten pflanzliche, tierversuchsfreie Naturkosmetik an, die auch durch entsprechende Logos gekennzeichnet sind. Zu Beginn ist das auch hier etwas zeitintensiv, doch hat man dann »seine« Produkte gefunden, ist es kein Problem mehr.

Woran erkenne ich vegane Produkte?

Viele vegane Produkte kann man am Vegan-Logo, einem, dem Bio-Siegel ähnlich, geschützten V-Logo erkennen, dass sich auf einer Reihe von Produkten findet. Es gibt verschiedene V-Labels, mit etwas Internetrecherche lernt man sie zu unterscheiden. Grundsätzlich sind Bio-Läden eine gute Vor-Ort-Quelle für vegane Lebensmittel, ebenso verschiedene spezialisierte Internet-Versandhändler mit oft tausenden Produkten, die ausschließlich »sichere«, also vegane Waren anbieten. Um im Laden erkennen zu können, ob ein Produkt vegan ist, auch wenn es das V-Logo nicht trägt, kann eine Smartphone-App hilfreich sein: Barcode fotografieren und schon kann man erkennen, ob vegan oder nicht. Nur zu Beginn der »veganen Karriere« ist das etwas aufwendiger, denn wenn man »seine« Produkte mal kennt, ist das Einkaufen nicht komplizierter als vorher.

Vegan = bio = fair?

Vegan ist nicht gleich bio. Viele vegane Lebensmittel finden sich im Bio-Laden, aber es gibt auch viele konventionelle Veganprodukte, die Supermärkte sind mittlerweile voll davon. Und manch Veganprodukt, speziell wenn es um Fleischalternativen geht, lässt sich aufgrund der strengen Bio-Richtlinien auch gar nicht »in bio« herstellen. Vielfach gibt es auch beide Versionen, etwa bei Sojamilch oder Tofu. Wir sind der Meinung: So viel bio wie möglich muss sein! Gleiches gilt für fair gehandelte Produkte (erkennbar z. B. am Fairtrade-Logo). Vegane Schokolade, die nicht mit fair gehandeltem Kakao hergestellt wurde, ist für uns ein Beispiel für ein inkonsequentes Produkt.

Regional, saisonal, bio, unverpackt und dem Anbaugebiet angemessen

Dieser »Fünfklang« ist das Nonplusultra, wenn es um einen möglichst kleinen »Klima-Fußabdruck« geht. Regionale Erzeugung sorgt für kurze Transportwege. Saisonal bedeutet, dass man etwa Erdbeeren oder Trauben dann isst, wenn sie hier reifen – und nicht im Winter, wenn diese zigtausende Kilometer transportiert werden müssen. Dass es nicht immer alles gibt, worauf man gerade Lust hat oder was in einem Rezept steht, muss ausgehalten werden können.

Bio – wurde eben schon erläutert. Unverpackt ist durchaus eine Umstellung, die als ähnlich »anstrengend« wahrgenommen werden kann wie der Umstieg auf vegan. Aber wer sich mal in einem Unverpacktladen oder an der Abfüllstation in einem Biomarkt umgesehen hat, wird nach einer kurzen Phase der Umgewöhnung feststellen, dass man hier eine Menge Verpackungsmüll sparen kann. Generell kann das zum Überdenken des eigenen Konsumverhaltens genutzt werden: Convenience-Produkte aus der Kühltheke wie fertige Burger, Bratlinge und Co. kommen immer in fiesen Plastikverpackungen und führen den fortschrittlichen veganen Gedanken ad absurdum. Und Pflanzendrinks gibt es nicht nur im Getränkekarton, sondern auch in der Pfandflasche oder als Pulver zum selbst Anrühren.

Und was nun »dem Anbaugebiet angemessen« betrifft, so sollte man sich die Frage stellen, ob etwa Avocado sein muss, wenn doch bekannt ist, dass deren Anbau enorm viel Wasser verbraucht, das in der Anbauregion etwa in Chile oder im Süden Spaniens nicht ausreichend vorhanden ist. Und bei all dem darf nicht vergessen werden, dass hinter allen landwirtschaftlichen Produkten Menschen stecken: Werden die ordentlich bezahlt oder findet hier brutale Ausbeutung statt?

Küchenausstattung

Was in einer veganen Küche zur Grundausstattung gehört ist natürlich Geschmackssache. Wie so oft ist solides Werkzeug aber in jedem Handwerk von Vorteil. Unabdingbar ist für uns eine gute, große beschichtete Pfanne – ehrlich gesagt haben wir sogar drei davon in verschiedenen Größen und Höhen … Unsere ist sehr dauerhaft, lässt sich beim Händler nach ein paar Jahren sogar neu beschichten, will aber natürlich gut gepflegt werden – kein Metall, kein Holz, nur Silikon als Werkzeug ist der Schlüssel zu einem langen Leben. Bei uns immer im Einsatz: Ein Druckkochtopf, denn der spart Zeit und Energie, etwa bei Kartoffeln und Hülsenfrüchten.

Wir setzen zudem auf langlebiges Qualitätswerkzeug, etwa bei Reibe, Raspel und Co. Einmal gut gekauft bedeutet nicht nur hier (gegebenenfalls) austauschbare Bauteile, sondern auch Nachhaltigkeit durch jahrzehntelange Haltbarkeit. Für Schüsseln und Behälter empfiehlt sich deshalb Edelstahl und Glas. Sehr wichtig: ein, besser zwei dauerhafte Schneidebretter – gerne aus Holz, wenn man es pflegt und nicht in die Spülmaschine packt. Von Glas raten wir ab, denn es schadet den Messern. Apropos: Wir schwören auf unser eigenes Kochen ohne Knochen-»Zöppken« – ein Solinger Klassiker, scharf und in Normalgröße und in XL zu haben. Damit kann man eigentlich alles machen – nur ein Messer mit Wellenschliff ergänzt das noch. Alle drei nehmen wir sogar mit in den Urlaub, denn die schönste Ferienwohnung hat meist nur lumpige Messer. Ein Sparschäler kommt auch immer mit und ist essentiell, wobei da jede:r die Lieblingsvariante herausfinden muss.

An elektrischen Geräten ist für uns ein hochwertiger, leistungsstarker Pürierstab unverzichtbar, den nehmen wir sogar zum Campen mit. Auch wichtig: ein leistungsstarker Mixer. Es muss nicht der teuerste sein, aber an einem Billiggerät verliert man schnell den Spaß. Wenn es etwas mehr sein darf als ein Handrührer mit Knethaken, kann eine Küchenmaschine zum Rühren, Kneten und vielleicht sogar Raspeln und Mixen durchaus Spaß machen. Und wenn denn eine Investition in einen neuen Kühlschrank ansteht, raten wir unbedingt zu einem mit »Biofresh« oder ähnlich bezeichneten Gemüsefach. Darin hält sich Gemüse um ein vielfaches länger als im normalen Kühlschrank. Konsequenz: bessere Vorratshaltung, es vergammelt weniger.

Niko Rittenaus 10 Tipps für eine gesunde vegane Ernährung

Das Thema der gesunden (veganen) Ernährung kann oft komplex und verwirrend erscheinen. Darüber hinaus ist das theoretische Wissen um die richtige Ernährungsweise nur die halbe Miete. Um die wichtigsten wissenschaftlichen Erkenntnisse in Bezug auf eine vollwertige vegane Ernährung in den Alltag übertragen und anwenden zu können, habe ich zehn Tipps kreiert, mit denen es gut gelingt, die Quintessenz einer gesunden veganen Ernährung in den Alltag zu integrieren.

Es gibt keine »(un)gesunden« Lebensmittel: Der Fokus sollte auf der Gesamternährung und nicht auf einzelnen Lebensmitteln liegen. Das Verteufeln einzelner Lebensmittel ist aus gesundheitlicher Sicht nicht zielführend und kann ein psychologisch ungesundes Verhältnis zur Nahrungsaufnahme fördern. Ein Apfel pro Woche bei überwiegend ungesunder Ernährung wird ebenso wenig helfen, wie ein Stück Torte bei insgesamt gesunder Ernährung nicht schaden wird.

Lebensmittelauswahl statt Makronährstoffverhältnis: Das Geheimnis einer gesunden Ernährung liegt nicht im Verhältnis der drei Makronährstoffe Kohlenhydrate, Fette und Proteine zueinander (Stichworte: Low-Carb, Low-Fat etc.), sondern in der Lebensmittelauswahl. Es gibt sowohl gesundheitsfördernde als auch (in größerer Menge) gesundheitlich abträgliche Arten von Fetten und Kohlenhydraten. Keiner der Makronährstoffe ist per se schlecht, und so gilt es, besser zwischen den unterschiedlichen Arten zu differenzieren.

Ein Auge auf die Kalorien: Eine gesunde Ernährung soll dem Körper jene Menge an Nahrungsenergie bereitstellen, die er benötigt, ohne ihn dabei zu sehr unter- bzw. überzuversorgen. Dabei muss man die Menge an Kalorien nicht penibel berechnen, sondern sollte lediglich ein Gespür dafür entwickeln, wie viel Energie diverse Lebensmittel ungefähr liefern. Nicht primär die Menge an Lebensmitteln ist für Über- oder Untergewicht verantwortlich, sondern in erster Linie deren Energiegehalt.

Fett nicht verteufeln: Durch die Low-Fat-Bewegung entstand eine undifferenzierte Fettphobie. Es gibt aus gesundheitlicher Sicht allerdings bessere und schlechtere Fette. Gesundheitsfördernde fetthaltige Lebensmittel sind ein wichtiger Teil jeder Ernährung, weil sie für unseren Körper überlebensnotwendige Fettsäuren liefern und die Aufnahme fettlöslicher Nährstoffe verbessern. Der Fettgehalt der Nahrung alleine ist auch kein Indikator für das Entstehen von Erkrankungen und Übergewicht. »Fett macht fett« ist schlichtweg nicht korrekt.

Die Mineralstoffabsorption optimieren: Mithilfe einfacher Tricks kann die durchschnittlich geringere Mineralstoffabsorption aus pflanzlichen Lebensmitteln deutlich erhöht und jener aus tierischen Produkten ebenbürtig gemacht werden. Im Wesentlichen betrifft das Eisen, Zink und Calcium, da andere Mineralstoffe entweder nicht kritisch sind oder ihre Bioverfügbarkeit trotz ihrer pflanzlichen Herkunft stets hoch ist. Letzteres ist beispielsweise bei Jod und Selen aus Pflanzen der Fall.

Den Regenbogen essen: nicht in Form von Smarties oder Skittles, sondern in Form von buntem Obst, Gemüse und anderen bunten, vollwertigen, pflanzlichen Lebensmitteln. Damit stellt man eine möglichst hohe Zufuhr und Vielfalt an sekundären Pflanzenstoffen sicher, die durch ihre vielfältigen positiven Wirkungen (u. a. entzündungshemmend, antioxidativ, antikanzerogen, cholesterinsenkend) zuträglich auf die menschliche Gesundheit wirken.

Klug salzen: Groß angelegte Studien zeigen, dass mit einer Reduzierung der Salzzufuhr eine deutliche Senkung des Blutdrucks erreicht und so das Risiko für Herz-Kreislauf-Erkrankungen gesenkt werden kann. Fachgesellschaften raten daher, den Konsum von Salz (= Natriumchlorid) auf eine tägliche Maximalzufuhr von 5–6 Gramm bei gesunden Menschen und auf 3 Gramm bei Personen mit Bluthochdruck zu beschränken.

Trinken nicht vergessen: Gesundheit, Wohlbefinden und Leistungsfähigkeit sind in großem Maße von der Flüssigkeitszufuhr abhängig. Daher ist es wichtig, nicht erst zu trinken, wenn ein spürbares Durstgefühl auftritt, sondern es sich zur Gewohnheit zu machen, im Laufe des Tages und vor allem morgens direkt nach dem Aufstehen ausreichend Flüssigkeit zu sich zu nehmen. Als Zufuhrempfehlung für gesunde Erwachsene gelten etwa 35 Milliliter Flüssigkeit pro Kilogramm Körpergewicht pro Tag.

Stunden statt Kalorien zählen: Eine Kalorie ist nicht einfach eine Kalorie, sondern sie wirkt sich in Abhängigkeit von der Tageszeit unterschiedlich auf unseren Organismus aus. Studien zeigen Vorteile durch auf bestimmte Zeiten beschränktes Essen in Bezug auf Schlafqualität, Insulinsensitivität, Gewichtsregulierung und weitere Parameter. Trotz all der Vorzüge muss darauf verwiesen werden, dass derartige Konzepte nicht für Personen mit Untergewicht oder Essstörungen geeignet sind.

Keine Angst vor Nahrungsergänzungsmitteln: Basis jeder gesunden Ernährung sind stets vollwertige Lebensmittel. Doch aufgrund suboptimaler Produktions- und Verarbeitungsmethoden sowie eines fehlenden Fokus der Lebensmittelproduzent:innen auf die Nährstoffbedürfnisse vegan lebender Menschen gibt es (noch) diverse Nährstoffe, die bis zur Überbrückung dieser Unzulänglichkeiten durch einen veganen Multinährstoff supplementiert werden sollten.

Niko Rittenau ist studierter Ernährungsberater mit dem Fokus auf pflanzliche Ernährung. Er ist Autor des Grundlagenwerks »Vegan-Klischee ade!« und mehrerer weiterer veganer Koch- und Sachbücher. Er kombiniert seine Fähigkeiten als ausgebildeter Koch mit dem Ernährungswissen seiner akademischen Laufbahn, um Innovationen zu kreieren, bei denen guter Geschmack auf Gesundheitsbewusstsein und nachhaltigen Konsum trifft. Er zeigt in Vorträgen und Seminaren seine Version von bedarfsgerechter Ernährung für eine wachsende Weltbevölkerung und fördert die Achtsamkeit gegenüber hochwertigen Lebensmitteln.

www.nikorittenau.com

Linsenpaste

von Uschi Herzer, 🔈 REO SPEEDWAGON »Hi Infidelity«

Aufstriche aus dem Gläschen sind teuer und ein bevorzugter Umsatzbringer der Bio-Hersteller, aber für vegane belegte Brote und Sandwiches eine unverzichtbare Grundlage. Also Müll vermeiden, Geld sparen und DIY!

- *100 g (braune) Linsen*
- *1 gewürfelte Möhre*
- *5 cm klein geschnittener Lauch*
- *500 ml Gemüsebrühe*
- *1 kleine Zwiebel*
- *150 g Margarine*
- *Salz, Pfeffer, Majoran*

1. Die Linsen 2–3 Stunden in Wasser einweichen. Danach zusammen mit der klein geschnibbelten Möhre und dem Lauch in der Gemüsebrühe 20–30 min weichkochen.

2. In der Zwischenzeit die Zwiebel würfeln und in etwas Margarine goldbraun braten.

3. 150 g Margarine leicht erhitzen. Alles zusammen im Mixer pürieren, mit den Gewürzen kräftig abschmecken und in kleinen Gläsern mit Deckel kalt stellen.

★ *Ist ca. 1 Woche im Kühlschrank haltbar, lässt sich aber ausgezeichnet einfrieren.*

Tomaten-Bohnen-Aufstrich

von Joachim Hiller, 🔈 NOFX »White Trash, Two Heebs And A Bean«

- *1 kleine Dose weiße Bohnen*
- *½ Glas getrocknete Tomaten in Öl*
- *evtl. etwas Pflanzenöl*
- *Salz, Pfeffer*
- *italienische Kräutermischung*

1. Für diesen super schnell herzustellenden Aufstrich braucht man einen Pürierstab. Hat man keinen, kann man an dieser Stelle aufhören zu lesen. Wer einen hat, besorgt sich einen hohen, schmalen Kunststoffbecher, in den der Zauberstab reinpasst.

2. Die Bohnen werden abgegossen und geduscht, bis der zähflüssige Schmodder weg ist. Ab in den Becher damit. Nun die getrockneten Tomaten grob in Stücke schneiden, in den Becher geben. Eine Prise Salz, etwas Pfeffer und Kräuter dazu.

3. Dann entweder einen guten Schuss Öl in den Becher gießen, oder, wer es etwas tomatiger mag, das Öl aus dem Tomatenglas, oder eine Mischung aus beidem.

4. Mit dem Pürierstab alles mit Vollgas zu einer cremigen Pampe zermusen. In eine Schüssel füllen und auf Baguettescheiben (frisch geröstet besonders lecker) servieren.

CASHEW-FRISCHKÄSE

von Uschi Herzer, EA80 – alle Platten bis 1987 nacheinander auflegen

Ich schwöre, wer einmal in die Welt des fermentierten Cashewkäses eingetaucht ist, möchte ihn nicht mehr missen. Okay, man muss ein bisschen was dafür tun und ganz billig ist er auch nicht, aber es lohnt sich definitiv, sich mal näher damit zu beschäftigen. Alles, was du brauchst, sind ungesalzene, nicht geröstete Cashewnüsse und eine fermentierte Starterflüssigkeit; das ist z. B. Rejuvelac (Brottrunk). Kann man easy selbst herstellen, Rezept siehe unten. Ich verrate dir jetzt zunächst die Frischkäse-Grundlage und die geht so:

a) Basisrezept

- *300 g Cashewkerne, am besten in Bio-Qualität**
- *1 Prise Salz*
- *80–150 ml Rejuvelac (ca. 8 Eiswürfel, falls gefroren)*

1. Cashewkerne in einen großen Becher geben (ich nehme da gerne einen Messbecher mit Deckel) und mit reichlich Wasser bedecken. Obacht, die Nüsse saugen viel Wasser auf, also darauf achten, dass sich genug Flüssigkeit im Becher befindet. Mindestens 4 Stunden einweichen. Wer keinen Hochleistungsmixer hat, sollte die Nüsse am besten mit heißem Wasser übergießen und anschließend mindestens 8 Stunden einweichen, dann fällt nachher das Pürieren leichter.

2. Nach der Einweichzeit das Wasser abgießen und die Cashews abtropfen lassen. Wer einen Hochleistungsmixer hat, bringt den jetzt zum Einsatz; die anderen nehmen einen Mixbecher und den Zauberstab. Cashews in den Mixbehälter kippen, eine gute Prise Salz dazu und die Hälfte des Rejuvelac und los geht's mit der ersten Pürierstufe! Die Masse ist jetzt höchstwahrscheinlich noch zu fest und körnig, also muss noch Rejuvelac mit etwas Fingerspitzengefühl dazu. Immer wieder einen guten Schuss Flüssigkeit hinzufügen und mixen. Die Konsistenz ist perfekt, wenn sie glatt und cremig ist. Im Kühlschrank wird die Masse übrigens noch ein bisschen fester.

3. Jetzt die Masse in ein Gefäß geben, in dem der Käse reifen soll – ich nehme dafür immer welche von diesen hübschen Weckgläsern, die haben gleich einen Deckel dabei und der Cashewkäse lässt sich darin auch gut einfrieren. Oberfläche glatt streichen, Deckel beiseitelegen und ca. 24 Stunden bei Raumtemperatur reifen lassen. Ich decke dabei die Gläser mit einem Tuch ab, damit keine Tiere reinfliegen. ▶

4. Am nächsten Tag kosten, ob der Käse schon ausreichend gereift ist. Je nach Jahreszeit, Luftfeuchtigkeit und Raumtemperatur ist die Reifezeit eventuell kürzer oder etwas länger. Einfach öfter mal probieren. Passt der Geschmack, kann der Cashewkäse jetzt nach persönlichen Vorlieben aufgesupert werden.

★ *Cashewbruch ist etwas günstiger und eignet sich hervorragend.*

★ *Man kann statt Rejuvelac z. B. auch Sauerkrautsaft nehmen, aber da wird der Geschmack definitiv anders. Einfach ausprobieren.*

★ *Der Frischkäse reift im Kühlschrank noch nach, also nicht wundern, wenn er noch etwas pikanter wird.*

★ *Der fertige Käse lässt sich gut einfrieren, deshalb mache ich immer gleich eine größere Menge.*

★ *Hält sich ca. 2 Wochen im Kühlschrank.*

b) Rejuvelac

1. Eine kleine Tasse Weizen oder Dinkel in ein großes Gefäß geben und mit 1 l Wasser übergießen. Das Getreide für 8 Stunden oder über Nacht im Wasser quellen lassen. Danach durch ein Sieb ausgießen und gut abspülen.

2. Als Nächstes muss das Getreide keimen. Dazu das gequollene Getreide am besten in ein Sprossenglas geben und dreimal täglich spülen und abtropfen lassen. Wer kein solches Glas hat, nimmt etwa ein Gurkenglas, spannt einen Stoffrest mit einem Gummiband über die Öffnung, gibt das Getreide zum Spülen in ein Sieb und dann wieder zurück ins Glas.

3. Nach zwei Tagen sollten sich ca. ½ cm lange Schwänzchen gebildet haben – jetzt ist es reif für den nächsten Schritt.

4. Das gekeimte Getreide in ein großes Glas geben und mit 8 kleinen Tassen Wasser aufgießen. Wieder mit einem Tuch abdecken, damit nix reinfliegen kann, und 2 Tage bei Raumtemperatur stehenlassen. Das Wasser sollte am zweiten Tag leicht milchig und säuerlich werden.

5. Nun die Flüssigkeit abgießen und in einem Messbecher auffangen. Jetzt ist dein Rejuvelac fertig und du kannst mit dem Käsemachen loslegen.

★ *Ich friere den Rest des Rejuvelac in Eiswürfelbehältern ein, dann hat man die Arbeit nur einmal und ist beim nächsten Cashewkäse schneller am Start.*

★ *Das gekeimte Getreide kann man z. B. zum Brotbacken oder für Bratlinge verwenden.*

Meistens mache ich aus der Käsegrundmasse zwei verschiedene Sorten. Hier sind unsere beiden Favoriten:

c) Kräuterfrischkäse

- *ca. 200 g Cashewkäsebasis*
- *1–2 EL TK-8 Kräuter*
- *1 EL Hefeflocken*
- *etwas Schnittknoblauch oder 1 zerquetschte Knoblauchzehe*
- *½ TL getrockneter Thymian (optional)*
- *½ TL Salz*
- *Pfeffer*

Alle Zutaten gut vermischen und abschmecken. Ab damit in den Kühlschrank.

d) Frischkäse mediterran

- *ca. 200 g Cashewkäsebasis*
- *3–4 getrocknete Tomaten (in Öl eingelegt), kurz abgetropft und in feine Würfel geschnitten*
- *1 EL Oliven, entsteint und grob gehackt*
- *1 EL TK-Basilikum oder frisches, fein gehackt*
- *1–2 EL Hefeflocken*
- *1 Knoblauchzehe, gequetscht, alternativ ½ TL Knoblauchpulver*
- *½ TL Salz*
- *Pfeffer*

Alle Zutaten gut vermischen und abschmecken. Ab damit in den Kühlschrank.

Angebatzter

von Joachim Hiller, 🔊 PACK »s/t«

Die bayerische Biergartenspezialität ist in ihrer veganen Variante eine harte Nuss, da würziger Camembert eine schwer nachzumachende Hauptzutat darstellt. Mit dieser veganen Variante aber schmecken Laugenbrezel und Weißbier auch den veganen Biergartenbesucher:innen.

- *300 g Tofu Natur*
- *1 Handvoll Cashewnüsse, fein zermahlen*
- *Hefeflocken*
- *Mayonnaise*
- *Margarine*
- *Salz, Pfeffer, Paprikapulver edelsüß*
- *Gemüsebrühepulver*
- *Essig*
- *1 Frühlingszwiebel* ▶

1. Zuerst den Tofu leicht zerbröseln, dann die fein gemahlenen Cashewkerne mit ca. 3 EL Margarine, 2 EL Mayonnaise, 1–2 EL Hefeflocken, 1 TL Gemüsebrühepulver, Salz, Pfeffer und Paprika in einem hohen Mixbecher mit dem Pürierstab zu einer cremigen Paste verarbeiten. Falls zu fest, etwas Wasser dazugeben.

2. Die Frühlingszwiebel waschen und in sehr feine Ringe schneiden, inklusive des knackigen Teils des Grünzeugs. In den Becher kippen und ab jetzt nicht mehr mit dem Pürierstab arbeiten.

3. Einen Schuss Essig unterrühren und nun mit dem nötigen Fingerspitzengefühl nachwürzen. Salz, Paprika, Hefeflocken – alles ist erlaubt, nur schön würzig muss es sein, manche mögen auch Kümmel (nicht gemahlen) im Obatzten.

4. Ziehen lassen! Die Zwiebel entwickelt ihren vollen Geschmack erst nach einer Weile.

5. Essen. Ist keine Brezel zur Hand, tut's auch Weißbrot.

★ *Als Basis für diese Würzung taugt auch der selbstgemachte Cashewfrischkäse.*

Tofu-Kräuterquark

von Joachim Hiller, 🔈 A PLACE TO BURY STRANGERS »Worship«

Tofu wird immer wieder mal als »Sojaquark« bezeichnet, was irgendwie Quark ist, weil Tofu nach gar nichts schmeckt. Um mit Tofu also eine wirklich leckere vegane Kräuterquark-Alternative herzustellen, ist (neben einem Mixstab oder Küchenmixer) etwas Aufwand nötig – das Ergebnis lohnt sich aber.

- *200 g Tofu Natur (oder fermentiert)*
- *50 g Cashewkerne*
- *2 TL Zitronensaft*
- *1 EL Rapsöl*
- *2 EL Hefeflocken*
- *Kräutersalz, Pfeffer*
- *mittelscharfer Senf*
- *TK-Kräutermischung*
- *einige Halme Schnittlauch oder 1 Frühlingszwiebel*

1. Zuerst die Cashewkerne fein zermahlen. Ideal geht das mit einer entsprechenden Küchenmaschine, z. B. dem Häckselmesser-Becher, der oft einem Mixstab als Zubehör beiliegt. Die Nüsse müssen wirklich mehlfein gemahlen werden. Funktioniert auch ganz gut, wenn man etwas Wasser und Öl schon jetzt dazugibt, hängt aber vom Mixer ab.

2. Nun den Tofu grob in einen hohen Mixbecher bröseln. 1–2 EL Rapsöl dazu, den Zitronensaft (eher wenig nehmen, nachkippen/abschmecken kann man immer noch), das Cashewmehl, 1 EL Hefeflocken, Senf, Salz und Pfeffer ebenso, und dann mit dem Mixstab alles fein pürieren. Falls zu trocken, vorsichtig ein wenig Pflanzenmilch nachkippen und weitermixen.

3. Abschmecken: Salz und Pfeffer sowie die Tiefkühlkräuter (Art und Menge nach Geschmack) dazu, mit einem Löffel vermischen. Noch eben den Schnittlauch in kleine Röllchen schneiden, alternativ oder on top auch eine Frühlingszwiebel inklusive des knackigen Teils des Grüns in wirklich feine Ringe schneiden und unter den Quark mischen.

4. Fertig! Der Tofu-Kräuterquark darf gerne noch etwas ziehen und mit dem Zitronensaft noch mal abgeschmeckt werden, sollte es an Säure fehlen. Ab in eine Schüssel mit Deckel damit.

★ *Im Kühlschrank aufbewahren. Ideal auch als Dip zu Pellkartoffeln oder als Füllung für Pfannkuchen.*

Sonnenblumen-Schnittlauch-Frischkäse

von Joachim Hiller, 🔊 SUNNY DAY REAL ESTATE »LP2«

DIY ist angesagt – auch in Sachen veganer »Frischkäse«. Es braucht nur etwas Vorbereitung und gutes Werkzeug in Form eines leistungsstarken Mixstabs oder eines ähnlichen Geräts.

- *100 g Sonnenblumenkerne (die kleinen, geschälten, nicht die zum Knabbern ...)*
- *Saft von einer ½ Zitrone*
- *Sonnenblumenöl*
- *Hefeflocken*
- *Kräutersalz, Pfeffer*
- *1 Bund Schnittlauch*

1. Zuerst die Sonnenblumenkerne ein paar Stunden in Wasser einweichen: In ein großes Trinkglas oder eine Tasse kippen und Wasser drauf bis bedeckt. Warten. Nach ein paar Stunden abgießen, abspülen und abtropfen lassen.

2. Die Sonnenblumenkerne als Nächstes mit etwas Öl und Wasser fein zermahlen. Ideal geht das mit einer entsprechenden Küchenmaschine, z. B. dem Häckselmesser-Becher, der meist einem Mixstab als Zubehör beiliegt, oder mit einem Standmixer.

Die Öl- und Wassermenge kann man nicht genau angeben, hier ist etwas Ausprobieren angesagt. Zunächst ist die Masse noch recht körnig und gräulich, doch je feiner und pastöser die Creme wird, desto weißer wird sie auch. Zitronensaft nicht vergessen! Lieber erst weniger nehmen und nach Geschmack nachwürzen. Fertig ist die Masse (fast), wenn sie schön cremig ist. ▶

3. Dann ein Drittel des in Röllchen geschnibbelten Schnittlauchs dazu, Salz, Pfeffer und Hefeflocken nach Geschmack, alles noch mal durchmischen und abschmecken.

4. Die Masse in eine Schüssel kratzen (idealerweise mit Deckel für die spätere Kühlschrankaufbewahrung) und noch den restlichen Schnittlauch unterheben. Fertig!

5. Der »Frischkäse« darf gerne noch etwas ziehen, mit dem Zitronensaft kann man noch ein bisschen abschmecken, falls es an Säure fehlt.

★ *Im Kühlschrank hält sich das problemlos 1 Woche, aber da der so lecker schmeckt, ist er eigentlich nach kürzester Zeit weggefuttert.*

★ *Passt als Dip zu Gemüsesticks, zu Pellkartoffeln, aber auch einfach nur als Brotaufstrich.*

Braune Sauce

von Joachim Hiller, 🔊 MDC »Shades Of Brown«

Eine gute Sauce ist für viele Köchinnen und Köche die Basis eines guten Gerichts. Typischerweise wird dafür totes Tier verbraten und die Sauce dann über totes Tier gekippt. Aber auch zu gebratenem Seitan oder Tofu und Knödeln oder Spätzle passt sie perfekt – in der veganen Variante. Da die Herstellung zeitaufwändig ist, macht man besser gleich mehr und friert den (kalten) Rest ein. Prinzipiell kann man natürlich auch die dafür verwendete Gemüsebrühe selbst machen …

- *2 Möhren*
- *1 Stange Lauch*
- *2 rote Zwiebeln*
- *1 Handvoll frische Champignons*
- *2 Knoblauchzehen*
- *2 Stangen Sellerie*
- *2 EL Olivenöl*
- *150 ml Rotwein*
- *¾ l Gemüsebrühe*
- *Salz, Pfeffer*
- *2 EL Mehl*
- *1 EL Sojasauce*
- *1 EL Hefeextrakt (z. B. von Vitam)*
- *1 EL Balsamico-Essig*
- *Thymian*
- *Salbei*
- *Rosmarin*

1. Das Gemüse waschen, putzen und in eher kleine Würfel schneiden.

2. Olivenöl in einem Topf erhitzen, Pilze und Zwiebeln rein und schmurgeln, bis die Pilze etwas geschrumpft sind. Dann den Rest des Gemüses, Salz und Pfeffer dazu und anbräunen (nicht anbrennen!) lassen.

3. Das Mehl darüber stäuben, gut rühren dabei, und dann auch gleich den Rotwein hinein. Temperatur runter!

4. Sojasauce, Hefeextrakt, Balsamico-Essig und vorzugsweise frische Kräuter dazu. Die Gemüsebrühe dazukippen.

5. 15 min ohne Deckel köcheln lassen.

6. Ein ausreichend großes Sieb über einen anderen Topf oder eine Schüssel legen und dann den Topfinhalt reinkippen. Mit einem großen Löffel das Gemüse »ausdrücken« – wir wollen nur die Flüssigkeit, das ausgedrückte Gemüse hat danach seine Schuldigkeit getan und kann weg.

7. Ist die Sauce schön dick und cremig? Falls ja, kann sie direkt serviert werden. Ansonsten noch etwas auf kleiner Flamme eindicken lassen.

Da-lacht-die-Kuh-Schmelze

von Frank Wiercioch, 🔈 Beim kreativen Rumprobieren alles von MDC oder BIG BOYS
🔈 Zum Essen ALKALINE TRIO »Good Mourning«

Veganer Käse ist nicht jedermanns Sache, also versuch mal diesen hier:

- *5 EL Öl (je nach Menge)*
- *1 Knoblauchzehe, fein gehackt*
- *Salz oder Gemüsebrühe*
- *5 EL Hefeflocken*
- *Weizenmehl oder was da ist, auch ca. 5 EL*
- *Sojamilch*
- *Salz, Kräuter, Curry*

1. Erstmal Öl in eine Pfanne geben und so mittelmäßig einheizen. Die klein gehackte Knoblauchzehe dazugeben und goldgelb, aber nicht braun werden lassen.

2. Dann die 5 EL Mehl mit dem Schneebesen einrühren; das Ganze wird leicht pampig (wie meine Freundin heute morgen). Anschließend eine halbe Tasse Wasser reinschütten und mit dem Schneebesen weiter verrühren und aufkochen lassen.

3. Hefeflocken dazu und immer schön rühren. Damit es nicht zu fest bleibt, etwas Sojamilch reinkippen und gucken, wie es sich verhält. Nicht zu dickflüssig werden lassen (noch Sojamilch dazuschütten), aber auch nicht zu dünn.

6. Zum Schluss mit einer Prise Salz abschmecken.

★ *Wer es richtig kräftig mag, kann auch ein wenig Gemüsebrühepulver nehmen. Auch Tiefkühlkräuter, etwas Curry oder eine Prise Chilipulver (scharf) könnte man jetzt einrühren. Das Grundding ist immer das Öl, etwas Wasser, die Hefeflocken und die Sojamilch (finde ich besser als nur Wasser).*

Potato Wedges

für 2, von Uschi Herzer, 🔈 NEW ORDER »Movement«

Wedges aus der Tiefkültruhe? Pah! Selber machen! Und zwar so:

- *500 g Kartoffeln, vorwiegend festkochend*
- *Olivenöl, Salz, Pfeffer, Paprikapulver edelsüß*

1. Die Kartoffeln waschen, schälen, mit Küchenpapier trockentupfen und je nach Größe vierteln oder achteln.

2. In eine Schüssel mit Olivenöl damit, umrühren und die Gewürze drüber.

3. Ofen auf 200–225 °C hochballern, auf das Gitterrost Backpapier legen und die Kartoffeln darauf verteilen.

4. Ab in die Mitte des Ofens damit und nach 20–25 min sollten sie fertig sein.

Das große Bratlingsmassaker

von Joachim Hiller, 🔈 METALLICA »Kill 'em All«

Als Kind habe ich es geliebt, im Garten und sonst wo mit Matsch zu spielen. Schlamm, Dreck, drin herumrühren, in Förmchen füllen – Hauptsache, man sah hinterher aus wie Sau. Das Kind im Manne kommt bei mir immer in der Küche beim Bratlingsteigmachen zum Vorschein: Da kann ich nach Herzenslust rühren und pampen und die Küche einsauen – und muss sie wieder sauber machen, wobei das leckere Endergebnis über diesen unschönen Randaspekt hinwegtröstet.

Der Vorteil dieses frei variierbaren Grundrezeptes liegt darin, dass man, sofern ein paar Basics vorhanden sind, unabhängig von nervigen Einkäufen loslegen kann – rund 45 min Zeit sollte man aber mitbringen. Außerdem ist dieses Rezept günstig, beliebig in der Menge und damit auf x Mäuler hochskalierbar, und entlarvt die Sinnlosigkeit von, in der Regel richtig teuren, Bratlingsmischungen. Los geht's!

Das muss zwingend auf Lager sein:

- *feine Haferflocken, besser: Mehrkornflocken*
- *Kichererbsenmehl*
- *Semmelbrösel oder Paniermehl*
- *Gemüsebrühepulver*
- *Salz, Pfeffer*
- *neutrales Öl/Fett zum Braten*
- *große Bratpfanne, beschichtet*

Das kann rein, falls verfügbar:

- *Hefeflocken*
- *feine Sojaschnetzel*
- *Kreuzkümmel*
- *Paprikapulver edelsüß*
- *Sonnenblumenkerne*
- *Sesam*
- *Zwiebel, fein gewürfelt*
- *gekochte Kartoffel*
- *Röstzwiebeln, getrocknet*
- *Frühlingszwiebeln, in feine Ringe geschnitten*
- *TK-Kräutermischung*
- *Möhre, fein gerieben*
- *Knoblauch*
- *fein geriebener veganer Käse*
- *…*

1. Und ab: Als grober Anhaltspunkt kann die Ausgangsbasis von 200 g Hafer/Mehrkornflocken gelten, ergänzt um 2 EL Kichererbsenmehl als Bindemittel. Mit der Menge bekommt man ungefähr 8–10 große Bratlinge hin, was zwei Bratpfannenladungen entspricht und ergo bei 4 Leuten für 2 Burger/Frikadellen pro Nase reicht, als Beilage oder im Brötchen. Und bei nur 2 Essern ist so am nächsten Tag noch was übrig.

2. Die Flocken in eine nicht zu kleine Schüssel schütten. Und jetzt wird's lustig: Wir kippen von den oben aufgeführten Zutaten alles nach Augenmaß und Geschmack in die Schüssel, mit einer Ausnahme: Semmelbrösel. Freestyle ist angesagt, Grammwagenkocher und ängstliche Dauerrezeptgucker sind hier fehl am Platze.

3. Dann vorsichtig (!) warmes Wasser (alternativ: Pflanzenmilch) dazukippen (besser erstmal zu wenig als zu viel), alles gut mit einem Löffel oder den Fingern durchkneten und ca. 10–15 min ziehen lassen. Zwischendurch mal durchrühren.

4. Ist die Masse zu hart und zu trocken, vorsichtig Wasser nachgießen, falls zu feucht, mit Semmelbröseln trockenlegen. Mit dem Abschmecken ist das so eine Sache: Die Pampe ist an sich nicht so lecker, aber um zu merken, ob die Sache zu fad oder ausreichend würzig ist, reicht es aus. Stark gewürzt sollte es durchaus sein.

5. Pfanne anwerfen, und ordentlich Öl/Fett in die Pfanne. Ohne wird das nix, Verfechter der Light-Küche sind hier sowieso im falschen Rezept. Ist das Fett heiß, Hitze etwas runterdrehen und zackig loslegen: Hände anfeuchten, mit einem Esslöffel einen Batzen Pampe abstecken und zu einem handtellergroßen Fladen formen. Wer will, kann die Bratlinge noch in Paniermehl oder Sesam wälzen, muss aber nicht sein.

6. Ab ins heiße Öl damit, nix anbrennen lassen, schön wenden und wenn braun, auf einen Teller mit Küchenpapier legen, damit das überschüssige Fett aufgesaugt wird. Dann die zweite Bratsession starten, aber bitte die Pfanne vorher mit Küchenpapier von altem Öl und schwarzen Bröseln befreien.

★ *Die Bratlinge sind ideale Burgerbestückung, schmecken lecker als Beilage zu Kartoffelsalat, zu jeder Art von Gemüsegerichten, und pur mit etwas Ketchup nachts, wenn nach viel Bier der Hunger kommt.*

Zum Verzehr als Burger

- *(Burger-)Brötchen*
- *Gewürzgurke*
- *Tomate*
- *Salatblätter*
- *Senf, Mayo, Ketchup*
- *Zwiebelringe*
- *…*

Brötchen (ggfalls getoastet) halbieren und die Oberseite des Unterteils mit Mayo beschmieren, Salatblatt drauf, dann den Bratling, 1–2 dünne Tomatenscheiben, Zwiebelringe (für frischen Atem), in Streifen geschnittene Gewürzgurke, Senf und/oder Ketchup und dann den Deckel drauf und sich beim Essen total einsauen.

Ingwer Shot à la Ox

reicht für 2 und ca. für 1 Woche, von Uschi Herzer, 🔊 PETROL GIRLS »Cut And Stitch«

Ingwer Shots sind absurd teuer. Wesentlich preiswerter und ohne Verpackungsmüll ist es, den Ingwerschuss selber herzustellen. Das geht ganz einfach, allerdings ist ein guter Mixer von Vorteil.

- *100 g Ingwer*
- *8–10 Zitronen*
- *100 ml Agavendicksaft, Reissirup oder andere flüssige Süße*

1. Ingwer schälen und grob in Stücke schneiden.

2. Zitronen auspressen und Saft beiseitestellen.

3. Ingwer und Saft zusammen mit der Flüssigsüße in den Mixer geben und so lange pürieren, bis ein stückchenfreier Saft entstanden ist.

4. In eine Flasche füllen und ab damit in den Kühlschrank.

★ *Wir trinken davon jeden Morgen ein Schnapsgläschen nach dem Frühstück. Damit sind wir gut gegen Viren und Bakterien gerüstet – wobei das eher auf Dran-Glauben als auf Wissenschaft basiert, wenn wir ehrlich sind.*

★ *Wer mag, kann noch etwas Kurkuma, Pfeffer und/oder Zimt dazugeben.*

Mayo, Remoulade, Aioli

von Uschi Herzer, 🔈 DAG NASTY »Can I Say«

So manche:r Veganer:in hat schon ein Vermögen ausgegeben für kleine Gläschen vegane Mayonnaise. Andererseits wird über die Heimherstellung von Mayo der Mythos verbreitet, dies sei aufwändig und Profisache. Nichts davon ist wahr. Einzige Voraussetzung ist der Besitz eines Mixstabs, aber die Dinger sind a) recht billig und b) sowieso unverzichtbar. Und ja, auch der Mayo-Meisterin ist es schon passiert, dass das Zeug nicht fest wurde. Kann passieren, neuer Versuch, neues Glück!

- *100 ml Sojamilch, ungesühnt*
- *1 TL Weißwein- oder Obstessig*
- *1–2 TL mittelscharfer Senf*
- *150–200 ml Sonnenblumen- oder Rapsöl (Olivenöl nur, wenn man den relativ intensiven Geschmack in der Mayo mag)*
- *Salz, Pfeffer, evtl. Knoblauch*

1. Ganz wichtig und essentiell: Öl und Sojamilch müssen ca. 1 Stunde in den Kühlschrank, damit beide Flüssigkeiten gleich temperiert sind.

2. In einen hohen Becher, in den man mit dem Mixstab aber noch reinkommt, die Sojamilch und den Essig kippen. Leicht verrühren und ein paar Minuten ruhen lassen. Dann den Senf dazu, Salz und Pfeffer.

3. Jetzt den Zauberstab ansetzen und mit der dritten Hand (sprich: eine Küchenhilfe ist an diesem Punkt sehr praktisch) langsam und gleichmäßig, während der Mixer sein Werk tut, das Öl dazugießen. Bis zur gewünschten Konsistenz mixen.

4. Zum Schluss noch mal final abschmecken – Essiggurkenwasser gilt hier als absoluter Geheimtipp!

★ *Für Aioli einfach zum Schluss eine gepresste Knoblauchzehe unterrühren.*

★ *Im Kühlschrank hält sich die Mayo in einem verschlossenen Behälter locker eine Woche, und da kein Ei drin ist, kann sowieso nix passieren.*

★ *Remoulade ist so was wie gepimpte Mayo und passt super zu Vischstäbchen oder aufs Sandwich. Dazu bei obiger Mayo-Menge 2–3 Essiggurken in sehr feine Würfel schneiden, 2 EL Kapern sowie 5 Stängel Petersilie (ohne die Stängel) fein hacken und alles gut verrühren, fertig.*

No-milk-today-Grrrl

für 1 Glas (ca. 150 ml), von Uschi Herzer, 🔊 LEMONHEADS »Mrs. Robinson«

Endlich wieder Café Cortado trinken! Dieses leckere Getränk aus Spanien wird normalerweise mit »Milchmädchen« und Espresso gemacht. Alle bisherigen Versuche waren kläglich gescheitert und auch ein veganer Barista wusste hier keinen Rat. Aber jetzt haben wir die Lösung: Einfach Sojamilch mit etwas Zucker einkochen lassen! Das Ergebnis ist echt verblüffend.

- *500 ml Sojamilch (wichtig! Hafermilch funktioniert nicht)*
- *50 g Zucker*

1. Sojamilch und Zucker in einen höheren Topf geben, da es recht hoch kocht. 20–25 min unter Rühren blubbern lassen (wichtig!). Am besten am Herd stehen bleiben, da es zumindest beim Gasherd intervallmäßig hochkocht. Immer wieder umrühren ist auch nicht verkehrt.

2. Das Ganze ist fertig, wenn die Flüssigkeit leicht eingedickt ist.

3. Noch heiß in ein sauberes Schraubglas geben und sich wundern, wo die ganze Flüssigkeit geblieben ist. Aus 500 ml Sojamilch entsteht etwa 150 ml vegane Kondensmilch.

★ *Hält sich ca. 2 Wochen im Kühlschrank.*

★ *Für den Cortado kleine Gläschen (ca. 100 ml) etwa so hoch wie ein kleiner Finger dick ist mit der Zuckermilch füllen und dann die vierfache Menge Espresso aufgießen.*

Für Notizen

Tapas

Albóndigas (Spanische Hackbällchen)

ergibt je nach Augenmaß ca. 20 Vleischbällchen, von Joachim Hiller, 🔈 BIZNAGA »Gran Pantalla«

Der Klassiker aus der spanischen Tapas-Küche.

- *400 g veganes Hack (Nassgewicht)*
- *2 EL Flohsamenschalen*
- *2 EL Paniermehl*
- *2 Knoblauchzehen*
- *½ Bund Petersilie, gehackt (oder gefriergetrocknete/gefrorene Ware)*
- *1 Prise geriebene Muskatnuss*
- *1 TL Paprikapulver*
- *Salz, Pfeffer*
- *Mehl zum Wenden*
- *Bratöl zum Braten*

1. Als veganes Hack eignet sich all das, was du sonst gerne dafür nimmst. Mittlerweile gibt es veganes Hack auch als Frischware im Kühlregal, aber das klassische feine Sojaschnetzelzeug tut es auch. In diesem Fall Zubereitung nach Packungsangabe.

2. Das Hack und alle anderen Zutaten zusammenmischen, Knoblauch dazupressen. Falls zu zäh, noch ein wenig Wasser dazu, falls zu weich, etwas mehr Flohsamenschalen. 15 min ziehen lassen, denn die Flohsamenschalen binden ziemlich krass.

3. Tischtennisballgroße Klößchen formen, in einer Schüssel in Mehl wenden. Überschüssiges Mehl abklopfen, Bällchen zwischenlagern, bis alle gerollt sind.

4. Die große Pfanne anschmeißen, Öl rein, wenn heiß, die Bällchen rein und braten. Pfanne schön rütteln, damit die Bällchen rund bleiben, allseitig gebraten werden und nicht zu flachen Bratlingen werden. Deshalb sollte die Pfanne auch groß genug sein – oder eben zwei Durchgänge in einer kleinen Pfanne machen.

★ *Ideal schmecken die Bällchen in einer Tomatensauce. Selbstgemacht oder fertig, egal. Dazu die Sauce in eine Auflaufform geben, Bällchen reinsetzen und im Ofen bei 150 °C Umluft 20 min backen. Und sollten Bällchen und Sauce übrig bleiben, taugen die auch bestens für den US-Klassiker Spaghetti mit Meatballs.*

Avocado grün-rot

von Uschi Herzer, 🔈 OPEN CITY »s/t«

Eine hammerleckere Variation der Guacamole. Apfel und Zwiebel heben die Avocado hier tatsächlich auf das nächste Level. Und wenn dann doch mal eine Avocado im Korb landet, solltet sie auch königlich behandelt werden, oder?

- *1 reife (Bio-)Avocado (ich bevorzuge die Sorte »Hass«)*
- *½ kleine rote Zwiebel*
- *¼ Apfel*
- *Zitronensaft*
- *Salz, Pfeffer*

1. Zwiebel und Apfel superfein würfeln.

2. Avocado halbieren, Kern herausnehmen und Fruchtfleisch rauslöffeln. Einen Spritzer Zitronensaft drüber (nicht zu viel!) und Avocadofleisch mit einer Gabel fein zermusen.

3. Zwiebel- und Apfelwürfel untermischen und mit Salz und Pfeffer abschmecken. Schon fertig! Zum sofortigen Verzehr gedacht, denn nach ca. 30 min fängt die Avocado an, braun zu werden. Das wäre sehr schade!

Blätterteigquadrate mit was drauf

für 2 zum Sattwerden, von Uschi Herzer, 🔊 DEFEATER »s/t«

Blätterteig eignet sich wunderbar zur Zubereitung von Snacks. Wir haben z. B. aus einem Teil davon eine Art Zwiebelkuchen gemacht, einen Teil dünn mit Tomatenmark bestrichen, mit Salz, Pfeffer und Oregano gewürzt und halbierte Cherrytomaten und Oliven draufgelegt. Das lässt sich beliebig variieren, je nachdem worauf du Lust hast und was gerade im Haus ist.

- *1 Packung quadratischer TK-Blätterteig (6 Stück, ca. 10 × 10 cm)*
- *3 große Zwiebeln*
- *1 Knoblauchzehe*
- *gehackter Rosmarin, frisch oder getrocknet*
- *gehackter Thymian, frisch oder getrocknet*
- *3 TL Kapern*
- *Salz, Pfeffer*
- *12 (oder mehr) Kalamata-Oliven*
- *Olivenöl*

1. Als Erstes die Zwiebeln in relativ dünne Scheiben schneiden. Das klappt bestens mit einem fein verstellbaren Gemüsehobel. Öl in eine Pfanne geben und Zwiebeln darin weich schmoren. Dauert ungefähr 15 min. Zwischendurch schon mal mit Salz und Pfeffer würzen und immer schön umrühren. ▶

2. Als Nächstes den Blätterteig auspacken und auf ein mit Backpapier oder Dauerbackfolie belegtes Backblech legen und antauen lassen. Ofen auf 200 °C vorheizen.

3. Kurz vor Bratzeitende den Knoblauch und die Gewürze fein hacken und dazugeben. Kapern auch dazu.

4. Wenn die Zwiebeln richtig schön weich sind, verteilt ihr sie gleichmäßig auf die 6 Blätterteigscheiben. Schön glatt streichen, den Rand freilassen und leicht hochklappen/-drücken, damit es wie ein kleines Tablett aussieht. Zum Schluss auf jedes Teil zwei Oliven legen.

5. Ab damit in den Ofen und ca. 20 min backen oder so lange, bis der Teig leicht gebräunt ist. Herausnehmen, kurz abkühlen und schmecken lassen.

★ *Wer es echt französisch möchte, legt auch noch einen dünn geschnittenen roten Paprikastreifen zu den Oliven.*

Blätterteigschnecken mit was drin

von Uschi Herzer, 🔊 Moby »Animal Rights«

Ideal für die nächste Party und schnell gemacht! Beim Belag hat man freie Wahl, alle drei Varianten sind lecker. Rotes Pesto ist auch fix selbstgemacht, indem man in Öl eingelegte getrocknete Tomaten einfach schnell mit dem Mixstab massakriert.

- *1 Packung TK-Blätterteig*
- *Olivenpaste (Tapenade), rotes und grünes Pesto*

1. Zuerst die Teigplatten auftauen. Dazu die Tiefkühlteigteile nebeneinander auf die vorher eingemehlte Arbeitsplatte legen (damit die nicht ankleben) und ca. 20 min warten.

2. Sind die Quadrate weitgehend aufgetaut, zum Nudelholz greifen und die Teigplatten einzeln etwas flacher walzen. Bitte nicht zu dünn ausrollen, die Teile sollten danach ungefähr um die Hälfte größer sein.

3. Dann Tapenade und/oder Pesto gleichmäßig und dünn darauf verteilen (mit Messer oder Gummischaber), dabei aber an der oberen Längsseite einen Streifen von 1 cm frei lassen. Diesen Streifen mit Pinsel oder Finger leicht anfeuchten, das Ganze von der anderen Seite her aufrollen, so dass der freigelassene Streifen beim Zusammenrollen die Schneckenrolle zusammenklebt.

4. Nun die Teigwurst vorsichtig in ca. 1 cm dicke Scheiben schneiden und diese dann auf ein mit Backpapier ausgelegtes Blech legen. Nicht zu dicht aneinander kuscheln, sonst hat man nachher eine zusammenhängende Schneckenkolonie.

5. In den vorgeheizten Backofen schieben und bei 200 °C ungefähr 15 min drin lassen, bis die Teile eine leichte Braunverfärbung zeigen.

★ *Noch schneller geht es, wenn man statt der TK-Ware eine gekühlte Blätterteigrolle verwendet, denn die muss nicht erst aufgetaut werden.*

Brotsalat im Glas

für 4 als Vorspeise, von Uschi Herzer
🔈 UNITED NATIONS »The Next Four Years«

- *½ kleine Zucchini*
- *2 Cocktailtomaten*
- *ca. 100 g gegrillte, eingelegte Paprikaschoten aus dem Glas*
- *1 kleine Zwiebel*
- *½ Packung Tofu mit Basilikum*
- *ein paar Brotchips*
- *1 EL Agavendicksaft*
- *1 TL Senf*
- *1 Knoblauchzehe*
- *3 EL Weißweinessig*
- *6 EL Olivenöl*
- *Salz, Pfeffer*
- *4 kleine Weckgläser*

1. Paprika abtropfen lassen und in kleine Stücke schneiden. Zucchini und Tomaten waschen und in feine Scheiben, Zwiebel in sehr dünne Ringe schneiden. Tofu zerbröseln.

2. Agavendicksaft mit Senf, gepresstem Knoblauch, Essig, Olivenöl und Salz und Pfeffer verrühren. Jetzt abwechselnd je eine Schicht Brot, Paprika, Tofu, Zucchini, Zwiebeln und Tomate in die Gläser füllen und nach jeder Schicht leicht andrücken und mit etwas Vinaigrette beträufeln.

3. Nach Möglichkeit das Ganze für 2–3 Stunden in den Kühlschrank stellen und ziehen lassen.

★ *Gut als Vorspeise für Gäste oder zum Mitnehmen auf Partys oder zur Arbeit oder ... Dann am besten in leere Brotaufstrichgläser füllen – die lassen sich wunderbar verschließen und es ist nicht schlimm, wenn ein Gläschen verloren oder kaputtgeht.*

★ *Brotchips lassen sich prima aus altbackenem Baguette selber herstellen. Einfach in sehr dünne Scheiben schneiden und an der Luft trocknen lassen.*

Bruschetta

von Uschi Herzer und Joachim Hiller
🔈 Maria Callas

- *1 Ciabatta (zur Not tut's auch ein ordinäres halbes Baguette)*
- *2 Tomaten*
- *2 Frühlingszwiebeln*
- *1 Knoblauchzehe*
- *2 EL Olivenöl*
- *1 EL Balsamico-Essig*
- *Salz, Pfeffer*
- *frisches Basilikum (wer hat)*
- *1 Knoblauchzehe*

1. Zuerst das Brot in Scheiben schneiden und bei 175 °C im Ofen knusprig und leicht bräunlich werden lassen. Wer eine Grillfunktion im Ofen hat, kann diese nutzen, aber Obacht! Das geht recht zackig und schwupp ist das Brot verkohlt.

2. Die Tomaten klein würfeln, die Frühlingszwiebeln in feine Ringe schnibbeln, den Knoblauch zerquetschen und alles zusammen in eine Schüssel geben. Mit Essig und Öl vermischen und mit Salz und Pfeffer abschmecken.

3. Brot aus dem Ofen nehmen und ein paar Mal mit der angeschnittenen Knoblauchzehe über das getoastete Brot reiben. Jetzt noch mit einem Löffel das Gemüse mit ein bisschen Sauce auf die Scheiben geben. Auf einem Teller schön anrichten und sofort essen.

Caprese

von Uschi Herzer, 🔈 BULLY »Sugaregg«

Dieser Cashew-Mozzarella ist in 5 Stunden verzehrfertig. Extrem hilfreich, wenn nicht gar Voraussetzung für ein wirklich gutes Ergebnis, ist ein Hochleistungsmixer. Mit einem Zauberstab ist das Ergebnis leider nur so mittel.

Für den Cashew-Mozzarella

- *70 g Cashewkerne*
- *1–2 EL Zitronensaft*
- *2 EL Flohsamenschalen*
- *200 ml Wasser*
- *3–4 Tomaten*
- *½ Bund Basilikum*
- *gutes Olivenöl*
- *optional: (weißer) Balsamico-Essig*
- *Fleur de Sel*

1. Zugegeben, dieses Rezept braucht etwas Vorbereitung, aber mit ein wenig Planung bekommt man das hin. Als Erstes die Cashewkerne für mindestens 2 Stunden in kaltem Wasser baden und die Flohsamenschalen in 200 ml Wasser einrühren und ebenfalls 2 Stunden quellen lassen.

2. Anschießend die Cashews abgießen und zusammen mit dem Flohsamenschalenglibber plus Zitronensaft in einen Mixer packen und volle Kanne durchstarten. So lange Krach machen, bis eine weiche, grisselfreie und homogene Masse entstanden ist.

3. Jetzt den Klumpen in einen eher kleinen, eckigen Behälter geben, glatt streichen und ab damit in den Kühlschrank. 2–3 Stunden fest werden lassen.

4. Den Pseudo-Mozzarella aus der Form kippen und in Scheiben schneiden. Zusammen mit den Tomaten auf einem großen Teller anrichten, mit Basilikumblättern dekorieren, leckeres Olivenöl und, wer mag, weißen Balsamico-Essig darüber träufeln und als Finish etwas Fleur de Sel. Yummy!

★ *»Mozzarella« innerhalb von 2–3 Tagen verbrauchen.*

Caprese 2: Motza Rella

von Silvia Oberem, 🔈 Bonaparte & Sophie Hunger »Daft Punk spielen in meinem Haus«

Diese vegane Mozzarella-Alternative kommt verdammt nahe an den echten heran – perfekt z. B. für Tomate-Mozzarella mit Basilikum.

- *100 g Cashewkerne*
- *160 g Sojajoghurt, ungesüßt*
- *400 ml Wasser*
- *2 EL gemahlene Flohsamenschalen (gibt es z. B. in der Apotheke oder Drogeriemarkt)*
- *1 TL Salz*
- *Saft von ½ Zitrone*

Auch hier gilt: Wer einen Hochleistungsmixer hat, ist klar im Vorteil. Wer mit einem Zauberstab arbeitet, sollte die Cashews mindestens 8 Stunden einweichen lassen, dann sind sie besser zu pürieren.

1. Die Cashewkerne in ausreichend Wasser für 2 Stunden einweichen.

2. Wasser abgießen und die Cashews mit dem Sojajoghurt im Mixer gut mixen, bis eine glatte, geschmeidige Masse entstanden ist. Alles in eine Schale füllen, mit einem Teller abdecken und 24 Stunden bei Zimmertemperatur reifen lassen.

3. Am nächsten Tag die Flohsamenschalen mit einem Schneebesen in Wasser einrühren und 2 Stunden quellen lassen.

4. Cashew- und Flohsamenmasse zusammen mit Salz und Zitronensaft noch mal in den Mixer geben und gut durchmixen.

5. Den Motza Rella entweder in eine Schüssel oder ein Longdrinkglas (für eine Rollenform) füllen und 1 Stunde kalt stellen. Danach lässt er sich wunderbar schneiden.

Chicorée mit Dip

für 4, von Uschi Herzer, 🔊 MILEMARKER »Satanic Versus«

Unser absoluter Vorspeisen-Klassiker!

- *400 g Chicorée*
- *150 g Sojajoghurt, ungesühnt*
- *2–3 EL vegane Mayo*
- *4 EL Hafersahne*
- *3 EL Olivenöl*
- *1 EL Zitronensaft*
- *1 TL Agavendicksaft oder Ahornsirup*
- *4 Datteln*
- *1–2 Frühlingszwiebeln*
- *1 TL Curry*
- *¼ TL Salz*
- *gemahlener Pfeffer*

1. Die Chicoréeblätter vorsichtig einzeln ablösen und schön auf einem großen Teller drapieren.

2. Jetzt die Pampe zusammenrühren, und das geht so: Sojajoghurt, Mayo, Sahne und Olivenöl mit einem Schneebesen glatt rühren. Dann noch die Datteln fein würfeln, vorher den Kern entfernen.

3. Frühlingszwiebeln putzen, waschen und in feine Scheiben schneiden. Zusammen mit Zitronensaft und Agavendicksaft oder Ahornsirup in die weiße Matsche geben, gut durchrühren und mit den Gewürzen abschmecken.

4. Chicoréeblätter eintunken und wegfuttern.

Christels Mett

von Joachim Hiller, 🔈 DRUG CHURCH »Cheer«

Der Klassiker auf jedem veganen Buffet und immer wieder dazu geeignet, sogar sich ausschließlich von Mettbrötchen ernährende Handwerker zu verblüffen.

- *2 Zwiebeln*
- *2 Knoblauchzehen*
- *1 Packung Reiswaffeln*
- *6 EL Tomatenmark*
- *2 EL Paprikapulver*
- *1 EL Majoran*
- *1 EL Pul Biber (Chiliflocken)*
- *3 EL Petersilie*
- *Salz, Pfeffer*
- *Baguette*

1. Reiswaffeln taugen zu nichts, außer zur Gebäudedämmung und für veganes Mett. Zuerst werden deshalb die Reiswaffeln mit bloßen Händen zerbröselt – fast auf Reiskorngröße.

2. Nun wird das Reiszeug vorsichtig mit Wasser in Verbindung gebracht. Gießen, ziehen lassen, Konsistenz prüfen, ggf. nachgießen. Besser erst zu trocken als zu matschig.

3. In der Zwischenzeit die Zwiebeln schälen und würfeln. Knoblauch schälen.

4. Zwiebeln, Tomatenmark, Salz, Pfeffer, Kräuter und Gewürze zum Reismatsch geben, Knoblauch dazupressen. Nun mit den Händen alles ordentlich durchmischen und darauf achten, dass eventuelle größere Waffelstückchen zerdrückt werden.

5. Ziehen lassen, abschmecken und bei Bedarf noch etwas Wasser dazugeben.

6. Auf Brötchenhälften oder Baguettescheiben servieren.

★ *Wer große Mengen davon herstellen muss, greift zu vorgeschnittenen Tiefkühlzwiebeln. Zum Zerbröseln der Waffeln kann man bei großen Mengen auf den Knethaken einer Küchenmaschine setzen. Und statt frischer Petersilie kann man hier sehr gut gefriergetrocknete oder TK-Ware nehmen. Frische Petersilie ist hingegen sehr schön zum Dekorieren.*

Curryvurstsauce

von Gabi Zoch, 🔈 BEE GEES »Stayin' Alive«

Bei der Geburtstagsparty einer Freundin gab's vegane Currywurst – für alle. Das Geheimnis bei Currywurst ist die Sauce, und die war so lecker, dass wir das Rezept haben mussten. Nadines Mutter Gabi rückte das auch raus. Danke, Gabi!

- *ca. 50 vegane (Curry-)Würste*
- *1 kg Schalotten*
- *3 Tuben Tomatenmark*
- *3 l Gemüsebrühe*
- *½ Tüte Chiliröllchen*
- *2 große Flaschen Ketchup*
- *Salz, Pfeffer, Zucker*
- *Currypulver*

1. Zuerst die Schalotten feinst klein schneiden und in Olivenöl andünsten. Dann drei Tuben Tomatenmark einrühren.

2. Gemüsebrühe zubereiten und Schalotten mit der Brühe löschen. Salz und Pfeffer dazugeben und lange einkochen lassen.

3. Wenn es gut eingekocht ist, bis zu zwei Flaschen Ketchup dazugeben. Dann kommt eine halbe Tüte Chiliröllchen hinzu. Falls es zu scharf ist, hilft etwas Zucker, dann mit Curry abschmecken.

★ *Die veganen Würstchen – sucht aus, was euch am besten schmeckt – habe ich in der Pfanne gebraten, dann klein geschnitten und in die Sauce gegeben. Bei der Party z. B. in kompostierbaren Currywurstschälchen servieren, Holzlöffel nicht vergessen.*

Mojo Rolo

von Roland Wagner, 🔈 THE CLASH »Spanish bombs«

Viele Mojos habe ich gekauft oder serviert bekommen, viele Rezepte selbst ausprobiert. Dieses ist meines Erachtens das einfachste, cremigste, nicht zu ölige, billigste und leckerste kanarische Mojo, das es auf Welt gibt. Man wird dich dafür lieben!

- *2–4 rote Chilischoten*
- *1 ganze Knoblauchknolle*
- *3 Gläser rote gegrillte Paprikastreifen*
- *2 Scheiben Toastbrot*
- *50 ml Weinessig*
- *1 TL Kräutersalz*
- *1 kleines Stück Ingwer*
- *1 Shot Wodka, Gin oder was noch so übrig ist*
- *100 ml dezentes Olivenöl*
- *¼ Bund Petersilie*
- *1 TL Kumin (Kreuzkümmelpulver)*

1. Wenn du getrocknete Chilischoten hast, musst du diese erst einmal in heißem Wasser quellen lassen, etwa für 30 min. Frische Schoten kannst du gleich weiterverarbeiten.

2. Das Toastbrot auf einen großen Teller legen und den Essig darüber gießen.

3. Knofi und Ingwer schälen, die Petersilie zupfen und die Paprikastreifen in einem Sieb abtropfen lassen und waschen. Die Chilischoten entstielen und entkernen (Handschuhe, sonst Afterburner!).

4. Jetzt alles in ein hohes Rührgefäß geben und mit dem Mixstab pürieren. Die Gewürze und die Schoten nicht vergessen, zum Schluss das Toastbrot und die Petersilie hinzufügen.

5. Nun nur noch das Öl langsam dazugeben, dabei immer fröhlich weitermixen.

6. Fertig! Probieren! Bombe!

★ *Jetzt kannst du das Mojo in kleinere Gläser abfüllen und im Kühlschrank aufbewahren. Nach dem Genießen das restliche Mojo in ein größeres Glas umfüllen und mit einem Schuss Olivenöl bedecken. So bleibt es länger haltbar. Schmeckt super zu kanarischen Pellkartoffeln, den Papas Arrugadas.*

Ensalada mallorquina

für 4, von Joachim Hiller, 🔈 NOFX »Stoke Extinguisher«

Tatsächlich so oder so ähnlich bei einem Urlaub auf Malle das erste Mal gegessen. Der Salat darf seither bei keinem Brunch- oder Party-Buffet fehlen.

- *1 großes Glas kleine weiße Bohnen*
- *je ½ rote und grüne Paprika*
- *1 Bund Frühlingszwiebeln*
- *2 Tomaten*
- *½ Dose Mais*
- *2 EL Olivenöl*
- *2 EL Essig*
- *½ TL Salz*
- *Pfeffer, frische Gewürze oder Kräuter der Provence*

1. Zuallererst die Bohnen in ein Sieb geben, Glibber abspülen und gut abtropfen lassen.

2. Um in der Zwischenzeit nicht doof rumzusitzen, kannst du jetzt schon mal die Paprika und Tomaten in kleine Würfel und die Frühlingszwiebeln in feine Ringe schneiden (natürlich erst, nachdem du sie geputzt hast). Jetzt das ganze Gemüse inkl. dem Mais in eine Schüssel geben und vermischen.

3. Dann noch kurz das Dressing zusammengepantscht, alles über den Salat gekippt und nochmals gut durchgemischt. Unbedingt ziehen lassen und nachwürzen.

★ *Gut zum Mitnehmen zur Arbeit, Schule oder zum Picknick.*

★ *Varianten: Veganen Feta fein gewürfelt dazugeben. Oder angeröstete Brotwürfel.*

Ensalada rusa

für viele, von Joachim Hiller und Uschi Herzer
🔈 HEART »Barracuda«, wahlweise die Version von THE ACCÜSED

Spanienurlauber:innen mit Vorliebe für Tapas werden den »Russischen Salat« schon mal gegessen haben, aber spanisch daran ist eigentlich nur der Name, denn im Grunde ist er eine russische Erfindung und dort (und in Variationen auch auf dem Balkan) als Oliviersalat bekannt und ein fester Bestandteil der Festtagsküche. Unsere vegane Variante geht so:

- *2 Möhren*
- *125 g grüne Oliven ohne Stein*
- *3 normal große Essiggurken (ca. 100 g)*
- *wer mag: gebackene Paprikaschoten (gekauft oder selbstgemacht)*
- *Salz, Pfeffer*
- *vegane Mayonnaise (wir empfehlen: selber machen, weil sonst wird es teuer, da man viel davon braucht, also mindestens 500 g)*
- *8 mittelgroße Kartoffeln*

1. Die Kartoffeln schälen und klein würfeln. Die Möhren fein würfeln und beides in kochendem Salzwasser baden, bis das Gemüse weich ist.

2. Essiggurken und Oliven in Scheiben bzw. Ringe schneiden und ein paar Olivenringe zur Seite legen.

3. Alle Zutaten in eine Schüssel geben, Mayo drüber, mit Salz und Pfeffer abschmecken.

4. Wer mag: Die Paprika in Streifen von ca. 1 cm Breite schneiden, den Salat glatt streichen und die Paprikastreifen strahlenförmig anrichten, dazwischen die Olivenringe. Im Kühlschrank ziehen lassen.

★ *Ideal für Partys und als Tapas-Bestandteil.*

★ *Es gibt unzählige Variationen dieses Gerichts, als Zutaten denkbar sind auch Erbsen (aus der Dose) und Kapern (eingelegte, vorher abwaschen).*

Falafel

von Joachim Hiller, 🔈 BAD GENES »Falafel In Kreuzberg«

Warum teure Falafel-Fertigmischung kaufen, wenn man die auch selbst machen kann? So kann man auch noch die Würzung dem eigenen Geschmack anpassen.

- *200 g feines Kichererbsenschrot (Trockenware)*
- *50 g Kichererbsenmehl*
- *½ TL Salz*
- *½ TL Kreuzkümmel gemahlen*
- *1 EL Petersilie, getrocknet*
- *1 EL Korianderblätter, getrocknet*
- *Knoblauchpulver*
- *Zwiebelpulver*
- *Pfeffer*

1. Alle Zutaten gut miteinander vermischen und in einem luftdicht schließenden Glas aufbewahren. Trocken und lichtgeschützt gelagert ist die Mischung mindestens sechs Monate lang haltbar. Vor Gebrauch das Glas gut schütteln, damit alle Bestandteile gleichmäßig verteilt sind.

2. Die Menge mit 250 ml kochendem Wasser vermengen. Die Masse sollte zunächst eher flüssig sein. Falls sie vor dem Braten zu fest ist, ggf. etwas Wasser nachgießen. Ist sie zu weich, etwas Kichererbsenmehl zugeben.

3. Aus der Masse kleine Frikadellen formen und in reichlich Öl von beiden Seiten ausbacken.

Gazpacho

für 2, von Joachim Hiller, 🔈 THE SOUP DRAGONS »Hang-Ten!«

Die kalte Suppe ist ein Klassiker der spanischen Küche und ein Traum für heiße Sommertage.

- *1 Salatgurke*
- *1 rote Paprika*
- *1 grüne Paprika*
- *1 große Gemüsezwiebel*
- *300 g Tomaten*
- *1 Knoblauchzehe*
- *2 EL Rotweinessig*
- *2–3 Prisen Salz*
- *6 Scheiben Baguette*
- *2 EL Olivenöl*
- *Pfeffer, Chili*
- *Eiswürfel*
- *Zwingend nötig: Küchenmixer*

1. Gurke, Zwiebel, Tomaten und Paprika schälen bzw. waschen und putzen.

2. Jeweils ein Viertel dieses Gemüses in sehr feine Würfel schneiden und beiseitestellen. ▶

3. Die grob zerkleinerten Gemüsestücke in einen Mixer schmeißen, die geschälte Knoblauchzehe dazu.

4. Die Baguettescheiben in Würfel schneiden. Die eine Hälfte in den Mixer, die andere wird später in einer Pfanne in wenig Olivenöl angeröstet.

5. Essig, Öl, Salz, Pfeffer und je nach Schärfelaune etwas Chili dazu.

6. Für den Sofortverzehr ein paar Eiswürfel mit in den Mixer packen und ca. 200 ml Wasser dazu. Zum späteren Genuss etwas mehr Wasser. Mixer marsch!

7. Sobald die Konsistenz schön sämig ist, probieren und eventuell nachwürzen. Entweder sofort in große Latte-Macchiato-Gläser füllen oder im Kühlschrank kalt stellen.

8. Zum Servieren die Gemüsewürfel obendrauf kippen sowie die gerösteten Brotwürfel.

★ *Wer es feuriger mag, würzt mit etwas Tabasco nach.*

Tortilla

für 2, von Joachim Hiller, 🔈 VOODOO GLOW SKULLS »Livin' The Apocalypse«

- *250 g Kichererbsenmehl*
- *500 ml Wasser*
- *2 EL Olivenöl*
- *1 TL Salz*
- *½ TL Knoblauchpulver*
- *frisch gemahlener Pfeffer*
- *1 TL Kala Namak (Schwefelsalz)*
- *2 gekochte Kartoffeln, in Scheiben geschnitten*

1. Das Kichererbsenmehl mit Salz, Pfeffer, Kala Namak und Knoblauch vermischen und dann mit dem Wasser zu einem glatten, dickflüssigen Teig anrühren. Nun noch 2 EL Olivenöl einrühren und mindestens 30 min ruhen lassen.

2. Jetzt die große beschichtete Pfanne aus dem Schrank holen, etwas Öl rein, heiß werden lassen, die Kartoffelscheiben auf dem Boden verteilen und anbraten. Dann den Teig einfüllen. Deckel drauf und Hitze etwas reduzieren, damit nichts anbrennt.

3. Nach ungefähr 10 min den Teig unter Rütteln der Pfanne lösen, eventuell mit einem Pfannenwender ringsum am Rand nachlösen und dann den ganzen Fladen leicht anheben und schauen, ob er unten schon leicht braun ist und oben einigermaßen trocken. Wenn nein: noch ein paar Minuten weiterbrutzeln. Falls ja: Die Tortilla vorsichtig auf einen Teller gleiten lassen (Alternativ: in den Deckel der Pfanne). Nun die Pfanne mit Küchenpapier von eventuell tropfendem Öl befreien und dann mit der Öffnung nach unten über den Teller stülpen. Vorsicht, heiß! Nun Teller mit der Hand von unten festhalten, zusammen mit der Pfanne wenden, Teller aus der Pfanne entfernen und die Tortilla auf der anderen Seite zu Ende braten. Eventuell an der Seite etwas Öl einfließen lassen.

4. Ist das Ganze fertig, die Tortilla auf einen Teller gleiten lassen und vierteln. Schmeckt warm und kalt.

Uschis Easy Peasy Tortilla

für 2, von Uschi Herzer, 🔊 Gary Numan »Warriors«

Bei uns im Haushalt gibt es tatsächlich den Tortilla-Battle! Joachim steht auf die klassische Variante, ich auf die praktische. Checkt selber aus, welche euch besser gefällt. Voraussetzung bei mir ist allerdings eine beschichtete und ofenfeste Pfanne sowie ein Backofen mit Grillfunktion.

Für den Teig:

- *130 g Kichererbsenmehl*
- *½ TL Paprikapulver*
- *1 TL Kala Namak*
- *½ TL Oregano*
- *¼ TL Kurkuma*
- *Pfeffer*
- *2 EL Hefeflocken*
- *1 TL Backpulver*
- *250 ml (Sprudel-)Wasser*

Für die Füllung:

- *500 g gekochte Kartoffeln, in ½ cm dicke Scheiben geschnitten*
- *1 kleiner Bund Mangold oder Spinat*
- *1 kleine Zwiebel, gehackt*
- *1 Knoblauchzehe, gehackt*
- *Salz*
- *Olivenöl*

Für den Dip:

- *Joghurt*
- *Zitronensaft*
- *Salz*
- *Kräuter*

1. Als erstes alle trockenen Teigzutaten in eine Schüssel geben und anschließend mit einem Schneebesen das Wasser klümpchenfrei unterrühren. Probieren und gegebenenfalls noch mit etwas Kala Namak nachwürzen. 15 min ziehen lassen.

2. In der Zwischenzeit Mangold oder Spinat putzen und waschen. Beim Mangold die dicken Stiele abschneiden und quer in dünne Streifen schneiden, die Blätter in 1 cm breite Streifen schneiden. Spinat einfach nur grob zerkleinern. Den Joghurt in eine extra Schüssel geben und mit Zitronensaft und Gewürzen abschmecken. Ab damit in den Kühlschrank.

3. Öl in einer ofenfesten Pfanne erhitzen und Zwiebeln und Mangoldstiele andünsten. Nach ca. 5 min die Mangold- oder Spinatblätter sowie den Knoblauch dazugeben, gut umrühren, Temperatur etwas reduzieren, Deckel auf die Pfanne und Grünzeug zusammenfallen lassen. Bei Mangold dauert das etwas, bei Spinat geht es schneller. ▶

4. Grill des Backofens anwerfen. Wenn das Gemüse weich genug ist, in einer Schüssel zwischenparken. Jetzt noch mal etwas Olivenöl in die Pfanne geben und die Kartoffelscheiben darin ca. 5 min anbraten, bis sie eine leichte Bräune haben.

5. Die Kartoffelscheiben jetzt gleichmäßig auf dem Pfannenboden verteilen. Darauf dann das Grünzeug geben und verteilen. Zum Schluss den Teig auf das Gemüse kippen und mit einem Löffelrücken verstreichen und halbwegs glattstreichen.

6. Jetzt noch mal kurz die Herdplatte anwerfen, Pfanne drauf und die Tortillamasse ca. 3 min von der Unterseite leicht bräunen. Mittlerweile ist hoffentlich der Grill ordentlich vorgeheizt. Passt? Dann die Pfanne in den Backofen schieben und solange drinlassen, bis die Oberfläche goldbraun ist. Obacht! Das dauert lediglich 3–5 min, also besser nicht zum Wäsche aufhängen in den Keller gehen.

7. Pfanne herausnehmen und mit einem Pfannenwender vorsichtig Tortillaviertel »abstechen« und auf zwei Teller verteilen. Ich bin immer wieder erstaunt, wie gut das geht! Joghurtdip dazu reichen und schmecken lassen.

★ *Ein Rote-Bete-Feldsalat passt dazu ganz hervorragend, aber auch jeder andere ist willkommen.*

★ *Sind Kartoffeln übergeblieben? Dann gerne Bratkartoffeln dazu machen.*

Geröstete Kichererbsen

von Joachim Hiller, 🔊 GORILLA BISCUITS »Start Today«

Dieses Rezept habe ich mir vom Westside Market in der New Yorker Upper West Side abgeschaut. Da verkaufen sie diesen Feinkostsalat in zig Variationen – und ich fragte mich, warum ich da nicht längst selbst draufgekommen bin. Grundsätzlich wissen wir vegan lebenden Menschen ja, dass Kichererbsen nicht nur lecker und günstig sind, sondern auch hervorragende Eiweißlieferanten. Was die »Zugaben« betrifft, kann man nach Geschmack variieren und kombinieren. Im Sommer sind auch halbierte Cocktailtomaten denkbar, die aber besser nicht mit anbraten.

- *1 Glas Kichererbsen (oder 1 Dose, die Menge ist beliebig skalierbar. Und ja, wer Zeit hat, darf auch Trockenware selber kochen)*
- *getrocknete Tomaten und/oder entkernte Oliven (schwarz oder grün, in Ringe geschnitten) und/oder eingelegte Artischockenherzen (in Wasser, nicht in Öl), oder …*
- *Olivenöl*
- *Salz, Pfeffer*
- *Kräuter, z. B. Rosmarin (frisch und klein gehackt oder getrocknet)*

1. Zuerst die Kichererbsen abwaschen und abtropfen lassen. Wer neugierig ist, fängt das Wasser aus Glas/Dose auf und sucht im Internet mal nach »Aquafaba« und überlegt sich dann, was er mit dem Zeug macht.

2. Pfanne anheizen, Olivenöl rein, die gut abgetropften (sonst spritzt es!) Kichererbsen hinterher und bei nicht zu hoher Temperatur anrösten.

3. In der Zwischenzeit je nach Lust und Laune getrocknete Tomaten (in Streifen geschnitten) und/oder Oliven und/oder die gut abgespülten und in Viertel geschnittenen Artischockenherzen zu den dann schon leicht gebräunten Kichererbsen in die Pfanne kippen.

4. Mit Rosmarin und/oder anderen Kräutern nach Geschmack (Majoran, Oregano ...) sowie Salz und Pfeffer würzen.

5. Raus aus der Pfanne in eine große oder mehrere kleine Schüsseln kippen und abkühlen lassen. Fertig ist eine leckere Vorspeise, die sich im Kühlschrank auch ein paar Tage hält.

Hummus

für 4, von Uschi Herzer, 🔊 BAMBIX »Crossing Common Borders«

Hummus-Rezepte gibt es so viele, wie es Menschen gibt, die welchen zubereiten. Aber unsere Variante ist natürlich die beste. Nicht zu unterschätzen ist der Einfluss von wirklich gutem Tahin(i).

- *1 Dose/Glas Kichererbsen (ca. 220 g Abtropfgewicht)*
- *2 EL Tahin (Sesammus)*
- *2–3 EL Olivenöl*
- *1 Prise Salz*
- *1–2 EL Zitronensaft*
- *¼ TL Kreuzkümmel*
- *1 kleine Knoblauchzehe (oder Pulver)*
- *Zatar-Gewürzmischung, falls verfügbar*
- *schwarzer Sesam*
- *Paprikapulver*
- *Notwendiges Werkzeug: Pürierstab*

1. Kichererbsen nicht abtropfen lassen und in eine eher kleine, hohe Schüssel kippen. Das Kichererbsenwasser (»Aquafaba«) sorgt für cremige Fluffigkeit.

2. Dann Tahini dazu, Zitronensaft, Knoblauch, Olivenöl und Salz sowie Kreuzkümmel und eventuell Zatar. Nun mit dem Pürierstab erst vorsichtig und dann schneller alles zerhäckseln, bis eine glatte, geschmeidige, homogene Masse entstanden ist.

3. Abschmecken und mit etwas Olivenöl, schwarzem Sesam und Paprikapulver dekorieren.

★ *Ein perfekter Dip für Brot und/oder Gemüsesticks.*

Keine-Eier-Salat

von Joachim Hiller

🔈 LOVELY EGGS »I Am Moron«

Ein Klassiker beim veganen Brunch, der speziell Omnivore immer wieder erstaunt, da sie nicht so recht wissen, was sie da gerade essen, weil es doch angeblich vegan ist. Der »Eiergeschmack« kommt vom Schwefelsalz Kala Namak, das es im Bioladen sehr teuer und im Asiashop sehr günstig gibt.

- *100 g Penne (Trockengewicht)*
- *220 g Kichererbsen aus Dose oder Glas (Abtropfgewicht)*
- *1 Zwiebel*
- *Schnittlauch*
- *150 g Mayonnaise*
- *Pfeffer*
- *1 Prise Kurkuma*
- *½–1 TL Kala Namak*
- *Gurkenwasser oder etwas Apfelessig*

1. Nudelwasser kochen, Salz rein, Pasta hinterher.

2. Die Kichererbsen abgießen und abspülen.

3. Zwiebel fein würfeln.

4. In einem Mixbecher die Kichererbsen mit dem Pürierstab zermanschen.

5. Pasta fertig? Abgießen! Eine ausreichend große Schüssel nehmen, die Pasta dann portionsweise mit dem Pürierstab grob schreddern. Das soll hinterher an Stücke von hartgekochtem Ei erinnern.

6. Kichererbsenbrei und Zwiebel in die Schüssel mit den Nudeln geben, dann die Mayo (aus dem Glas oder selbstgemacht) sowie Kala Namak und Pfeffer. Vorsicht mit der Kurkuma-Menge, damit die Farbe authentisch ist. Schnittlauch nicht vergessen, entweder frisch in Röllchen geschnitten oder als TK-Ware. Eventuell noch mit etwas Essig/Gurkenwasser abschmecken.

★ *Ideal als Belag für kleine, runde Pumpernickel- oder Baguettescheiben, dann mit Kresse garnieren und als Canapé servieren. Und smart, wenn man die Nudeln nicht extra kochen muss, sondern am Tag davor einfach mehr kocht oder parallel zum Eiersalat ein leckeres Pastagericht zaubert.*

Köfte

von Joachim Hiller, 🔊 MAD SIN »Chills And Thrills In A Drama Of Mad Sins And Mystery«

Köfte zu machen hat etwas Meditatives. Man steht in der Küche und pampt und manscht und rollt und hat hoffentlich vorher schon Musik angemacht, denn mit diesen Fingern geht das nur per Sprachsteuerung.

- *1 Tasse rote Linsen*
- *2 Tassen Bulgur (fein)*
- *Tomatenmark*
- *Paprikamark*
- *2 Zwiebeln*
- *3 Knoblauchzehen*
- *1 Bund Blattpetersilie*
- *Olivenöl*
- *Zitronensaft*
- *Salz, Pfeffer*
- *Paprikapulver, Kreuzkümmel, Pul Biber*

1. Rote Linsen sind dankbare Kochopfer, denn sie sind schnell gar. Also Wasser in einem gefühlt zu großen Topf kochen, Linsen rein und aufpassen, dass sie nicht zu Matsch zerfallen.

2. In der Zwischenzeit die Zwiebeln schälen und fein schneiden, ebenso den Knoblauch.

3. Die Petersilie von den groben Stängeln befreien, dann hacken bzw. fein schneiden.

4. Wenn die Linsen fast weich sind, feinen Bulgur dazu (grober geht auch, der muss dann an diesem Punkt fertig gekocht sein), alles gut durchmischen und ggf. noch etwas (heißes) Wasser dazu. Deckel drauf und quellen lassen.

5. Öl in die Pfanne, Zwiebeln und Knoblauch hinein, und wenn glasig, je 3 EL Tomatenmark und Paprikamark. Temperatur reduzieren und die Gewürze dazu. Vorsicht mit Pul Biber, weil scharf! Einen ordentlichen Schuss Zitronensaft nicht vergessen.

6. Pfanneninhalt zu den Bulgur-Linsen kippen, wenn der Bulgur durchgeweicht ist. Petersilie dazu und alles mit einem großen Löffel vermischen. Sobald die Temperatur es zulässt, kann man auch die Hände nehmen.

7. Abschmecken! Und dann so viel von der Masse in eine Hand nehmen, dass es eine daumendicke Wurst über die Handbreite ergibt. Kurz rollen und auf einem Teller ablegen.

8. Bis zum Verzehr im Kühlschrank lagern und jeweils auf einem Salatblatt servieren.

★ *Kalt ideal als Party-Fingerfood. Kann man aber auch in der Pfanne anbraten und warm essen.*

Linsenkaviar

für 4 als Vorspeise, von Uschi Herzer, 🔈 COLDPLAY »A Rush Of Blood To The Head«

Belugalinsen sehen fast aus wie Kaviar, daher der Name ...

- *1 Zwiebel*
- *1 Knoblauchzehe*
- *Olivenöl*
- *Balsamico-Essig*
- *mittelscharfer Senf*
- *200 g Belugalinsen*
- *1 TL Thymian*
- *Salz, Pfeffer*
- *1 kleiner Romanasalat*
- *50 g Walnüsse oder Sonnenblumenkerne*

1. Zwiebel und Knoblauch fein würfeln und in einem ausreichend großen Topf in etwas Olivenöl anbraten.

2. Wenn die Zwiebeln glasig sind, gibst du die Linsen, etwas Salz und Pfeffer und den Thymian dazu. 300 ml Wasser drauf kippen, alles gut verrühren und zum Kochen bringen. Blubbert das Ganze, Hitze runter und 30 min leicht köcheln lassen. Deckel auf den Topf!

3. In der Zwischenzeit kannst du dich schon mal an den Salat machen. Einfach den ganzen Salatkopf quer in 1 cm breite Streifen schneiden, waschen, schleudern, fertig.

4. Das Salatdressing stellst du aus 2 EL Balsamico-Essig, 1 TL Senf, 8 EL Olivenöl und Salz und Pfeffer her.

5. Zum Schluss sind die Sämereien oder Nüsse dran. Walnüsse grob hacken, SoBluKerne können ganz bleiben. In einer Pfanne ohne Fett goldbraun rösten.

6. Wenn die Linsen fertig sind (die dürfen schon noch etwas Biss haben!), das Dressing darüber geben. Gut vermischen und dann vorsichtig den Romanasalat unterheben. Nüsse oder Kerne obendrauf und fertig!

★ *Schmeckt warm am besten, ist aber auch kalt lecker. Kann mit Sherry-Essig noch etwas abgerundet werden.*

Marokkanischer Couscous-Salat

für 4, von Uschi Herzer, 🔈 FUTURE ISLANDS »In Evening Air«

Couscous-Salat ist kein Hexenwerk. Für mich ist allerdings eine sorgfältig ausgewählte Gewürzmischung der Schlüssel zum Erfolg. Mit diesem Rezept bist du auf jeden Fall auf der sicheren Seite!

- *1½ Kaffeebecher (ca. 250 ml Inhalt) mittelfeiner Couscous*
- *1½ Kaffeebecher Gemüsebrühe*
- *½–1 TL Ras el-Hanout-Gewürz*
- *Chilipulver*
- *1 EL Oregano*
- *1 gute Prise Kurkuma*
- *1 TL Koriander, gemahlen*
- *½ TL Zucker*
- *3 Tomaten*
- *½ Salatgurke*
- *1 rote Paprika*
- *½ Bund Minze*
- *½ Bund Petersilie*
- *3 EL weißer Balsamico-Essig*
- *6 EL Olivenöl*
- *evtl. Zitronensaft*
- *Salz*

1. Als Erstes die Basis anmischen, sprich: den Couscous. Dazu die Gemüsebrühe zum Kochen bringen. In der Zwischenzeit kannst du schon mal den Couscous in einer Schüssel mit Ras el-Hanout, Chili, Oregano, Kurkuma und Zucker vermischen. Dann kommt die kochende Gemüsebrühe dazu, verrühren und zugedeckt 5 min ziehen lassen. Danach mit einer Gabel etwas auflockern.

2. Als Nächstes ist Gemüseschnibbeln dran: Tomaten waschen und fein würfeln. Gurke schälen und ebenfalls klein würfeln. Paprika waschen, Kerngehäuse raus und in kleine Würfel schneiden.

3. Jetzt kommt mein allerliebster Lieblingspart: Petersilie und Minze mikroskopisch fein hacken!

4. Wir nähern uns dem Ende und geben jetzt Gemüse und gehackte Kräuter zum Couscous. Alles schön miteinander verrühren und mit Essig, Öl und Salz abschmecken. Wer mag, fügt noch einen Spritzer Zitronensaft hinzu, der verpasst dem Ganzen eine herbere Note.

★ *Eignet sich gut als Vorspeise, zum Brunch, als Pausensnack oder für die nächste Grillfete.*

★ *Kann noch aufgepimpt werden mit eingeweichten Rosinen, angerösteten Pinienkernen und fein geraspelter Möhre.*

★ *Funktioniert auch mit feinem Bulgur statt Couscous.*

Mediterrane Muffins

für 12 Stück, von Uschi Herzer, 🔈 DEFEATER »Lost Ground«

- *250 g Dinkelvollkornmehl*
- *2½ TL Backpulver*
- *½ TL Natron*
- *½ TL Salz*
- *frisch gemahlener Pfeffer*
- *1 TL italienische Kräuter, getrocknet*
- *ca. 1 EL Hefeflocken*
- *8 getrocknete Tomaten in Öl*
- *5–6 Peperoni*
- *70 g schwarze, entsteinte Oliven*
- *⅓ Tofu Rosso*
- *300 g Sojajoghurt, ungesüßt*
- *80 g Olivenöl*
- *2 Ei-Ersatz aus Sojamehl und Wasser*
- *12er-Muffinform*
- *Silikon- oder Papierförmchen*

1. Backofen auf 180 °C vorheizen.

2. Mehl, Backpulver, Natron, Salz, Pfeffer, Kräuter und Hefeflocken miteinander vermischen.

3. Oliven, Peperoni und Tomaten abtropfen lassen und in kleine (wirklich kleine, sonst fallen die Muffins auseinander) Stücke schneiden.Tofu Rosso ebenfalls relativ klein würfeln.

4. Joghurt, Olivenöl und Ei-Ersatz gut verrühren.

5. Die Mehlmischung mit dem flüssigen Kram mit Hilfe eines Esslöffels flott vermischen, dann das Gemüse-Tofu-Zeug dazu und noch mal ordentlich durchrühren. ▸

6. Jetzt die Papier- oder Silikonförmchen in die Form setzen, mit der Pampe füllen und ab damit in den Ofen. So lange drin lassen, bis die Muffins schön gebräunt sind, das dauert je nach Ofen zwischen 25 und 35 min.

7. Muffinblech aus dem Ofen holen und kurz auf einem Untersetzer stehen lassen. Wenn man die Dinger anfassen kann, aus der Form nehmen und auf einem Gitter abkühlen lassen. Papierförmchen dürfen dranbleiben, Silikonförmchen werden abgemacht, wenn die Muffins abgekühlt sind.

★ *Die Förmchen sind wichtig, weil man die Teile so besser aus der Form kriegt.*

★ *Perfekt für Partys, Brunch oder für die Arbeit am nächsten Tag.*

★ *Dazu passt vorzüglich ein Joghurtdip: Dafür 250 g Sojajoghurt, 1 EL vegane Mayo, 1 TL Olivenöl und 1 TL Zitronensaft gut miteinander verrühren und mit Salz, Pfeffer und Kräutern abschmecken. Wer mag, kann noch etwas gequetschten Knoblauch dazugeben.*

Pebre

von Joachim Hiller, 🔊 ¡MÁS SHAKE! »En Tu Corazón«

Im Urlaub in Chile lief uns ein leckerer Dip über den Weg, der anders schmeckt als mexikanische Salsa, aber doch daran erinnert. Und der geht so ...

- *2 normalgroße Tomaten*
- *2 Frühlingszwiebeln*
- *reichlich Korianderblätter*
- *1 Chilischote (rot, grün ...)*
- *1 Knoblauchzehe*
- *½ Limette*
- *2 EL Olivenöl*
- *Tabasco*
- *Angostura Bitter*
- *Salz, Pfeffer*

1. Tomate in sehr kleine Würfel verwandeln und die geputzten Frühlingszwiebeln (das knackige Grün dranlassen) in sehr feine Scheiben schneiden, ebenso die Chilischote.

2. In eine Schüssel kippen, Olivenöl dazu sowie den Saft der ausgepressten Limette und den Koriander (die Blätter – nicht das Gewürz –, frisch, gefroren, getrocknet ...). Knoblauch pressen, nach Laune Tabasco und Angostura dazu, salzen und pfeffern. Fertig.

★ *Schmeckt lecker auf geröstetem oder frischem Brot. Passt auch gut zu Bratlingen.*

Schwäbischer Vleischsalat

von Uschi Herzer und Joachim Hiller, 🔊 THAT VERY TIME I SAW »The Grand Theft«

Fleischsalat ist Metzgers Liebling! Wurstreste, angetrockneter Aufschnitt – statt in die Tonne kommt so was, wie böse Stimmen behaupten, in den Fleischsalat, der gut gewürzt, mit reichlich Mayonnaise getarnt und in Schälchen aus dünnem Plastik gefüllt, die Wertschöpfungskette der Tierkörperverwertung krönt. Dennoch: Das Zeug wird gerne gegessen, und wer über Debatten betreffend die Verwerflichkeit von Fleischnachahmergerichten steht, wird von Geschmack, Optik und Mundgefühl dieser veganen Alternative schwer begeistert sein. Apropos schwer: Kalorien- und Fettbomben sind beide Varianten dieser Feinkost.

- *200 g Tofu Natur oder Räuchertofu – oder gemischt*
- *3 normalgroße Essiggurken*
- *10 cm Lauchstange*
- *2 Frühlingszwiebeln*
- *Essiggurkenwasser*
- *1 mittelgroße Möhre*
- *200 g vegane Mayo*
- *4 EL Petersilie, gehackt*
- *1 TL Senf (gerne scharf)*
- *Salz, Pfeffer*
- *vegane Margarine*

1. Hier ist Feinmotorik beim Schnibbeln gefragt: Die Frühlingszwiebeln und den Lauch in wirklich dünne Scheiben schneiden. Dann die Möhre fein (!) raspeln. Eine kleine Pfanne auf den Herd, Margarine schmelzen und das Gemüse wenige Minuten (kurz!) andünsten.

2. Den Tofu vorsichtig (Küchenpapier hilft) ausdrücken und in sehr dünne Scheiben schneiden, diese in der Mitte halbieren und dann alles in schmale Stifte von 2–3 mm Dicke und ca. 1½ cm Länge schneiden. In eine fest schließende Schüssel oder ein Schraubglas füllen und dann eine ordentliche Ladung Gurkenwasser dazukippen. Deckel drauf, ziehen lassen und immer wieder wenden, so dass der Tofu schön ziehen kann, gerne eine Stunde oder länger.

3. Die Essiggurken ebenfalls in dünne Stifte schneiden, und dann das Gemüse aus der Pfanne sowie Gurkenstifte, Petersilie und Mayo und auch Senf, Salz und Pfeffer in eine Schüssel kippen.

4. Den gut durchgezogenen Tofu abgießen, die Stifte kommen ohne das Gurkenwasser zum Rest. Alles vorsichtig durchmischen und abschmecken.

5. Fressflash, alles wegfuttern! Oder mit etwas Selbstbeherrschung über Nacht ziehen lassen und dann auf einem halben Brötchen mit länglicher Gewürzgurkenscheibe und einem Stängel Petersilie anrichten.

Skordalia

für 2–4, von Amber, Wreck-Age Records,
🔊 Esquivel

- *2–3 große Kartoffeln*
- *2–3 Knoblauchzehen, am besten frisch*
- *Saft von 2 Zitronen*
- *⅛ l oder mehr gutes Olivenöl*
- *Salz*

1. Als Erstes die Kartoffeln in etwas Salzwasser kochen.

2. Herausnehmen, ausdampfen lassen, noch warm pellen und in Stücke schneiden. Ab damit in die Kartoffelpresse oder mit einem Kartoffelstampfer klumpenfrei zerdrücken.

3. Gequetschten Knoblauch, etwas Zitronensaft und Olivenöl zugeben und verrühren. Kräftig mit Salz und Pfeffer und eventuell mehr Zitronensaft würzen. So viel Öl hinzufügen, bis alles leicht glänzend und »elastisch« ist – es sollte nicht wie Kartoffelpüree sein, sondern »a dense and strongly flavored dish with a pleasant pale yellow green shade«.

★ *Es ist wichtig, mit Salz, Zitronensaft, Knoblauch und Olivenöl nicht zu zögerlich zu sein. Einfach so viel verwenden, bis es nach eurem Geschmack ist.*

★ *Passt hervorragend als Beilage zu einer gemischten Platte mit dicken Bohnen in Tomatensauce, Weinblättern, Okraschoten usw.*

Zaziki

von Uschi Herzer
🔊 WIPERS »Is This Real?«

Im Sommer geht nichts über einen leckeren Joghurt mit Knoblauch und Gurke aka Zaziki! Wichtig ist, bei der Joghurt- bzw. Quarkauswahl darauf zu achten, dass das Produkt ungesüßt ist.

- *500 g Sojaquark ungesüßt oder 2 × 500 g-Becher Sojajoghurt*
- *Zitronensaft*
- *½ Salatgurke*
- *1–2 Knoblauchzehen*
- *2 EL gutes Olivenöl*
- *Meersalz, schwarzer Pfeffer*

1. Falls nur Sojajoghurt verfügbar ist: Zwei Stunden im Kaffeefilter oder Nussmilch-Sieb abtropfen lassen. Dann den Quark/Joghurt mit einem Schneebesen glatt rühren, mit etwas Zitronensaft, Olivenöl, Salz und Pfeffer abschmecken. Knoblauch pressen und dazugeben. Ich finde, etwas Knoblauchwumms muss da schon rein, aber zu viel ist auch nicht mehr lecker. Probier es aus.

2. Gurke schälen, entkernen und dann in ultrafeine Würfelchen schneiden. Der Grieche unseres Vertrauens sagt, dass man die Gurke keinesfalls reiben darf, sondern unbedingt würfeln muss. Beim Reiben gibt sie zu viel Wasser ab.

3. Zum Schluss die Gurkenstückchen in den Joghurt/Quark mischen, gut verrühren und mindestens 30 min zum Ziehen in den Kühlschrank stellen, gerne auch länger.

4. Vor dem Verzehr noch mal durchrühren und eventuell nachwürzen. Yummy!

★ *Schmeckt auch super mit ein bisschen Minze.*

Dakos mit Tomaten und Schafskäse

für 2 als Vorspeise oder Snack zwischendurch, von Uschi Herzer, 🔊 MAULGRUPPE »Hitsignale«

Zwei unglaubliche köstliche Gerichte/Vorspeisen haben wir bei unserem Kreta-Urlaub 2021 kennengelernt: Fava-Püree und Dakos. Dakos ist eine Art Brotsalat. Man braucht für diese Vorspeise (oder Zwischendurch-Gericht) auf jeden Fall Paximadi, einen griechischen Gerstenzwieback, den es entweder online oder im griechischen Lebensmittelladen eures Vertrauens gibt. Obacht! Ist nicht mit unserem Zwieback zu verwechseln und kann bei purem »Genuss« schnell einen Zahnarztbesuch erforderlich machen. Damit dieses endlos lagerfähige Trockenbrot genießbar wird, muss es vorher leicht gewässert werden. Wir haben verschiedene Feuchtigkeitsstufen probiert. Unser Favorit: Brotstücke kurz unter den Wasserhahn halten und anschließend in Stücke berechen. Tunkt man das Ganze zu lange in Wasser, wird es zu matschig. Es kommt auch darauf an, mit welcher Tomatenzubereitung anschließend gearbeitet wird. Nimmt man geriebene Tomaten (saftige Tomaten über eine grobe Reibe ziehen), mit denen das Gericht traditionell zubereitet wird, dann weicht auch das Brot etwas mehr. Unser Liebling ist folgende Kreation, die eher crunchy als weich ist.

- *100 g Paximadi*
- *200 g Kirschtomaten*
- *80 g veganer Schafskäse*
- *Kalamata Oliven (Menge nach Belieben)*

Dressing:

- *1 EL Granatapfelsirup (gibt's im türkischen Lebensmittelladen)*
- *1 EL Zitronensaft*
- *2 EL gutes Olivenöl*
- *Salz und Pfeffer*
- *ein paar frische Basilikumblätter oder getrockneter Oregano* ▶

1. Brotstücke kurz unter den Wasserhahn halten. So tun, als ob man die Brötchen eben abwaschen wollte. Brötchen in mundgerechte Stücke brechen und in eine flache Schüssel oder auf einen großen Teller legen.

2. Tomaten waschen und je nach Größe in Scheiben oder kleinere Stücke schneiden und locker aus dem Handgelenk auf dem Brot verteilen.

3. Schafskäse mittelgrob zerbröseln und über den Tomaten verstreuen. Oliven dürfen nicht fehlen und ja, es sollten die guten Kalamata-Oliven sein.

4. Zum Schluß das Dressing zusammenrühren und gleichmäßig über dem Brot-Tomaten-Käse-Gemisch verteilen. Mit zerzupften Basilikumblättern oder etwas Oregano bestreuen. Ist das lecker!

Fava-Püree

für 4 als Vorspeise, von Uschi Herzer, 🔈 MUSA DAGH »s/t«

Das griechische Pendant zu Hummus. Sehr lecker und genauso gesund.

- *150 g getrocknete gelbe Fava-Erbsen (gibt's online oder beim griechischen Lebensmittelhändler deines Vertrauens)*
- *2 kleine Zwiebeln*
- *1 Knoblauchzehe*
- *Olivenöl*
- *350 ml Gemüsebrühe*
- *1 Lorbeerblatt*
- *eingelegte Kapern, wer mag*
- *etwas Zitronensaft*
- *Salz*

1. Eine der beiden Zwiebeln und den Knoblauch schälen und fein würfeln. Etwas Olivenöl in einen kleineren Topf geben, erhitzen und die Zwiebel darin andünsten. Knoblauch und Erbsen dazu, kurz mit anbrutzeln und mit der Gemüsebrühe aufgießen. Noch eben das Lorbeerblatt rein, Deckel drauf und ca. 45 min vor sich hin köcheln lassen. Ab und an mal umrühren und aufpassen, dass nix überkocht.

2. Wenn die Erbsen weich sind, mit dem Zauberstab cremig pürieren (vorher das Lorbeerblatt raus). Mit Zitronensaft, etwas Olivenöl und Salz abschmecken. Kurz vor dem Servieren die Zwiebel in dünne Ringe schneiden. Das Püree in eine flache Schüssel geben, mit Olivenöl beträufeln (nicht so zaghaft!), die Zwiebelringe drauf drapieren, ein paar Kapern dazu (sehr salzig, deshalb vorher kurz abspülen), einen Zitronenschnitz an den Rand legen, fertig!

★ *Kann sowohl lauwarm als auch kalt mit Brot oder Gemüsesticks genossen werden.*

Für Notizen

Suppen & Eintöpfe

Beste Linsensuppe

für 4, von Uschi Herzer, 🔊 ABBA

Ein Klassiker in unserer Küche. Prima Comfort food, einfach in Sachen Zutaten, schnell gekocht und so gesund!

- *2 kleine Zwiebeln*
- *2 TL Öl*
- *200 g Tellerlinsen*
- *Gemüsebrühe (Pulver)*
- *600 g Kartoffeln*
- *1 dicke Möhre*
- *1 große Stange Lauch*
- *Salz, Pfeffer*
- *150 g Hafersahne*
- *1 Bund Schnittlauch*
- *1 Bund Bohnenkraut (geht notfalls auch ohne)*

1. Die Zwiebeln schälen und fein hacken. Das Öl in einem großen Topf erhitzen, die Zwiebeln und die Linsen darin bei mittlerer Hitze unter Rühren einige Minuten anbraten.

2. 1½ l Wasser dazugießen, einmal aufkochen und zugedeckt bei schwacher Hitze etwa 10 min garen, bis die Linsen halbweich sind.

3. Während die Linsen kochen, Kartoffeln schälen, waschen und klein würfeln. Lauch in Streifen und Karotte in dünne Scheiben schneiden (Gurkenhobel rules).

4. Alles zu den Linsen geben, Gemüsebrühpulver dazu, erneut aufkochen und die Suppe weitere 10–15 min garen, bis das Gemüse weich ist. Mit Salz und Pfeffer abschmecken und zum Schluss (nicht mehr erhitzen!) die Sahne dazugeben.

5. Das Bohnenkraut und den Schnittlauch waschen, trockentupfen und fein zerkleinern (aber lass die Finger dran!).

6. Die Suppe auf Tellern verteilen und mit den Kräutern bestreuen.

★ *Eignet sich bestens zum Aufwärmen, falls du wirklich zu viel gekocht hast.*

★ *Dazu passt Baguette.*

Chili ohne Carne

für 4, von Thomas Kerpen, 🔊 SUPERSUCKERS »The Smoke Of Hell«

Eines unserer ältesten veganen Rezepte von einem der altgedientesten Ox-Wegbegleiter. Immer wieder mal leicht verändert kommen wir doch gerne auf diese Ursprungsvariante ohne Firlefanz zurück.

- *2 große Zwiebeln*
- *2 Paprika (rot oder grün)*
- *Knoblauch*
- *Chilipulver*
- *Thymian*
- *Kreuzkümmel*
- *Korianderblätter (frisch)*
- *1 Lorbeerblatt*
- *1 l Gemüsebrühe*
- *Salz, Pfeffer*
- *Tabasco*
- *Paprika edelsüß und/oder geräuchert*
- *1 große Dose geschälte Tomaten*
- *1 große Dose Kidneybohnen*
- *1 Dose Mais (optional)*
- *Grünkernschrot*
- *Öl*

1. Erst mal ist Schnibbelei angesagt, nämlich das In-Scheiben-Schneiden von Paprika und Zwiebeln. Die Paprika- und Zwiebelscheiben sollten möglichst dünn ausfallen, da sie dadurch besser verkochen und hinterher nicht so unappetitlich dicke Brocken im Essen sind.

2. Die Zwiebeln und die Paprika schmeißt du in den Topf mit vorher erhitztem Öl und lässt beides zunächst vor sich hin garen. Zwischendurch das Umrühren nicht vergessen. Währenddessen kannst du schon mal die Gemüsebrühe vorbereiten, die Dosen öffnen und die Bohnen sorgfältig in einem Sieb abspülen, da denen ein ziemlich ekelhafter Siff anhaftet.

3. Nachdem Paprika und Zwiebeln die hitzebedingten Erschlaffungserscheinungen aufweisen, kannst du Bohnen und geschälte Tomaten (mit Flüssigkeit) dazugeben, zusammen mit Knoblauch (gepresst) und Lorbeerblatt (nicht zwingend notwendig).

4. Weiterhin gut umrühren und kurz darauf Grünkernschrot oder andere nichtfleischliche Ersatzstoffe (z. B. funktioniert's auch mit Bulgur) hinzugeben. Wobei der Grünkernschrot mit Vorsicht zu genießen ist, da er ganz fürchterlich die Flüssigkeit aufsaugt und außerdem ganz schnell das Chili geschmacklich in Grünkerneintopf verwandeln kann.

5. Danach kann man meistens ganz gut einschätzen, wie viel Gemüsebrühe nun noch notwendig ist, damit zum Schluss kein Kartoffelbrei herauskommt. Die Hinzugabe der Gewürze erfolgt je nach Geschmack und wie es dir gerade in den Fingern juckt.

6. Fertig ist das Ganze, wenn die Bohnen auf der Zunge zergehen, also nach ungefähr 30 min Garzeit, aber das sollte eigentlich jede:r individuell entscheiden, genauso wie den Einsatz von Chilipulver und Tabasco. Zu viel davon kann nämlich schlagartig verdammt nüchtern machen, selbst wenn man schon einige Biere intus hat, und am nächsten Tag erheblich die Verdauung belasten. Wobei ich noch hinzufügen muss, dass das Chili erfahrungsgemäß nicht die befürchteten massiven Winde auslöst, was angesichts einer großen Dose Bohnen eigentlich kaum zu glauben ist. In der Regel kann man das Gericht also gefahrlos in geselliger Runde zu sich nehmen.

★ *Dazu reicht man am besten Fladenbrot oder Ähnliches. Grundsätzlich darf es mengenmäßig durchaus etwas mehr Chili als vorgesehen sein, da das Zeug am nächsten Tag meist noch viel besser schmeckt.*

Curry-Kokos-Suppe mit Tofu

für 4 als Vorspeise, für 2 zum Sattessen, von Hamburg-Punk-Djihad, 🔊 PROJEKT KOTELETT

Diese Suppe ist ein Geheimtipp! Geht schnell, ist einfach in der Zubereitung und für eine Suppe ganz schön reichhaltig. Prima Proteinkombi und dazu noch verdammt lecker. Go for it!

- *1 Zwiebel*
- *1 rote und 1 gelbe Paprika*
- *mind. 1½ EL Curry*
- *25 g frischer Ingwer*
- *1 l Gemüsebrühe*
- *3 große Kartoffeln*
- *1 große Möhre*
- *150 g rote Linsen*
- *1 Dose Kokosmilch*
- *½-1 Limette*
- *Pfeffer (Salz muss nicht, ist genügend in der Brühe drin)*
- *1 Packung Tofu (am besten passt Sesam-Mandel-Tofu, saulecker!)*

1. Zwiebel, Paprika, Kartoffeln und die Möhre zerstören (würfeln).

2. Ingwer schälen und fein raspeln.

3. Zuerst die Zwiebel und die Paprika mit Curry und Ingwer anbraten, anschließend die Gemüsebrühe dazu. Kartoffeln und Möhre darin kochen, bis sie weich sind.

4. 10 min bevor die Sachen weich sind die Linsen dazugeben (die brauchen nicht so lange).

5. Irgendwann auch noch Tofu rein (muss ja nur warm werden), vorher natürlich in handliche/mundgerechte Stückchen schneiden.

6. Zum Schluss die Kokosmilch und den ausgepressten Saft von der Limette dazukippen und mit Pfeffer abschmecken.

★ *Dazu ein bisschen Brot reichen. Ich liebe die Sesamringe, die es beim befreundeten türkischen oder kurdischen Laden gibt.*

★ *Eignet sich in großen Mengen auch für Volxküchen, Solipartys, Haus- und Bauwagenplatz-Besetzungen ... Bambule ist überall!*

★ *Wer's schärfer mag, nimmt einfach mehr Ingwer und Pfeffer.*

★ *Ach ja, ein Astra gehört auch noch aufgehebelt!*

Halloween-Suppe

für 4, von Uschi Herzer, 🔈 MISFITS »Legacy Of Brutality«

Kürbissuppen gibt es wie Sand am Meer. Wir lieben dieses Rezept, da es von allem etwas hat – die Schärfe des Currys, das Sauerfruchtige der Tomaten, das Crispe der gerösteten Kürbiskerne und das Weiche von Kartoffeln und Kürbis.

- *600 g Kartoffeln, geschält und gewürfelt*
- *400 g Hokkaidokürbis, entkernt und gewürfelt*
- *2 Zwiebeln, fein gewürfelt*
- *1 Knoblauchzehe, auch fein gewürfelt*
- *40 g Margarine*
- *1½ l Gemüsebrühe*
- *1 TL Curry*
- *300 g Tomaten, überbrüht, gehäutet und gewürfelt*
- *50 g Kürbiskerne*
- *Salz, Pfeffer, Muskat, 1 Prise Zucker*
- *Sojasauce*
- *evtl. Kürbiskernöl*

1. Fett in einem größeren Topf erhitzen und darin Zwiebeln und Knoblauch leicht anbrutzeln. Nach ein paar Minuten Kürbis und Kartoffeln dazu und ein bisschen mitbraten.

2. Anschließend mit der Gemüsebrühe aufgießen und kurz aufkochen lassen. Curry dazu und zugedeckt so lange vor sich hin köcheln lassen, bis das Gemüse weich ist (ca. 15 min).

3. In der Zwischenzeit schon mal die Kürbiskerne anrösten. Einfach eine kleine beschichtete Pfanne nehmen, Kerne ohne Fett reingeben und ca. 3–5 min unter Aufsicht leicht anrösten. Ploppt lustig.

4. Sind die Kartoffel- und Kürbisstücke weich, Pürierstab schnappen und alles schön durchmusen (Vorsicht, nicht alles in der Küche verteilen!) ▸

und zwar so lange, bis die Suppe eine cremige Konsistenz hat. Hast du keinen Pürierstab zur Hand, tut's notfalls auch ein Kartoffelstampfer – ist aber dann nur semiprofessionell ...

5. Jetzt noch flott kräftig würzen, die Tomaten hinein und noch mal ein paar Minuten ziehen lassen. Die Suppe auf vier Teller verteilen und zum Schluss die Kürbiskerne drüberstreuen. Wer mag, träufelt noch etwas Kürbiskernöl drüber.

★ *Dazu passt gut Baguette oder frisches Vollkornbrot.*

Herbstsuppe

für 2–3 zum Sattwerden, von Uschi Herzer, 🔈 POLAR BEAR CLUB »Sometimes Things Just Disappear«

Eines meiner Lieblings-Comfort-Food-Rezepte. Nach einem Scheißtag mit grauem Wetter genau das Richtige!

- *ca. 400 g Hokkaidokürbis*
- *¼ Knollensellerie, ca. 150 g oder 1–2 Stangen Staudensellerie*
- *1 kleine Kohlrabi*
- *1 Stange Lauch*
- *1 Zwiebel*
- *Petersilie, gehackt*
- *¾–1 l Gemüsebrühe*
- *Öl*
- *100 g Graupen*
- *Salz, Pfeffer*
- *Sojasauce*

1. Bevor es losgeht mit Kochen, muss erst mal fleißig geschnibbelt werden: Den Lauch putzen, waschen und in dünne Ringe schneiden. Den Sellerie schälen und in ca. 0,5–1 cm große Würfel schneiden. Genauso mit dem Kohlrabi verfahren. Den Kürbis waschen, von den Kernen und dem Gekröse befreien und samt Schale würfeln. Zu guter Letzt noch die Zwiebel fein hacken.

2. Und schon kann es losgehen: Etwas Öl in einen Topf geben, erhitzen und Zwiebelwürfel und Petersilie darin andünsten. Dann das Gemüse und die Graupen reinkippen, gut umrühren und ein paar Minuten mitbrutzeln lassen. Alles mit der Gemüsebrühe aufgießen. Lieber nicht gleich die ganze Menge, sonst wird das Süppchen möglicherweise zu dünn. Deckel drauf und so lange bei mittlerer Hitze köcheln lassen, bis alles weich ist. Eventuell noch mal Gemüsebrühe nachkippen, bis das Ganze die für euch richtige Konsistenz hat.

3. Mit Salz, Pfeffer und einem Schuss Sojasauce abschmecken. In schöne Schüsseln geben und eventuell einen Klecks Sojasahne oder -joghurt auf die Suppe geben.

★ *Mit Chili und/oder geriebenem Ingwer bekommt das Ganze noch einen asiatischen Touch.*

★ *Brot dazu muss sein.*

★ *Wer grünes Pesto im Kühlschrank hat, kann davon auch gerne etwas auf die Suppe träufeln.*

★ *Statt Kohlrabi passen auch gut Möhre oder Pastinake.*

Kretische Kartoffeln mit Bohnen

für 4, von Uschi Herzer und Joachim Hiller, 🔈 FREE YOURSELF »Antar Ma Una«

Dieses Gericht begleitet uns schon seit vielen Jahren und ist ein absoluter Klassiker in unserer Küche. Wir haben es einst in den Neunzigern entdeckt, als wir auf Kreta einen Ausflug zum abgelegenen Strand von Elafonisi machten und dann spontan dort in einer kleinen Pension übernachteten. Außer uns keine anderen Gäste weit und breit, der Wirt sprach nicht Englisch, wir konnten kein Griechisch, aber dass er was Veganes im großen Topf in der Küche hatte, das kapierten wir. Unglaublich, wie lecker das war!

- *5 große Kartoffeln*
- *300 g grüne Bohnen (Brechbohnen) (TK-Ware geht auch, aber keinesfalls aus dem Glas!)*
- *1 Zwiebel*
- *1 Knoblauchzehe*
- *1 EL Tomatenmark*
- *Olivenöl*
- *ca. 300 ml Gemüsebrühe*
- *etwas Thymian oder Bohnenkraut*
- *Salz, Pfeffer*

1. Kartoffeln schälen, danach achteln, so dass orangenschnitzähnliche Gebilde entstehen. Die Bohnen putzen, Enden kappen und je nach Länge halbieren oder dritteln (fällt bei TK-Ware natürlich weg).

2. Zwiebel und Knoblauch würfeln und in reichlich Olivenöl andünsten. Wenn die Zwiebeln glasig sind, das Tomatenmark dazugeben und in der Mitte des Topfes leicht anrösten. Nach ein paar Minuten mit dem anderen Gekröse gut verrühren und die Kartoffeln dazugeben; 5–10 min anbraten.

3. Dann die (unaufgetauten) Bohnen hinein und mit ca. 300 ml Gemüsebrühe aufgießen (das Gemüse sollte gerade eben bedeckt sein) und köcheln lassen. So lange blubbern lassen, bis das Gemüse weich, aber noch bissfest ist (dauert 15–20 min). Gut würzen.

★ *Dazu passt Baguette oder Fladenbrot.*

★ *Sollte etwas übrig bleiben, schmeckt es am nächsten Tag fast noch besser! Also gleich die doppelte Menge machen.*

Kürbis-Linsen-Suppe

für 4, von Uschi Herzer
🔈 SONGS: OHIA »The Magnolia Electric Co.«

Quick & easy und wärmendes Comfort Food bei kaltem Wetter!

- *1 kg Kürbis, geputzt und gewürfelt*
- *200 g rote Linsen*
- *1 Stück Ingwer, fein gerieben*
- *1 Zwiebel, gewürfelt*
- *1 Knoblauchzehe, fein gehackt*
- *Kokosöl zum Anbraten*
- *Kardamom, gemahlen*
- *Piment d'Espelette (zur Not geht auch Chili)*
- *Koriander, gemahlen*
- *Kreuzkümmel, gemahlen*
- *Muskat, frisch gerieben*
- *Pfeffer*
- *1 l Gemüsebrühe*
- *Petersilie oder frischer Koriander, fein gehackt* ►

1. Wenn alles Gemüse geschnibbelt ist, kann es losgehen! Passenden Topf aus dem Schrank holen, etwas Kokosöl rein und Power on. Erst Zwiebel, Knoblauch und Ingwer darin etwas andünsten, dann Kürbis und Linsen dazu. Gut umrühren, kurz anbraten und mit Gemüsebrühe aufgießen. Das Gemüse sollte auf jeden Fall vollständig bedeckt sein.

2. Die Gewürze können auch schon mal rein – hier liegt es an dir, wie experimentierfreudig du bist. Von Koriander, Kardamom und Kreuzkümmel gerne mehr (je 1 TL), bei Piment d'Espelette unbedingt vorsichtig sein, da scharf.

3. Deckel drauf und köcheln lassen, aber aufpassen, dass nix überkocht. Nach 15 min kannst du mal checken, ob Kürbis und Linsen schon weich sind. Wenn ja, die Suppe grob mit einem Pürierstab pürieren, aber gerne noch stückig lassen. Eventuell noch etwas Brühe nachgießen, falls die Suppe zu pampig ist. Wenn nein, einfach noch mal ein paar Minuten weicher kochen.

4. Ist die Suppe püriert, noch mal mit den Gewürzen abschmecken. In Schüsseln geben, mit gehackten Kräutern bestreuen und mampfen.

★ *Brot dazu kommt gut.*

Kürbissuppe mit Kokosmilch

von Uschi Herzer, 🔊 RISE AGAINST »Appeal To Reason«

Diese Suppe eignet sich gut als erster Gang für ein tolles Herbstmenü. Ausgefallen, aber trotzdem nicht kompliziert und lässt sich außerdem noch gut vorbereiten. Wie immer bei Kokosmilch auf die Qualität achten – es kommt nur Bioqualität in Frage, konventionelle Ware ist voller unnötigem Scheiß.

- *1 Hokkaidokürbis*
- *1 Zwiebel*
- *3 Stängel Zitronengras oder ein paar Limettenblätter*
- *1 Stück Ingwer, so groß wie dein Daumen*
- *1 Zimtstange*
- *1 l Gemüsebrühe*
- *1 Dose Kokosmilch*
- *Chilipulver*
- *Salz, Pfeffer*
- *Olivenöl*

1. Wie immer ist Vorbereitung das halbe Leben, das heißt erst mal die ganzen Zutaten schnibbeln. Kürbis waschen, vierteln und die Kerne und das Grisselzeugs rausoperieren, Schale kann aber dranbleiben. Anschließend das Kürbisfleisch mittelgroß würfeln. Zwiebel fein hacken und den Ingwer schälen und auch fein hacken oder reiben.

2. Großen Topf im Schrank suchen, Olivenöl rein und die Zwiebeln darin andünsten. Nach einer kleinen Weile Kürbis und Ingwer dazu, gut umrühren und ein paar Minuten mitbrutzeln lassen.

3. Jetzt die Gemüsebrühe drüberkippen, und zwar nur so viel, dass der Kürbis gerade so eben damit bedeckt ist. Deckel drauf.

4. Wichtig! Zitronengras nicht vergessen, denn das gibt den nötigen Kick. Einfach in 3–4 Abschnitte schneiden und diese noch der Länge nach halbieren. Wer nachher nicht eine:n auf Fischer:in machen will, gibt die Zitronengrasstücke und den Zimt in ein Teefiltersäckchen, bindet es zu und taucht es in die Suppe. Wer lieber am Kochzeitende mit Pinzette und Lupe die Stückchen in der Suppe suchen will, kann sie natürlich auch so reinschmeißen. Drin lassen geht gar nicht, denn beim Essen draufzubeißen, ist verdammt eklig ...

5. Nach ungefähr 20 min müsste der Kürbis butterweich sein und das Ganze kann püriert werden. Vorher aber die Gewürze rausangeln. Kokosmilch reinkippen und dann alles mit einem Zauberstab schön glatt matschen oder wahlweise in den Mixer packen. Mit Chili, Salz und Pfeffer würzig abschmecken. Yummy!

★ *Baguette oder so was in der Art dazu und du hast ein sättigendes Essen.*

★ *Lässt sich super einfrieren.*

Linsencurry

für 2, von Joachim Hiller, 🔊 THE GENERATORS »Last Of The Pariahs«

- *200 g schwarze Linsen*
- *4 mittelgroße, vorwiegend festkochende Kartoffeln*
- *1 große Zwiebel*
- *2 kleinere Karotten*
- *1 kleiner Blumenkohl*
- *1 Dose (400 ml) Kokosmilch*
- *Tomatenmark*
- *Gemüsebrühepulver*
- *rote Currypaste*
- *Currygewürz, Salz, Pfeffer, Öl*

1. Zuerst die Linsen waschen, dann in einen etwas größeren Topf kippen, ordentlich mit Wasser bedeckt zum Kochen bringen. Zugedeckt köcheln lassen, die Linsen brauchen rund eine halbe Stunde und wir haben jetzt 10–15 min Zeit für das Gemüse.

2. Zwiebeln in dünne Schnitze und die Karotte in dünne Stifte von ca. 3 cm Länge schneiden, die Kartoffeln schälen und in computertastengroße Würfel verarbeiten. Blumenkohl in kleine Röschen zerteilen.

3. Zwiebeln in einer Pfanne in Öl glasig dünsten. Zur Seite stellen.

4. Mittlerweile dürften die Linsen rund 10 min köcheln. Dann ist jetzt der richtige Zeitpunkt, Karotten, Kartoffeln und Blumenkohl sowie das Gemüsebrühepulver zu den Linsen zu geben und die Kokosmilch dazuzukippen. Anfangs ist das Ganze noch etwas suppig, aber trotzdem halb den Deckel drauf und leise köcheln lassen, so dickt das Ganze noch etwas ein. Ach ja, die Zwiebeln dürfen auch schon mit rein, ebenso 1 TL Currypaste (je nach Schärfeunempfindlichkeit auch mehr) und Currypulver nach Laune sowie 1 EL Tomatenmark.

5. Nach 25–30 min mal im Topf den Stand der Dinge erkunden, es soll ja alles noch leicht Biss haben und nicht zerkocht sein. Maßgeblich sind die Linsen. Mit Salz und Pfeffer abschmecken. Fertig? Dann in tiefen Tellern servieren und dazu Brot und einen gemischten Salat reichen. ▶

Minestrone alla Ox

für 4, von Uschi Herzer, 🔈 SHAME »Drunk Tank Pink«

Minestrone ist eine unserer Lieblingssuppen, da man einfach alles darin »verwursten« kann, was gerade im Kühlschrank ist und weg muss. Die Nudelmenge ist variabel – wir nehmen meist eine Handvoll Trockenware; sie soll das Gericht ja nicht dominieren, sondern eher begleiten.

Die Basis:

- *Zwiebeln*
- *weiße Bohnen (aus dem Glas)*
- *eine Sorte Kohl*
- *Kartoffeln*
- *(1 Stange) Staudensellerie*
- *eine kleine Sorte Pasta, z. B. Muscheln*
- *Gemüsebrühe*
- *Olivenöl*
- *1–2 EL Tomatenmark, Salz, Pfeffer*
- *Sojasauce*
- *Grünes Pesto*

Die Extras, z. B. je nach Jahreszeit:

- *Hokkaidokürbis*
- *Steckrübe*
- *Zucchini*
- *Fenchel*
- *Paprika*
- *Tomaten*
- *Kohlrabi*
- *Pastinake*
- *Lauch*
- *Karotten*

1. Zwiebel fein würfeln. Den Rest vom Gemüse bei Bedarf schälen und in kleine Stücke schneiden. Bohnen abgießen und etwas abspülen.

2. Gewürfelte Zwiebel in Olivenöl andünsten, nach ein paar Minuten das Tomatenmark reindrücken und etwas karamellisieren lassen.

3. Das geschnittene Gemüse (bis auf die Dosenbohnen) dazu, kurz anbraten und dann mit Gemüsebrühe aufgießen.

4. Parallel etwas Nudelwasser aufsetzen und Nudeln darin al dente kochen, abgießen.

5. Das Gemüse im anderen Topf so lange köcheln lassen, bis es fast weich ist. Dann ist der richtige Zeitpunkt, die abgegossenen Bohnen dazuzugeben.

6. Mit Pfeffer, Sojasauce und eventuell Salz abschmecken.

7. Zum Servieren ein paar Nudeln in die Schüsseln oder Teller geben und mit der Minestrone aufgießen. Mit Olivenöl oder Pesto beträufeln und schmecken lassen.

★ *Wir kochen die Pasta immer separat, da meist was von der Minestrone übrig bleibt. Da die Nudeln auch nach dem Kochen noch Flüssigkeit aufnehmen, habt ihr beim gemeinsamen Kochen im Topf am nächsten Tag aufgequollene, schwabbelige Monster und wenig Flüssigkeit im Gemüse.*

★ *Für uns ein Muss beim Servieren auf dem Teller: ein Schuss gutes Olivenöl und/oder DIY-Pesto aus TK-Basilikum und ausreichend Olivenöl – oder eben ein fertiges (veganes) grünes Pesto*

★ *Variation: Statt Pasta können auch Graupen oder Ähnliches verwendet werden.*

★ *Dazu gibt es Ciabatta oder Vollkornbrot.*

Schmorgurkenpott 2.0

für 2, von Joachim Hiller, 🔊 Bob Mould »Sunshine Rock«

Das Rezept schleppen wir schon ewig mit uns herum, mein Favorit war es nie. Bis dann in einem Sommer die Gurkenernte so reichlich ausfiel, dass die zwingend weggearbeitet werden musste. Und siehe da, mit jedem Mal gelang das Gericht besser. Eine normale Salatgurke tut es übrigens völlig. Grundsätzlich kann hier freihändig variiert werden bei den Zutaten und Mengen.

- *2 Schmor- oder 1 Salatgurke(n)*
- *½ Paprika*
- *1 Zwiebel*
- *1 Knoblauchzehe*
- *350 g Kartoffeln*
- *1 kleine Dose Kidneybohnen*
- *60 g Sojaschnetzel, fein*
- *Tomatenmark*
- *Olivenöl*
- *½ l Gemüsebrühe*
- *½ TL geräuchertes Paprikapulver*
- *1 TL Paprika*
- *½ TL Pul Biber*
- *½ TL Kreuzkümmel, gemahlen*
- *1 Schuss Sojasauce*
- *frischer oder getrockneter Koriander, gehackt*

1. Zwiebel und Knoblauch fein würfeln. Kartoffeln schälen und nicht zu groß würfeln (ca. 1 × 1 cm). Paprika ebenfalls würfeln, die Gurke(n) schälen, halbieren, eventuell aufgefundene Kerne mit einem Löffel rausschaben, Gurkenhälften der Länge nach halbieren und in größere Stücke schneiden.

2. Jetzt einen größeren Topf aus dem Schrank holen, etwas Öl rein und Zwiebel und Knoblauch kurz darin anschwitzen und direkt eine Ladung Tomatenmark mit dazu. Fleißig rühren!

3. Nach 2–3 min Paprikastücke, Kartoffelwürfel und Gurkengeschnipsel in den Topf und etwas mitschmurgeln. Gemüsebrühe dazu sowie die abgegossenen, abgespülten Kidneybohnen und die Sojaschnetzel rein, Deckel drauf, Hitze so auf mäßig stellen.

4. Wegen Hunger und Neugier immer wieder den Deckel lupfen, den Wasserstand kontrollieren, nach Gusto die Konsistenz zwischen dicker Suppe und stückigem Eintopf regulieren.

5. Sobald Paprika und Kartoffeln weich sind (die Gurken sind es dann auch), wird gewürzt. Zweierlei Paprikapulver, gemahlener Kreuzkümmel, ein Schuss Sojasauce und nach Verlangen und Vertragen Pul Biber sowie getrockneter Koriander – der frische kommt, falls vorhanden, erst ganz zum Schluss beim Servieren drüber. Fertig.

Schwäbischer Linseneintopf mit Spätzle

für 4, von Joachim Hiller, 🔊 WOLVES IN THE THRONE ROOM »Black Cascade«

Uschi: Obwohl wir beide aus Schwaben kommen, gab es das Gericht bei uns zu Hause nie. Ich habe tatsächlich anfangs mit der Säure des Essigs gefremdelt, aber mittlerweile mag ich das richtig gerne. Der Essig übernimmt hier übrigens nicht nur den Würzpart, sondern sorgt auch dafür, dass die Linsen besser verdaulich sind. Wieder was gelernt.

Joachim: Gefühlt jeden Samstag gab es in meiner Kindheit Linseneintopf. Und ich mag den immer noch. Also trotzdem. Die Gewürze sind übrigens essenziell.

- *250 g getrocknete braune Tellerlinsen*
- *Öl*
- *1 Karotte*
- *1 Zwiebel*
- *1 kleine Stange Lauch*
- *1 kleines Stück Sellerie*
- *4 Nelken*
- *2–3 Lorbeerblätter*
- *4 Wacholderbeeren*
- *Majoran, Salz, Pfeffer*
- *1½ l Gemüsebrühe*
- *Rotweinessig*
- *250 g (Trockenware) Bio-Spätzle ohne Ei (oder selbstgemachte)*

Für die Einbrenne

- *50 g Margarine*
- *2 EL Mehl*

1. Linsen sind heikel: Manche wollen eingeweicht werden, sogar über Nacht, andere sind recht schnell gar, andere noch nach einer Stunde hart. Deshalb gilt: Packungsbeilage beachten und das Rezept entsprechend variieren.

2. Das Gemüse und die Zwiebel klein schneiden und in Öl anbraten. Die

Linsen dazukippen und dann die Lorbeerblätter, nach Geschmack Majoran, die Nelken und Wacholderbeeren dazugeben, aber noch nicht das Salz und die Gemüsebrühe. Alles aufkochen und dann sanft kochen lassen, bis die Linsen weich sind. Das geht mal schneller und mal langsamer, aber so 30 min sollten mindestens einkalkuliert werden – einfach ab und zu ein paar Linsen herausfischen und probieren. Das Gemüse wird in der Zeit auf jeden Fall gar.

3. Wer Spätzle gerne selbst macht, kümmert sich in der Zwischenzeit darum. Die Faulen kochen fertige Spätzle nach Packungsanleitung.

4. Wenn die Spätzle im Topf sind, ist die Einbrenne dran. Die sorgt dafür, dass der Eintopf schön dick und sämig wird. Dazu die Margarine in einem kleinen Topf vorsichtig schmelzen, das Mehl langsam einrühren, bis eine noch rührbare Pampe entstanden ist (Vorsicht: ständig rühren, Hitze runter, nix anbrennen lassen!) und dann einen Schöpflöffel voll Brühe aus dem Topf mit den Linsen dazu und rühren, bis sich die Mehlpampe aufgelöst hat. Dann die Einbrenne zum Linseneintopf kippen (die Linsen sollten jetzt weich, aber nicht zerkocht sein ...), noch mal aufkochen lassen und mit Gemüsebrühe, Salz, etwas Pfeffer und 2–3 EL Rotweinessig abschmecken.

5. Die Lorbeerblätter und die Nelken herausfischen, Spätzle auf tiefe Teller packen, Linseneintopf drüber und am Tisch ggf. mit Essig (Balsamico-Essig kommt auch gut) nachwürzen. Keine Schönheit, aber verdammt lecker und mit optimaler Eiweiß-Ausbeute. Wer smart ist, gibt Nelken, Wachholderbeeren und Lorbeerblätter in einen Teefilterbeutel und hängt diesen in die Suppe.

Für Notizen

Hauptgerichte

Ampelkoalition

für 2, von Joachim Hiller, 🔈 THE MULTICOLOURED SHADES »Sundome City Exit«

Wer es gerne bunt auf dem Teller hat, ganz ohne Lebensmittelfarbe, bekommt hier sein rot-gelb-grünes Wunder serviert.

- *400 g TK-Erbsen*
- *ein paar Stängel Koriander (oder TK)*
- *1 Bio-Limette (oder Bio-Limettensaft)*
- *3 EL Tahini (Sesampaste)*
- *Olivenöl*
- *Salz*
- *Pfeffer*
- *4 kleine Rote Beten*
- *200 ml Gemüsebrühe*
- *1 Block Tofu, z. B. vorgewürzter Asia-Tofu (alternativ: selbstgemachte oder fertige Schupfnudeln, die man vor dem Servieren noch mit einem Hauch Kurkuma einfärbt)*

1. Einen eher kleinen Topf mit Wasser zum Kochen bringen. Wenn das Wasser sprudelt, etwas Salz rein und die TK-Erbsen. Erbsen ca. 2 min blanchieren, abgießen und kurz eiskalt abschrecken.

2. Rote Bete waschen und schälen, dann achteln. In einer beschichteten Pfanne in Olivenöl leicht anbraten, dann etwas Gemüsebrühe dazu und bei mittlerer Temperatur mit geschlossenem Deckel garen, bis sie weich sind.

3. Erbsen, Korianderblätter, 1–2 EL Limettensaft (und abgeriebene Limettenschale, falls man eine frische Limette hat), Tahini, einen Schuss Olivenöl, Salz und Pfeffer in einen Becher geben und dann mit dem Stabmixer fein pürieren.

4. Tofu in schmale Streifen schneiden (BLACK FLAG-Fans wissen, was ich meine) und in einer Pfanne in etwas Öl scharf anbraten. Alternativ Schupfnudeln anbraten und mit Kurkuma schön gelb färben.

5. Mittlerweile sollten die Roten Bete weich sein, das Wasser weitgehend verdampft.

6. Auf zwei Tellern das (noch lauwarme) knallgrüne Erbspüree verteilen, die rot-pinken Bete-Achtel und die gelben Tofustreifen darüber legen. Eine Koalition von purer Harmonie!

Black Forest Burger

für 2 Burger, von Mayoori Buchhalter, 🔈 THE DAMNED »Machine Gun Etiquette«

In Zusammenarbeit mit dem Kölner BioGourmetClub entstand diese Kreation. Dank an Mayoori fürs Rezept!

- *1 Packung Räuchertofu*
- *125 g Sauerkraut*
- *2 große Zwiebeln (alternativ: Röstzwiebeln aus der Dose)*
- *Rapskernöl zum Anbraten*
- *Salz*
- *(süßer) Senf*
- *2 Burger-Buns (selbstgemacht oder gekauft)*
- *2 Salatblätter*

1. Den Tofu längs und quer halbieren und in Öl auf beiden Seiten knusprig anbraten.

2. Parallel die Zwiebeln schälen, halbieren und in Scheiben schneiden. In Öl anbraten, bis sie goldbraun sind, dann mit Salz abschmecken.

3. Bun halbieren, Senf auf den Boden des Buns streichen, ein Salatblatt und das leicht ausgepresste Sauerkraut darauf legen, dann die Tofuscheiben obendrauf sowie die Zwiebeln und zum Schluss noch mal Senf. Wohl bekomm's!

★ *Alternativ/ergänzend sind auch Mayo und Essiggurkenstreifen sehr lecker.*

Blitva (Mangold mit Kartoffeln)

für 2, von Uschi Herzer und Joachim Hiller, 🔈 IDLES »Joy As An Act Of Resistance«

Man mag uns jetzt der Vereinfachung schuldig erklären, aber im Camping-Urlaub in Kroatien war in Restaurants außer diesem Gericht (als Beilage ...) nichts Veganes zu entdecken. Dafür ist es extrem lecker.

- *600 g Mangold*
- *300 g Kartoffeln*
- *1 Zwiebel*
- *2–3 Knoblauchzehen*
- *6 EL Olivenöl*
- *(kroatisches) Gemüsebrühepulver*
- *Salz, Pfeffer*

1. Als Erstes einen Topf mit Wasser aufsetzen. Die Kartoffeln schälen und grob würfeln und in Salzwasser weichkochen.

2. In der Zwischenzeit den Mangold waschen, abtropfen, Stiele ab und den harten Strunk entfernen. Die grünen Blätter in gröbere Stücke schneiden.

3. Zwiebel und Knoblauch fein würfeln.

4. In einer größeren Pfanne etwas Olivenöl erhitzen und Zwiebel und Knoblauch anschwitzen. Den Mangold dazu und ca. 5 min dünsten, bis er zusammengefallen ist. Mit Gemüsebrühepulver würzen. ▶

5. Das Kartoffelwasser abgießen, wenn sie fertig sind, und den Mangold und das restliche Olivenöl dazugeben und mit Salz und Pfeffer würzen. Alles bis zum gewünschten Matschgrad zerdrücken, abschmecken und sofort essen.

★ *Dazu passen angebratener Tofu, Vischstäbchen, Würstchen oder Ähnliches.*

★ *Im Rheinland kann statt Mangold auch Stielmus verwendet werden.*

Bolo mit Spaghetti

für 2, von Uschi Herzer, 🔈 THE COLD »Certainty Of Failure«

Unsere klassische Bolo. Seit Jahren unverändert.

- *1 Zwiebel*
- *1 Knoblauchzehe*
- *1 Möhre (optional)*
- *1 Schnitz Sellerie (optional)*
- *1 TL Balsamico-Essig*
- *1 TL Agavendicksaft oder Ähnliches*
- *italienische Kräuter, getrocknet oder TK*
- *1 Dose gehackte Tomaten/Pizzatomaten*
- *½ Packung (ca. 30 g Trockengewicht) Sonnenblumenhack pur oder feine Sojaschnetzel*
- *1 EL Tomatenmark*
- *Salz*
- *frisch gemahlener schwarzer Pfeffer*
- *Olivenöl*
- *ein paar Blättchen frisches Basilikum*
- *250 g Vollkornspaghetti*

1. Zwiebel, Knoblauch, Möhre und Sellerie schälen und sehr fein (in etwa so klein wie die Hack-Trockenware) würfeln.

2. Bevor es weitergeht, schon mal einen Topf Pastawasser aufsetzen.

3. Jetzt etwas Öl in einer größeren Pfanne erhitzen und darin erst kurz die Zwiebeln, dann Sellerie, Möhren und Knoblauch leicht anbraten.

4. Nach ein paar Minuten die Dose gestückelte Tomaten, das Tomatenmark, den Agavendicksaft und das Sonnenblumenhack oder die Sojaschnetzel dazugeben, gut umrühren und kurz leicht blubbern lassen.

5. Allerspätestens jetzt muss die Pasta ins gesalzene Wasser und zwar fix!

6. Wer mag, kann jetzt schon mal würzen mit italienischen Kräutern (Oregano, Thymian, Rosmarin, Basilikum …), Balsamico-Essig und Salz und Pfeffer.

7. Wenn die Spaghetti al dente sind, abgießen und noch leicht feucht in die Pfanne zur Bolognesesauce kippen. Gut umrühren, eventuell noch nachwürzen, ab damit auf zwei Teller, mit Basilikumblättchen bestreuen und schmecken lassen.

★ *Beliebig skalierbar, wenn es mal für mehr als zwei Hunger reichen soll.*

Bulgur-Gemüsepfanne

für 2, von Uschi Herzer, 🔈 THE CHURCH »Starfish«

- *150 g Bulgur (fein)*
- *300 ml Gemüsebrühe*
- *1 große oder 2 kleine Zucchini*
- *Olivenöl*
- *2 EL Pinienkerne*
- *1 Zwiebel*
- *5 getrocknete Aprikosen*
- *2 EL Ajvar, Paprika-Aufstrich oder Ähnliches*
- *½ Packung TK-Basilikum oder ½ Bund frisches*
- *100–150 g Tofu*
- *½ TL Kreuzkümmel, gemahlen*
- *Zitronensaft*
- *4 Stängel Petersilie*
- *4 Stängel Koriander oder Minze*
- *Salz, Pfeffer*

1. Als Erstes ist der Tofu dran, denn der muss ein bisschen ziehen. Dafür das TK-Basilikum (frisches Basilikum grob hacken) und etwas Salz großzügig mit Olivenöl übergießen und mit einem Pürierstab zu einer geschmeidigen Masse verrühren. Olivenölmenge nach eurem Gusto. Die Konsistenz sollte nicht zu flüssig oder zu fest sein – eben so, dass man den noch eben gewürfelten Tofu gut damit vermischen kann. Tofu und Basilikumpampe in eine verschließbare Schüssel geben, gut vermengen und mindestens 30 min marinieren. Zwischendurch immer wieder durchmischen.

2. In der Zwischenzeit ist Gemüse schnibbeln angesagt: Zwiebel fein würfeln und Zucchini in ca. 1 cm große Würfel schneiden. Die Aprikosen klein würfeln.

3. Als Nächstes die Pinienkerne in einer (beschichteten) Pfanne goldbraun rösten. Vorsicht, die Dinger brennen verdammt schnell an! Aus der Pfanne herausnehmen.

4. Eine hohe Pfanne oder einen Topf aus dem Schrank holen, etwas Öl hineingeben und den Kreuzkümmel kurz anrösten, bis es zu duften beginnt. Dann die Zwiebel dazu und andünsten. Nach ein paar Minuten die Zucchini rein und weiterbrutzeln. Nach etwa 5 min den Bulgur und die Brühe zum Gemüse geben, gut durchrühren und die Temperatur etwas runterdrehen. Aufpassen, dass nix anbrennt. Sollte die Brühe aufgesogen sein, der Bulgur aber nicht weich genug, noch einen Schuss Gemüsebrühe dazukippen.

5. Jetzt noch flott die Kräuter kleinmachen: Petersilie und Korianderblätter abzupfen und fein hacken. Zum Bulgur-Gemüse geben und zusammen mit dem Ajvar gut vermischen. Einen Schuss Zitronensaft rein und den Basilikum-Tofu dazu. Gut vermischen und mit Salz und Pfeffer abschmecken.

★ *Schmeckt auch mit gekauftem Basilikum-, Tomaten- oder Oliventofu.*

★ *Lässt sich noch aufsupern mit klein gehackten Oliven und/oder getrockneten Tomaten.*

★ *Groben Bulgur kann man auch verwenden. Dann aber besser separat zubereiten und am Schluss zum Gemüse geben.*

★ *Ein Muss dazu: gemischter Salat.*

Cassoulet

für 2–3, von Joachim Hiller, 🔈 CHARGE 69 »Nos Racines Vol. 1«

Ein super Essen, wenn es draußen kalt und feucht ist. Schmeckt wie so oft durchgezogen und aufgewärmt am nächsten Tag fast noch besser.

- *1 große Dose weiße Bohnen*
- *2 Dosen Tomatenstücke*
- *1 Möhre*
- *1 kleine Stange Lauch*
- *1 rote Paprika*
- *1 Chilischote oder Chili, gemahlen*
- *1 Knoblauchzehe*
- *Olivenöl*
- *Kräuter der Provence*
- *Salz, Pfeffer*

1. Backofen auf 200 °C Ober/Unterhitze anheizen.

2. Bohnen abspülen. Möhre und Paprika in kleine Stücke, Lauch in dünne Scheiben schneiden.

3. Bohnen, Gemüse und Tomaten in einer mit Öl ausgefetteten Auflaufform (eher flach als hoch) verteilen. Knoblauch dazupressen und je nach Geschmack die Chilischote im Ganzen dazulegen oder klein geschnibbelt oder mit Chilipulver/-flocken würzen.

4. Kräuter der Provence, Salz und Pfeffer dazu und dann alles ca. 30–45 min in den Ofen.

5. Fertig, wenn das Gemüse weich und das Cassoulet etwas eingedickt ist. Eventuell zwischendurch noch etwas Wasser nachgießen, falls die Konsistenz zu dick ist.

★ *Dazu gibt es Brot zum Tunken.*

Couscous mit Paprika

für 2, von Uschi Herzer, 🔊 SAMIAM »Clumsy«

Eines unserer All-time-fave-Rezepte! Wir lieben es und es ist soo schnell fertig.

- *20 g Rosinen*
- *150 g Couscous*
- *1 rote und 1 gelbe Paprika*
- *1 große Zwiebel*
- *1 Glas Kichererbsen (220 g Abtropfgewicht)*
- *300 ml Gemüsebrühe*
- *¼ TL Harissa (sauscharfe Würzpaste, gibt's z. B. im marokkanischen Lebensmittelladen)*
- *20 g Pinienkerne*
- *Olivenöl*
- *Kreuzkümmel, gemahlen*
- *Salz, Pfeffer*

1. Rosinen in heißem Wasser einweichen und ca. 20 min quellen lassen.

2. Als Nächstes die Paprika vom Stielansatz befreien, waschen und der Länge nach achteln, dann in ca. 2 cm lange Stücke schneiden. Zwiebel schälen und in Schnitze schneiden.

3. Eine große Pfanne auf den Herd stellen und darin die Pinienkerne ohne Fett etwas anrösten. Sind sie leicht gebräunt, herausnehmen und zur Seite stellen.

4. Etwas Olivenöl in die gerade benutzte Pfanne kippen und darin Zwiebel und Paprika bei geschlossenem Deckel andünsten. Nach ein paar Minuten Kichererbsen, Rosinen und Gemüsebrühe zugeben und mit Harissa, Kreuzkümmel, Salz und Pfeffer würzen. Zugedeckt bei kleiner Hitze 10 min blubbern lassen. ▶

5. In der Zwischenzeit nicht faul rumhängen, sondern den Couscous nach Packungsanweisung zubereiten. Zudecken, damit er nicht auskühlt.

6. Eigentlich sollten nun Gemüse und Couscous gleichzeitig fertig sein. Couscous ringförmig auf zwei großen flachen Tellern anrichten und das Gemüse in die Mitte plumpsen lassen; die Brühe über den Couscous gießen, damit er nicht zu trocken ist. Jetzt noch mit den Pinienkernen bestreuen und genießen.

★ *Dazu passt vorzüglich eine Joghurtsauce (Joghurt, etwas Zitronensaft, eine Spur Minze, Salz, Pfeffer verquirlen) zum Löschen der Harissa-Schärfe.*

Easypeasy Paprika-Spinat-Spaghetti

für 2, von Uschi Herzer, 🔈 SEVEN SIOUX »An Other«

- *1 rote oder gelbe Paprika*
- *1 Knoblauchzehe*
- *1 kleine Zwiebel*
- *2–3 EL Mandel- oder Cashewmus*
- *80 g Babyspinat*
- *1–2 EL Hefeflocken*
- *Olivenöl*
- *Salz, Pfeffer*
- *250 g Spaghetti*

1. Zuerst ist die Paprika dran: Ofen auf 220 °C anheizen, gerne mit Grillfunktion. Paprika vierteln, waschen und entkernen und mit der Hautseite nach oben auf ein Backblech oder in eine Auflaufform legen und ab damit in den heißen Ofen. So lange im Backofen lassen, bis sich dunkelbraune Blasen bilden, das dauert ca. 10 min. Herausnehmen und mit einem nassen Küchentuch bedecken, dann lässt sich die Paprika nachher ganz easy von der Haut befreien.

2. Damit gleich alles fix geht, am besten schon mal das Pastawasser aufsetzen.

3. Dann den Spinat waschen, putzen und abtropfen lassen. Knoblauch und Zwiebel schälen und fein würfeln. Paprika häuten und in Streifen/Stücke schneiden.

4. Optimal wäre es, jetzt parallel die Pasta ins gesalzene Wasser geben und mit der Sauce loszulegen. Dazu eine hohe Pfanne auf den Herd, Olivenöl rein, Knoblauch und Zwiebeln dazu und auf mittlerer Flamme etwas dünsten. Ca. ¼ Liter Wasser dazu und aufkochen lassen. Dann das Mandelmus dazu und schön verrühren, damit sich alles gut vermischt. Mit Hefeflocken, Salz und Pfeffer würzen.

5. Jetzt sollte eigentlich die Pasta soweit sein. Abgießen und noch tropfnass in die Cashew-/Mandelsauce geben. Schön vermischen und zum Schluss die Paprikastücke und den Spinat dazu. Vorsichtig durchmischen, kurz erwärmen, eventuell nachwürzen, fertig!

★ *Lecker dazu ist selbstgemachter Veggie-Parmesan oder einfach nur Hefeflocken.*

★ *Funktioniert auch mit »normalem« Spinat, aber der sollte klein geschnitten und angedünstet werden, z. B. zusammen mit Zwiebel und Knoblauch.*

Farinata mit grünem Spargel

für 2, von Uschi Herzer und Joachim Hiller, 🔈 DIE NEGATION »Herrschaft der Vernunft«

- *250 g Kichererbsenmehl*
- *1 TL Salz*
- *1–2 EL Hefeflocken*
- *½ TL Knoblauchpulver*
- *¼ TL Kurkuma*
- *1 TL Backpulver*
- *frisch gemahlener Pfeffer*
- *2 TL italienische Kräuter oder Pizzagewürz*
- *TK-Basilikum (optional)*
- *1 TL Kala Namak*
- *500 ml Wasser*
- *2 EL Olivenöl*
- *400–500 g grüner (oder weißer) Spargel*
- *1 große beschichtete Pfanne*

1. Für den Teig die trockenen Zutaten mit einem Löffel vermengen. Dann das Wasser zugeben und am besten mit einem Schneebesen zu einem glatten, dickflüssigen Teig anrühren. Nun noch 2 EL Olivenöl einrühren und mindestens 30 min ruhen lassen.

2. In der Zwischenzeit ist der Spargel dran. Bei grünem Spargel eventuell das untere Drittel schälen, hartes Ende abschneiden und in ca. 5 cm lange Stücke schneiden. Weißen Spargel komplett schälen und genauso verfahren.

3. Wasser aufsetzen, Salz dazu und erst die Spargelstücke 4 min blanchieren und dann noch die Köpfe für 1 min ins Kochwasser geben. Abgießen, Spargelstangen mit einem frischen Geschirrtuch trockentupfen.

4. Teig und Spargel miteinander vermischen. Jetzt die große beschichtete Pfanne aus dem Schrank holen, etwas Öl rein, heiß werden lassen und Teig einfüllen. Deckel drauf und Hitze etwas reduzieren, damit nichts anbrennt. ▸

5. Nach ungefähr 10 min bei dem Teig mit einem Pfannenwender zuerst ringsum den Rand vorsichtig lösen und dann den ganzen Fladen leicht anheben und schauen, ob er unten schon leicht braun ist. Wenn nein: noch ein paar Minuten weiterbrutzeln, falls ja: Deckel oder großen Teller auf die Pfanne legen, festhalten und Pfanne auf den Kopf stellen. Mit etwas Glück landet die Farinata auf dem Teller bzw. Deckel. Zurück damit in die Pfanne – natürlich mit der hellen Seite nach unten. Weitere 10 min unter wohldosierter Hitze leicht bräunen lassen. Besser zwischendurch mal nachsehen.

5. Ist das Ganze fertig, die Farinata auf einen Teller gleiten lassen und vierteln. Yummy!

★ *Dazu gehören unbedingt ein leckerer Salat und ein Glas Wein oder Bier.*

★ *Wer zwei kleine Pfannen hat, kann damit 4 Mini-Fladen backen; Bratzeit reduziert sich entsprechend.*

Fenchel-Dinkel-Pfanne

für 2, von Joachim Hiller, 🔊 MODERN LIFE IS WAR »Fever Hunting«

- *200 g Convenience-Getreideprodukt (z. B. »Wie Reis«, Perldinkel, Ebly ...)*
- *1 Fenchelknolle*
- *3 Frühlingszwiebeln*
- *1 Handvoll schwarze Oliven ohne Stein*
- *10 getrocknete, in Öl eingelegte Tomaten*
- *Gemüsebrühe (Pulver oder Würfel)*
- *Olivenöl*
- *Salz, Pfeffer, Kräuter*

1. Zuerst das Getreide nach Packungsanleitung kochen. Und ja, ich kann es nicht oft genug sagen: kocht gleich mehr davon, denn daraus lässt sich ein super Salat zaubern!

2. Frühlingszwiebeln waschen und putzen, dann in ca. 1 cm breite länglich-schräge Stücke schneiden.

3. Fenchelknolle der Länge nach halbieren, den Strunk herausschneiden, und den Rest in kleine Würfel schneiden – je kleiner, desto schneller sind sie weich.

4. Pfanne anheizen, ordentlich Olivenöl rein, dann die Frühlingszwiebeln rein und bald danach die Fenchelwürfel. Einen Schuss Wasser dazu und etwas Gemüsebrühe, umrühren, Deckel drauf, Hitze reduzieren und vor sich hin schmurgeln lassen.

5. Noch eben Oliven in Stücke schneiden und die Tomaten ebenso. Sobald der Fenchel schön zart ist, in die Pfanne mit beidem. Mit Salz, Pfeffer und Kräutern (Majoran, Oregano, Rosmarin, etc.) nach Gusto würzen.

6. Das Getreide sollte mittlerweile fertig und abgegossen sein. Zum Fenchel in die Pfanne kippen, alles durchmischen und ab auf die Teller damit.

★ *Wenn was übrig geblieben ist, kann man am nächsten Tag noch einen kleinen Salat daraus machen: einfach Essig, Öl und eventuell ein paar Cocktailtomaten und/oder eingelegte Artischocken dazu, fertig!*

Fenchelpasta

für 2, von Uschi Herzer, 🔊 AMUSEMENT PARKS ON FIRE »Out Of The Angeles«

Auch wer Fenchel nicht mag, sollte mal dieses Rezept probieren. Zitronenschale und Rucola gehen eine wunderbare Symbiose mit dem eher markanten Geschmack des Fenchels ein.

- *1 mittelgroßer Fenchel*
- *1 kleine Zwiebel*
- *1 Knoblauchzehe*
- *Olivenöl*
- *2–3 EL Hafersahne oder Mandelmus*
- *abgeriebene Schale von ½ Bio-Zitrone*
- *2 EL Walnüsse, gehackt*
- *1 Handvoll Rucola*
- *Salz, Pfeffer*
- *250 g Penne*

1. Wie immer ist zunächst Schnibbeln angesagt: Zwiebel, Knoblauch und den Fenchel fein würfeln. Rucola putzen, waschen und trocken legen. Bevor es aber gleich so richtig mit Kochen losgeht, am besten schon mal das Pastawasser aufsetzen.

2. Während das Pastawasser zum Kochen gebracht wird, etwas Olivenöl in einer Pfanne erhitzen und darin Zwiebel und Knoblauch andünsten. Danach die Fenchelwürfel dazugeben, umrühren, Deckel (falls auffindbar) drauf und Fenchel weich werden lassen. Optimal wäre es, wenn Pasta und Gemüse gemeinsam fertig werden. Die Penne al dente kochen, abgießen und dabei eine Tasse Pastawasser auffangen und zur Seite stellen.

3. Dann Gemüse, Pasta und ein bisschen Pastawasser entweder im Topf oder in der Pfanne vermischen, Sahne (oder Mandelmus), Zitronenschale, Walnüsse und Rucola dazu und alles gut vermischen, aber nicht mehr kochen lassen. Mit Salz und Pfeffer würzen, fertig!

★ *Wer gerne noch etwas mehr Säure hätte, kann am Schluss ein paar Zitronenspritzer dazugeben.*

Gallo Pinto

für 2, von Joachim Hiller, 🔊 CREEDENCE CLEARWATER REVIVAL »Chronicle – The 20 Greatest Hits«

Dieses Rezept kennt jeder, der mal in der Karibik oder Zentralamerika Urlaub gemacht hat. Es heißt zwar überall anders und wird regional variiert, aber »Reis mit Bohnen« ist es eben immer. Grundsätzlich sind bei dem Nationalgericht von Costa Rica die Mengen und Zutaten variabel, lecker ist auch die Variante mit gewürfelter Tomate (eher Richtung Schluss zugeben) und/oder mit Ananasstücken.

- *gekochter Reis (125 g oder 1 Beutel)*
- *1 400-g-Dose schwarze Bohnen*
- *1 Zwiebel*
- *1 rote Paprika*
- *1 Knoblauchzehe*
- *½ Bund frischer Koriander*
- *Olivenöl*
- *Worcestersauce*
- *Tabasco*
- *Salz, Pfeffer*
- *1 Becher vegane »saure Sahne« oder ungesüßter Joghurt*
- *evtl. Salsa-Sauce*

1. Zuerst den Reis kochen, bitte. 125 g Trockenware oder, wer faul ist, nimmt einen Kochbeutel. Ideal ist bereits am Vortag gekochter Reis.

2. Zwiebel, Knoblauch und Paprika fein würfeln. Öl in die Pfanne, andünsten. Die Bohnen abgießen, bei Dosenware den Schmodder abspülen, dann in die Pfanne kippen, etwas mitdünsten.

3. Nun den Reis dazukippen, ein paar Minuten mit dem Rest anbraten. Zwischendurch den Koriander fein hacken.

4. Einen halben Teelöffel Worcestersauce in die Pfanne, nach Geschmack Tabasco und den Koriander. Salzen und pfeffern.

5. Auf den Teller damit, einen großen Klecks saure Sahne obendrauf oder ungesüßten Joghurt (evtl. mit etwas Zitronensaft verfeinert), und wer eine leckere original karibische oder mittelamerikanische Salsa-Sauce auftreiben konnte, haut sich davon noch eine Ladung drüber.

Gemüse-Curry

für 2, von Joachim Hiller, 🔈 PAINT IT BLACK »New Lexicon«

Curry war für mich immer eine schwierige Sache, aber mit diesem Rezept geht das schnell, einfach und lecker.

- *200 g Basmati-Reis*
- *400 ml + 125 ml Gemüsebrühe*
- *Olivenöl*
- *Currypulver*
- *rote Currypaste*
- *1 Stange Lauch*
- *1 Zucchini*
- *2 kleine Karotten*
- *1 kleiner Kopf Wirsing*
- *Kokosmilch*
- *gesalzene, geröstete Cashewkerne*
- *Salz, Pfeffer*

Je nach Koordinationsfähigkeit oder Küchenbesetzung widmest du dich dem Kleinschnibbeln des Gemüses vor dem Aufsetzen des Reises, lässt das dein Küchenhilfspersonal parallel dazu erledigen oder machst das in Windeseile nach dem Reisaufsetzen.

1. Reis ansetzen: Den Reis waschen (Wasser in eine Schüssel, Reis dazu, etwas warten, in ein Sieb kippen, fertig). In einen kleinen, eher hohen Topf mit Deckel etwas Olivenöl geben und erhitzen, Reis dazu, 1–2 min anbrutzeln, dann 400 ml Gemüsebrühe dazukippen. Noch einen knappen TL Currypulver dazu, Deckel drauf und aufkochen. Bei geringer Hitze kochen bis fertig. Das ist der Fall, wenn der Reis das Wasser aufgesaugt hat und sollte so ungefähr 10–15 min dauern. Wenn fertig, Hitzezufuhr stoppen und Deckel drauflassen, bis der Rest auch fertig ist. Kein Stress, der Reis bleibt recht lange warm.

2. Das Gemüse waschen und putzen, die Zucchini in längliche Schnitze schneiden, die Karotten der Länge nach halbieren, vierteln und ebenfalls in längliche Stücke schneiden, den Lauch in ca. 1 cm breite Ringe schneiden. Zum Schluss den Wirsing zerpflücken, die Blätter ablösen, und in ca. 1 cm breite Streifen schneiden. Eventuell das harte Mittelteil vorher rausoperieren.

3. In einer großen Pfanne (mit Deckel) Olivenöl erhitzen, dann erst Karotten, Zucchini und Lauch dazu, am Schluss den Wirsing. Bei mittlerer Temperatur ein paar Minuten dünsten (Deckel drauf!), aber immer wieder umrühren, und dann ungefähr ⅛ l Gemüsebrühe dazukippen sowie nach Geschmack Kokosmilch. Ordentlich Currypulver dazu (2 TL dürfen es locker sein), eventuell Currypaste, aber Obacht, scharf! Eine Handvoll Cashewkerne dazu, je nach Geschmack auch mehr. Fertig ist das Ganze, wenn das Gemüse weich, aber nicht zerkocht ist. Mehr als 10–15 min dauert das aber nicht. Eventuell noch mit Salz und Pfeffer abschmecken, ist aber eigentlich nicht nötig.

4. Reis auf zwei Teller verteilen, dann das Gemüse darüber und schmecken lassen.

★ *Dazu passt Chinakohlsalat: Chinakohl halbieren und in ca. ½ cm breite Streifen schneiden (ohne den Strunk). 1 kleine Möhre fein raspeln, 1 kleine Zwiebel fein würfeln und gerne auch ein paar Orangenfilets (Schnitze ohne Haut) dazu. Für das Dressing Essig und Öl in gleichen Teilen vermischen, etwas Senf dazu, Salz, Pfeffer und TK-Kräuter – fertig!*

Göttliche Artischocken-Pasta

für 2, von Uschi Herzer, 🔈 CONVERGE »The Dusk In Us«

Nachdem ich jahrelang um frische Artischocken herumgeschlichen bin, weil ich nicht wusste, wie man mit diesen Biestern umgeht (und wenn ich mich mal getraut habe, das Ergebnis maximal »interessant« war), habe ich es vor einigen Tagen einfach getan: die Artischocke oben um zwei Drittel gekürzt, die meisten Blätter radikal entfernt und siehe da: das Ergebnis war einfach wunderbar! Also, mach es wie ich und trau dich! Es lohnt sich.

- *6 kleine, längliche Artischocken (manchmal sind die auch violett)*
- *1 Zitrone*
- *½ Glas getrocknete, in Öl eingelegte Tomaten (ca. 120 g)*
- *1 EL Kapern*
- *2–3 EL grüne Oliven, gehackt*
- *1 Knoblauchzehe*
- *gutes Olivenöl*
- *100–150 ml Gemüsebrühe*
- *Salz, Pfeffer*
- *1–2 EL Petersilie, gehackt*
- *250 g Spaghetti deiner Lieblingsmarke*

1. Artischocken waschen und etwas abschütteln. Eine Schüssel Wasser mit dem Saft einer Zitrone parat stellen und los geht's. Den Stiel bis auf 2 cm abschneiden und von der Artischockenblume gut über die Hälfte oben mit einem (Brot-)Messer abschneiden. Jetzt noch großzügig die Blätter abknibbeln, bis nur noch die schönen hellgrünen übrig sind. Das Ding halbieren und das wollige Gekröse mit einem Teelöffel ausschaben. Die Hälften dann noch mal teilen, Stielreste eventuell etwas schälen und ab damit in das Zitronenwasser. Nicht wundern: leicht braun werden die Dinger auf jeden Fall. So mit den restlichen Artis verfahren.

2. Tomaten etwas abtropfen lassen und würfeln. Knoblauch fein zerstückeln.

3. Jetzt ist es an der Zeit, das Pastawasser aufzusetzen.

4. Einen guten Schuss Olivenöl in einer Pfanne erhitzen und gerne auch etwas vom Tomatenöl dazugeben. Dann vorsichtig die leicht abgetropften Artischocken hineinlegen und hoffen, dass das Öl noch nicht zu heiß war, denn sonst spritzt es elendig. Immer wieder schütteln und rütteln und die Spaghetti parallel schon mal ins kochende Wasser werfen.

5. Nach ein paar Minuten den Knoblauch zu den Artischocken geben, mit einem guten Schuss Gemüsebrühe ablöschen und etwas einköcheln lassen. Tomaten, Oliven und Kapern rein, umrühren und eventuell noch mal etwas Brühe oder Nudelwasser nachgießen. Mit Salz und Pfeffer abschmecken.

6. Wenn die Pasta fertig ist, sollten auch die Artischocken soweit sein. Alles schön miteinander vermischen, mit Petersilie bestreuen, eventuell noch einen Schuss Olivenöl drüber und sich freuen.

Graupen-Risotto

für 2, von Uschi Herzer, 🔈 THE RAVEONETTES »Observator«

Risotto funktioniert nicht nur mit Reis, sondern auch mit Graupen. Probiert es aus! Bitte darauf achten, dass die Gemüsebrühe nicht zu konzentriert ist, sonst wird das Ganze nachher zu salzig (ich weiß, wovon ich spreche ...).

- *200 g Graupen*
- *1 Handvoll grüne Bohnen (Buschbohnen, ca. 250 g)*
- *1 rote oder gelbe Paprika*
- *5 Frühlingszwiebeln*
- *2 Knoblauchzehen*
- *2 EL Hefeflocken*
- *1 TL Paprikapulver*
- *1 l Gemüsebrühe*
- *½ Bund Basilikum oder Petersilie*
- *Salz, Pfeffer*
- *1 EL Tomatenmark*
- *Olivenöl*

1. Wie immer ist bei uns erst mal Schnibbeln angesagt: Bohnen waschen, Enden abknipsen und je nach Sorte dritteln oder in mundgerechte Stücke schneiden. Paprika vierteln, Kerngehäuse raus, waschen und in 1 × 1 cm große Würfel schneiden. Frühlingszwiebeln waschen, Bart ab und alles, was nicht welk ist, in dünne Ringe schneiden. Knoblauch fein hacken, ebenso die Kräuter.

2. In einen ausreichend großen Topf jetzt einen guten Schuss Olivenöl geben und darin kurz die Frühlingszwiebeln und den Knoblauch anbraten. Dann die Graupen dazu, gut umrühren und etwas mitanbrutzeln. Jetzt ungefähr ein Viertel der Gemüsebrühe reinschütten und auf mittlerer Flamme köcheln lassen. Zwischendurch immer wieder mal durchrühren und wieder etwas Gemüsebrühe nachgießen, bevor alles aufgesogen ist. Gegen Ende der Kochzeit die Brühe nur noch schluckweise zugeben, denn die Graupen sollen nicht ersaufen. Das wäre dann auch der richtige Zeitpunkt, die Hefeflocken dazuzugeben.

3. Nach ca. 15 min ist das Gemüse dran. Wieder etwas Olivenöl in eine Pfanne geben und das Grünzeug ca. 5 min anbraten. Dann einen Circle Pit in der Pfanne bilden und in die leere Mitte das Tomatenmark geben. 1–2 min unter Rühren anbraten. Gemüse mit Tomatenmark verrühren und einen guten Schluck Gemüsebrühe dazugeben und etwas einkochen lassen. Deckel auf die Pfanne und Gemüse bissfest werden lassen.

4. Wenn die Graupen gar sind, das Gemüse in den Graupen-Topf geben, alles gut durchrühren und mit Paprika, eventuell Salz und Pfeffer würzen. Auf zwei tiefe Teller verteilen, gehackte Kräuter und eventuell noch mal einen Löffel Hefeflocken drüberstreuen und schmecken lassen.

★ *Je nach Jahreszeit kann man das Gemüse variieren. Statt der Bohnen passen auch Zucchini, Broccoli, Pastinaken oder Möhren.*

★ *Gut macht sich auch geräuchertes Paprikapulver für eine rustikalere Variante.*

Grüne-Bohnen-Gulasch

für 2, von Joachim Hiller, 🔈 GRAVE PLEASURES »Dreamcrash«

- *250 g grüne Bohnen (Buschbohnen)*
- *50 g Sojaschnetzel, grob*
- *1 Bund Bohnenkraut (optional)*
- *1 Paprika (Farbe je nach Ampelphase)*
- *1 Zwiebel*
- *1 Knoblauchzehe*
- *1 Dose Pizzatomaten*
- *Salz, Pfeffer, Kräuter*
- *Gemüsebrühepulver, Tomatenmark*

1. Zuerst Wasser aufstellen für die Bohnen (mittelgroßer Topf) und zum Kochen bringen. Parallel die Sojaschnetzel mit heißem Wasser übergießen, etwas Gemüsebrühepulver dazu und ziehen lassen (nach Packungsanleitung). Alternativ funktioniert das auch mit Bulgur.

2. Unterdessen die Bohnen waschen und schnibbeln: die Enden abschneiden, dann halbieren. Wenn das Wasser kocht, etwas Salz rein und die Bohnen kochen (Bohnenkraut nicht vergessen!), bis sie weich sind – al dente, empfehle ich. Abgießen, mit kaltem Wasser abschrecken, zur Seite stellen.

3. Eine große Zwiebel würfeln und in dem Topf, in dem eben noch die Bohnen gekocht wurden, in Olivenöl anbraten. Jetzt noch eben die Paprika halbieren und in feine Streifen schneiden.

4. Die abgegossenen und ausgedrückten Sojaschnetzel zu den Zwiebeln, ebenso die Knoblauchzehe, zerdrückt oder fein gewürfelt. Wenn die Sojaschnetzel etwas angebräunt sind, dürfen auch die Paprikastreifen dazu. Tomatendose fachgerecht öffnen und den Inhalt in den Topf kippen, wobei ich den Tomatenrest aus der Dose mit etwas Wasser schwenke und auch noch in den Topf schütte. Noch etwas Wasser dazu, je nach gewünschter Konsistenz 200 ml oder auch mehr. Gemüsebrühepulver dazu, ebenso die vorgekochten Bohnen.

5. In ein paar Minuten ist alles fertig, also noch abschmecken. Tomatenmark schadet nicht, Salz, Pfeffer und das übliche mediterrane Kräuterzeug, eventuell auch noch etwas Paprikapulver.

Körnerzeugs mit Paprikagemüse

für 2, von Uschi Herzer, 🔈 BAD RELIGION »Suffer«

Dieses Gericht ist total simpel, aber wirklich köstlich! Eines unserer Favourites, das es schon seit Jahren immer wieder mal gibt. Fürs Getreidekochen gibt es zwei Möglichkeiten: die erste ist der Schnellkochtopf, die zweite einweichen und kochen. Im Schnellkochtopf (bei uns liebevoll »Sico« genannt) dauert Dinkel nicht eingeweicht gerade mal 20 min, beim konventionellen Kochen ungefähr doppelt so lange. Ich beschreibe jetzt mal die normale Variante:

- *300 g Dinkelkörner*
- *2 große rote oder gelbe Paprika*
- *3 Knoblauchzehen*
- *Olivenöl*
- *Salz, Pfeffer*

1. Getreide am Abend vorher in Wasser einweichen.

2. Am nächsten Tag das Getreide abgießen, abspülen und in einen Topf geben. Mit so viel Wasser aufgießen, dass der Dinkel etwa zwei Finger breit bedeckt ist. Etwas gekörnte Gemüsebrühe dazugeben und einfach so lange kochen, bis das Getreide weich genug ist, also gelegentlich probieren. Es dauert 30–45 min (immer mal wieder nachsehen, ob das Wasser schon alle ist, sonst noch mal etwas nachgießen).

3. Wenn das Getreide fertig ist, abgießen und mit etwas Kräutersalz und einem Schuss Olivenöl würzen.

4. Während das Getreide köchelt, sind die Paprika dran. Diese waschen, vom Kerngehäuse befreien und in größere Stücke schneiden. Knoblauch in dünne Scheiben schneiden und kurz in Olivenöl anbraten. Paprika dazugeben und auf relativ hoher Flamme ca. 5 min braten (die Paprikastücke sollten noch knackig sein). Mit Salz und Pfeffer würzen.

★ *Bei uns gibt es dazu immer selbstgemachte Aioli.*

★ *Wer klug ist, kocht gleich mehr Getreide und zaubert daraus am nächsten Tag einen köstlichen Getreidesalat. Ein Rezept (»Krasse Körner«) dazu gibt es in diesem Buch.*

★ *Funktioniert auch mit Emmer, Einkorn oder Kamut.*

Spaghetti Carbonara

für 2, von Uschi Herzer und Joachim Hiller, 🔊 SPLIFF »Carbonara«

Einer der absurdesten Songtexte aller Zeiten ist der von »Carbonara« von SPLIFF aus dem Jahr 1982, vom Album »85555«. Der Text ist eine Aneinanderreihung von italienischen Floskeln, ein deutscher Satz darin ist die philosophische Weisheit »Amaretto ist ein geiles Zeug / Ich bin schon lull und lall« – besser als mit »lull und lall« hat nie wieder jemand den Zustand angenehmer alkoholischer Intoxikation beschrieben. Also eine Flasche italienischen Rotwein öffnen, bevor es mit dem Kochen losgeht. Und nein, der Wein wird beim Gericht selbst nicht gebraucht.

- *250 g Spaghetti (wie wäre es mit Rummo?)*
- *½ Block Räuchertofu*
- *1 Zwiebel*
- *1 Knoblauchzehe*
- *Olivenöl*
- *2 EL Margarine*
- *2 EL Weizenmehl*
- *400 ml Hafermilch*
- *3 EL Hefeflocken*
- *2 EL Mandelmus*
- *1 TL weiße Misopaste (falls zur Hand)*
- *1 EL Zitronensaft*
- *2 EL gehackte (TK-)Petersilie*
- *Salz, Pfeffer, geriebene Muskatnuss*
- *Parmesan*

1. Pastawasser aufsetzen. Die Zwiebel schälen und in kleine Würfel verwandeln. Ebenso den Knoblauch. Und den Räuchertofu. Sobald das Wasser kocht, Salz und Spaghetti rein.

2. Olivenöl in eine große Pfanne, wenn heiß Zwiebel rein und weich werden lassen. Zur Halbzeit Knoblauch und Tofu dazu – nix anbrennen lassen! ▶

3. Dann die Margarine dazu, und wenn die geschmolzen ist, das Mehl darüberstäuben und fleißig rühren, damit nichts klumpt. Die Hafermilch dazugießen, rühren, Hitze runter. Hefeflocken rein, Mandelmus, Miso, Salz, Pfeffer, Muskatnuss ebenso. Petersilie gehackt?

4. Was macht die Pasta? Vor dem Abgießen schauen, ob die Sauce zu dick ist und gegebenenfalls mit einem Schöpflöffel etwas Pastawasser dazugeben und unterrühren. Alles fertig? Dann Zitronensaft und Petersilie dazugeben (kleinen Rest für Deko zurückhalten), Hitze auf ganz klein. Abgeschmeckt?

5. Spaghetti abgießen und nicht abtropfen lassen, sondern direkt in die (deshalb!) große Pfanne befördern und alles gut miteinander vermischen. Auf zwei (hohe) Teller verteilen und mit Petersilie bestreuen sowie veganem Parmesan. Yummy!

Parmevegiano

von Uschi Herzer

Das vegane Pendant zu Kuhmilch-Parmesan ist für uns Cashew-Parmesan. Wir machen meist eine etwas größere Menge, denn das Zeug hält sich im Kühlschrank eine Weile. Damit man bei den Cashewkernen ein nicht gar so schlechtes Gewissen haben muss, wird das Ganze mit Semmelbröseln etwas gestreckt.

- *150 g Cashewbruch (ist preiswerter)*
- *4 EL Hefeflocken*
- *2 EL feines Paniermehl aka Semmelbrösel (gerne selbst geschreddert aus altem Brot)*
- *1 TL Salz*
- *½–¾ TL Knoblauchpulver/-granulat*
- *2 EL Apfelessig*

Nennt man einen Hochleistungsmixer sein Eigen, dann alle trockenen Zutaten in den Mixbehälter geben und kurz pulsierend pulverisieren. Die andere Variante geht so: alle trockenen Zutaten in den Schredderbecher mit Messer geben, der typischerweise bei einem Zauberstab dabei ist, und mit Dauergas so fein wie möglich zerkleinern. Den Cashew-Parmesan in ein verschließbares Glas geben, mit dem Apfelessig beträufeln, gut umrühren und ca. 10 Minuten offen stehen lassen. Dann das Glas verschließen und ab damit in den Kühlschrank. Und falls man mal keinen Vorrat mehr hat: nur ein paar Hefeflocken tun es zur Not auch als Veggie-Parmesan, und wenn es nur für die Optik ist.

★ *Statt Cashewkerne kann man auch geschälte Mandeln nehmen.*

Krautnudeln

für 2, von Uschi Herzer und Joachim Hiller, 🔊 HÜSKER DÜ »New Day Rising«

Dieses Essen gab es früher bei uns zu Hause immer freitags, natürlich mit den »guten Birkel-Eiernudeln«. Eigentlich so simpel, dass gar kein Rezept dafür nötig ist. Sauerkraut forever!

- *250 g Spiralnudeln*
- *1 halbe Dose/Packung Sauerkraut*
- *1 Zwiebel, fein gewürfelt oder in Ringe geschnitten*
- *Salz, Pfeffer*
- *Margarine*
- *Hefeflocken*

1. Nudeln in Salzwasser gar kochen und anschließend abschrecken.

2. Danach Fett in den leeren Nudeltopf geben, schmelzen, Zwiebeln darin goldbraun anrösten und anschließend die Nudeln darin schwenken.

3. Jetzt das auseinander gezupfte Sauerkraut (ohne den Saft) untermischen, etwas brutzeln lassen und mit Salz und Pfeffer sowie Hefeflocken würzen. Schon kann fürstlich gespeist werden.

★ *Kann auch gut mit bereits gekochtem Sauerkraut gemacht werden – so resteverwertungsmäßig.*

★ *Wir lieben auch die Variante mit geriebenem Keese (gerne den würzigen Veggiekeese nehmen): Einfach zum Schluss in die Pfanne geben und unterrühren, bis der gerade so geschmolzen ist.*

Krautnudeln alla Carbonara

für 2, von Uschi Herzer, 🔊 CONVERGE »The Dusk In Us«

- *250 g Spiralnudeln*
- *½ Dose/Packung Sauerkraut*
- *1 Zwiebel*
- *⅓ Packung Räuchertofu*
- *½ Packung Soja- oder Hafersahne*
- *3–4 EL Hefeflocken*
- *Salz, Pfeffer*
- *Olivenöl*

1. Pasta in ausreichend Salzwasser bissfest kochen.

2. In der Zwischenzeit die Zwiebel schälen, halbieren und in nicht zu dünne Scheiben schneiden. Tofu in kleinere Würfel schneiden.

3. Einen guten Schuss Öl in eine große Pfanne geben, erhitzen und erst die Zwiebeln leicht glasig dünsten, dann die Tofuwürfel hinterher. Dezent anbräunen.

4. Auseinander gefleddertes, aber gerne noch feuchtes Sauerkraut dazugeben und gut verrühren. Temperatur reduzieren und Deckel drauf.

5. Mittlerweile müsste die Pasta fertig sein. Abgießen und zum Sauerkrautgemisch geben, gut verrühren und ordentlich mit Salz, Pfeffer und Hefeflocken würzen. Einen guten Schuss Sojasahne drüber und vermischen. Hier sind die Geschmäcker verschieden – die eine mag es eher trocken, der andere lieber leicht pampig, also Sahne nach Gusto, aber max. ½ Packung.

6. Final abschmecken, ab damit auf zwei Teller und schmecken lassen.

Kritharoto mit grünem Spargel

für 2, von Joachim Hiller, 🔈 MARTYRDÖD »Hexhammaren«

- *1 Zwiebel*
- *1 Bund grüner Spargel*
- *750 ml Gemüse- oder Steinpilzbrühe*
- *250 g Kritharaki*
- *Pfeffer und Salz*
- *Olivenöl*
- *Hefeflocken*
- *evtl. etwas Pseudo-Parmesan (Mandelmehl & Hefeflocken)*

1. 1 l Wasser aufsetzen, zum Kochen bringen. Unterdessen den Spargel vorbereiten: waschen, den unteren, holzigen Teil abschneiden, in ca. 4–5 cm lange Stücke schneiden. Ab ins gesalzene Kochwasser damit und garen bis bissfest. Abgießen, zur Seite stellen.

2. Zwiebel fein würfeln, in einer großen beschichteten Pfanne in Olivenöl glasig dünsten.

3. 750 ml Gemüsebrühe vorbereiten. Die wie Reis aussehenden, aber nicht aus Reis gemachten Kritharaki in die Pfanne geben, kurz das Öl aufsaugen lassen, und dann direkt mit einem Drittel der Gemüsebrühe aufgießen und fleißig umrühren.

4. Während der Kochzeit (siehe Packungsangabe) immer wieder Gemüsebrühe nachgießen. Wenn die Nüdelchen weich sind, haben sie so ziemlich die ganze Gemüsebrühe aufgesaugt und der Pseudo-Risotto ist schön cremig. Nach Lust und Laune Hefeflocken unterrühren, damit das Ganze »käsiger« wird. Die Spargelstücke dazugeben. Salz sollte nicht mehr benötigt werden, ist ja reichlich in der Brühe.

5. Auf die Teller damit, Pseudo-Parmesan und eventuell gehackten Bärlauch oder Basilikum drüber und schmecken lassen.

★ *Kann gerne mit frischen Bärlauch- oder Basilikumstreifen dekoriert werden.*

Linguine mit Zitronen-Kohlrabi

für 2, von Joachim Hiller, 🔊 THE MONSTERS »You're Class, I'm Trash«

- *1 mittelgroße Kohlrabi*
- *1 große Möhre*
- *1 Bio-Zitrone*
- *250 g Linguine (oder Spaghetti)*
- *Olivenöl*
- *Pinienkerne*
- *Salz, Pfeffer*
- *200 ml Gemüsebrühe*
- *frisches Basilikum*
- *Hefeflocken*

1. Wasser aufsetzen für die Pasta.

2. Die Kohlrabiknolle von Blattansätzen befreien und schälen. Lieber mehr als weniger, sonst bleibt von der zähen Außenschicht was dran. Auch den Strunkansatz entfernen!

3. Kohlrabi achteln, dann die Schnitze in dünne Scheiben schneiden oder noch besser hobeln. 1–2 mm, schätze ich.

4. Möhre waschen, dann vierteln oder halbieren und in genauso dünne Scheiben schneiden oder hobeln.

5. Olivenöl in eine beschichtete Pfanne, dann Kohlrabi und Möhre rein, Deckel drauf, bei ordentlich Hitze ein paar Minuten schmurgeln. Was macht das Pastawasser? Linguine rein!

6. Gemüsebrühe zum Gemüse, Deckel drauf, immer wieder umrühren und checken, wie weich es ist.

7. Mit einer Reibe die Zitrone vorsichtig vom gelben Teil ihrer Schale befreien, den Rest pressen. Ein paar Basilikumblätter mit der Schere in Streifen schneiden.

8. Zwischendurch Pinienkerne (Menge nach Kassenlage) anrösten.

9. Wenn die Gemüsebrühe halbwegs verkocht ist, das Gemüse noch etwas anbräunen lassen.

10. Gemüse weich und partiell leicht gebräunt? Hitze runter, Zitronenschale rein, Basilikum auch. Und 2–3 EL Zitronensaft, je nach Lust auch mehr. Salzen, pfeffern.

11. Pasta abgießen, mit den Pinienkernen zum Gemüse in die Pfanne, vermischen und ab auf die Teller. Ein paar Blättchen Basilikum drapieren, mit Hefeflocken bestreuen (statt Parmesan) und je nach Geschmack und Bedarf noch etwas Olivenöl dazu.

Lauch-Dinkel-Pfanne

für 2, von Uschi Herzer, 🔈 SURALIN »Leda«

Einfach, schnell (wenn man den Dinkel schon gekocht hat) und lecker – dieses Rezept erfüllt unsere Kriterien für ein ideales Feierabendessen.

- *150 g Dinkel*
- *1 Stange Lauch*
- *1 Tomate (optional)*
- *1 Zwiebel*
- *Sojajoghurt*
- *Öl*
- *Gemüsebrühepulver*
- *Curry*
- *1 EL gehackte Petersilie*
- *1 EL Haselnüsse*

1. Glücklich ist, wer einen Schnellkochtopf hat, denn damit wird Dinkel in schlappen 20 min fertig. Wer keinen hat, weicht den Dinkel am Abend vorher ein und kocht ihn dann am nächsten Tag in der doppelten Menge Wasser. Das dauert locker 35–45 min.

2. Während der Dinkel kocht, kann schon mal der Lauch gewaschen und in 1 cm dicke Ringe geschnitten werden. Die Zwiebel möchte gerne grob gewürfelt werden.

3. Zwiebelwürfel in heißem Öl in einer Pfanne anbrutzeln. Etwas später den Lauch dazugeben und dünsten.

4. Ist der Lauch fast weich, die grob gewürfelte Tomate dazugeben und alles noch ein paar Minuten ziehen lassen. Dann den fertigen Dinkel dazu und alles gut vermischen. Mit etwas Gemüsebrühepulver und Curry würzen. Petersilie rein und so viel Sojajoghurt, wie du magst, doch 3–4 Löffel sollten reichen.

★ *Das Getreide kann natürlich auch getauscht werden – Emmer, Kamut oder Einkorn passen supergut. Und wer sich erst mal an Getreide herantasten will, nimmt einfach Perldinkel oder »Wie Reis«. Das ist die geschliffene Variante und etwas weniger kauintensiv.*

Mangold-Emmer

für 2, von Uschi Herzer, 🔈 NEGAZIONE »Tutti Pazzi«

Emmer ist eine der ältesten kultivierten Getreidearten und vollgepackt mit viel Eiweiß und Mineralstoffen. Er schmeckt angenehm nussig und eignet sich hervorragend für Gerichte wie dieses. Wer schlau ist, kocht gleich etwas mehr davon und macht daraus einen leckeren Getreidesalat (siehe »Krasse Körner«).

- *1 Kaffeebecher Emmer (oder anderes Getreide)*
- *500 g Mangold*
- *1 Zwiebel*
- *1 Knoblauchzehe*
- *2 Tomaten*
- *Gemüsebrühepulver*
- *1–2 TL Tomatenmark*
- *½ Packung Pflanzensahne*
- *evtl. Ras el-Hanout-Gewürzmischung*
- *Olivenöl*
- *Salz, Pfeffer*

1. Wer einen Dampfkochtopf hat, kann sich glücklich schätzen, denn dann dauert das Getreidekochen gerade mal 15 min. Wer kein solches Wunderwerk der Technik im Küchenschrank hat, braucht etwas mehr Zeit und Planung. Am besten den Emmer über Nacht einweichen und dann bissfest kochen; das dürfte schätzungsweise 20–30 min dauern.

2. Das Gemüse ist dann relativ schnell zubereitet: Zwiebel und Knoblauch fein würfeln, Tomate auch. Den Mangold waschen, die dicken Stiele und Rippen abschneiden und das Grün in ca. 2 cm breite Streifen schneiden. Wer mag, kann auch den Strunk verwenden, aber dann bitte ganz dünn schneiden oder eine Suppe daraus kochen.

3. Große Pfanne aus dem Schrank holen, Olivenöl rein und Zwiebel und Knoblauch leicht anschwitzen. Mangold und Tomaten dazugeben, gut vermischen und Deckel drauf.

4. Zwischendurch immer mal umrühren, mit Tomatenmark und Gemüsebrühepulver würzen. Wenn der Mangold fast weich ist, etwas Soja- oder Hafersahne dazugeben, mit Salz und Pfeffer abschmecken und 2 Messerspitzen Ras el-Hanout drüberstäuben, das gibt einen wunderbar orientalischen Touch.

5. Den gekochten Emmer dazukippen, ordentlich vermischen, eventuell noch etwas Sojasahne nachkippen und nachwürzen, falls nötig. Lecker, oder?

★ *Cashew- oder Mandelmus ist eine ideale Müll vermeidende Alternative zu Hafer- oder Sojasahne.*

Miraculöse Spaghetti

für 2, von Uschi Herzer, 🔈 MINOR THREAT »Out Of Step«

Unsere Lieblingsspaghettisauce (noch eine!). Nur für dich! Und wer jetzt noch fertige Tomatensauce kauft, ist selber schuld.

- *250 g Pasta (vorzugsweise Spaghetti)*
- *1 EL Olivenöl*
- *1 Zwiebel, fein gewürfelt*
- *1 Knoblauchzehe, zerdrückt*
- *1 kleine Dose Pizzatomaten*
- *1 EL Tomatenmark*
- *Salz, Pfeffer*
- *1 Prise Zucker*
- *ein paar frische Basilikumblätter (oder TK-Ware)*
- *Oregano und Thymian, falls du kein frisches Basilikum verwendest*

1. Pasta in ausreichend Salzwasser bissfest kochen.

2. In der Zwischenzeit das Öl in einer Pfanne oder einem Topf erhitzen und Zwiebel samt Knoblauch darin andünsten, aber nicht braun werden lassen. ▸

3. Sind die Zwiebelwürfel soweit, die Tomaten dazugeben, Tomatenmark auch, gut umrühren und das Ganze bei mäßiger Temperatur und ohne Deckel (Wichtig! Auch wenn der Herd danach eingesaut ist ...) vor sich hin blubbern lassen. Mit Salz, Pfeffer und einer Prise Zucker abschmecken, gelegentlich umrühren und es bildet sich eine schöne dicke Sauce.

4. Wenn die Nudeln bissfest sind, abgießen und in die Pfanne zur Sauce geben. Vorsichtig durchmischen und gerecht (!) auf zwei Teller verteilen.

5. Ganz zum Schluss das Basilikum mit einer Schere über die Pasta schnibbeln. Das war's schon! Kinderleicht, oder?

★ *Perfekt mit selbstgemachtem Veggie-Parmesan.*

★ *Die Sauce dient auch als gute Basis und kann z. B. mit angebratenen Zucchiniwürfeln oder Kapern, etwas Chili und klein gehackten Oliven variiert werden.*

Monster-Couscous aka Fregola

für 2, von Uschi Herzer, 🔈 RIPPERS »A Gut Feeling«

Eine sardische Spezialität ist Fregola. Sieht aus wie mutierter Couscous, ist aber Pasta aus Hartweizengrieß und richtig lecker. Die Zubereitung ist denkbar einfach: entweder wie Risotto oder Pasta. Wir bevorzugen die Risotto-Variante, da man so das Gemüse gleich gut mitkochen kann und die Konsistenz schön sämig und nicht verwässert ist. Fregola bekommt man übrigens im gut sortierten italienischen Lebensmittelladen oder online. Oder man schleppt (wie wir) 5 kg aus dem Urlaub auf Sardinien mit nach Hause.

- *200 g Fregola*
- *1 Zwiebel*
- *ca. 500 ml Steinpilzbrühe (oder normale Gemüsebrühe)*
- *2 EL Hefeflocken*
- *1 TL helle Misopaste (optional)*
- *1 Bund grüner Spargel*
- *1 Handvoll Cocktailtomaten*
- *2 EL Pinienkerne*
- *frisches Basilikum (wer hat)*
- *Salz, Pfeffer*

1. Zwiebel fein hacken. Beim Spargel die harten Enden abschneiden, bei Bedarf schälen und in ca. 4 cm lange Stücke schneiden.

2. Hohe Pfanne aus dem Schrank holen, etwas Olivenöl hineingeben und die Zwiebel darin andünsten. Spargel dazugeben und ein paar Minuten mitbrutzeln.

3. Fregola dazukippen, gut umrühren und mit etwas Steinpilzbrühe aufgießen. So lange fortfahren, bis die Brühe so gut wie aufgebraucht ist.

4. In der Zwischenzeit die Pinienkerne vorsichtig in einer kleinen Pfanne goldbraun rösten und zur Seite stellen.

4. Jetzt die Tomaten entweder halbieren oder vierteln und zusammen mit Hefeflocken und Misopaste zu den Nudeln geben. Die Steinpilzbrühe nur noch schluckweise dazugeben und immer wieder probieren, bis die Pasta den richtigen Biss hat.

5. Zum Schluss mit Salz, Pfeffer und eventuell noch mehr Hefeflocken abschmecken und auf zwei Teller verteilen. Mit frischem Basilikum bestreuen, yummy!

★ *Funktioniert auch mit gehacktem Mangold, Kirschtomaten und gerösteten Haselnüssen.*

Pasta Catalogna

für 2, von Uschi Herzer, 🔈 BUENA VISTA SOCIAL CLUB

Catalogna sieht aus wie eine überdimensionierte Löwenzahnpflanze und liegt mit schöner Regelmäßigkeit in der Holzkiste beim mediterranen Gemüsehändler, ohne dass viele Leute wissen, zu was der taugt. Catalogna oder Scheinzichorie gehört zur Familie der Endiviensalate. Wer so gar nicht auf Bitternoten im Essen steht, sollte besser die Finger davon lassen, alle anderen dürfen sich reinstürzen in das köstliche Vergnügen. Bei der Pasta-Ausformung gilt freie Auswahl: ich bestehe auf Spaghetti, der Co-Autor bevorzugt Penne.

- *250 g Vollkornpasta*
- *ein Bund Catalogna*
- *1 (rote) Zwiebel*
- *1 TL Zucker*
- *3 EL grob gehackte Walnüsse*
- *6 getrocknete, in Öl eingelegte Tomaten*
- *1 Peperoni*
- *2 Knoblauchzehen*
- *Olivenöl*
- *Salz, Pfeffer*
- *Cashew-Parmesan (optional)*

1. Ich bin ein total strukturierter Mensch und bereite am liebsten alles vor, damit das Kochen anschließend tiefenentspannt ist. Also fangen wir an: Nudelwasser aufsetzen.

2. Parallel dazu den Catalogna zerlegen. Zuerst die äußeren, nicht ganz so schönen Blätter abmachen. Dann die restlichen Blätter vom Boden abknicken, ähnlich wie beim Orangeschälen. Wer zum ersten Mal diese Scheinzichorie in den Händen hält, wird gleich sein/ihr blaues Wunder erleben, denn, Überraschung, in der Mitte kommt plötzlich so was wie ein Minispargelgewächs zum Vorschein – das Herz des Catalogna!

3. Die abgetrennten Blätter unten um ca. 5 cm kürzen und quer in ca. 3 cm breite Streifen schneiden. Jetzt noch die »Minispargel« vorsichtig abbrechen und je nach Größe der Länge nach halbieren oder vierteln. Alles gut waschen und abtropfen lassen.

4. Jetzt schon mal die Walnüsse grob hacken und in einer kleinen Pfanne leicht anrösten, aber nicht schwarz werden lassen. Herausnehmen.

5. Die Zwiebel halbieren und in Ringe schneiden, den Knoblauch fein hacken, die Peperoni ebenfalls. Die getrockneten Tomaten leicht abtropfen lassen und in feine Streifen schneiden.

6. Jetzt geht alles ganz schnell: Salz und Pasta ins kochende Wasser geben und parallel eine große Pfanne erhitzen. Etwas Olivenöl hineingeben und Zwiebel und Knoblauch kurz andünsten. 1 TL Zucker drüberstreuen und leicht karamellisieren lassen.

7. Das Grünzeug und die getrockneten Tomaten dazugeben und mit relativ viel Power unter Rühren anbraten. Nach ein paar Minuten die Hitze etwas reduzieren. Gehackte Peperoni dazu und mit Salz und Pfeffer würzen.

8. Eine Kelle Nudelwasser in die Pfanne geben und sprotzeln lassen; vorsichtig noch mal etwas Nudelwasser nachkippen, falls es zu schnell weg ist.

9. Die Nudeln abgießen, wenn sie al dente sind, und in die Pfanne geben. Alles gut durchmischen, einen guten Schuss Olivenöl drüber und eventuell nachwürzen. Gerecht (!) auf 2 Teller verteilen, Walnüsse drüberstreuen und wer mag, noch etwas Nussparmesan. Ganz schön lecker!

Paprika-Gulasch

für 2–3 hungrige Menschen, von Joachim Hiller, 🔊 TURBOSTAAT »Abalonia«

Manchmal sind es die einfachen Dinge, die ein Wohlfühlessen ausmachen, wie z. B. dieses …

- *500 g Kartoffeln*
- *2 mittelgroße Zwiebeln*
- *3 Paprika, Farbe nach Laune*
- *1 Flasche passierte Tomaten (0,7 l)*
- *Vleisch nach Laune (z. B. Seitan, texturiertes Soja, Jackfrucht …)*
- *2 EL Tomatenmark*
- *Paprikapulver (mild bis scharf)*
- *geräuchertes Paprikapulver*
- *gemahlener Kreuzkümmel*
- *Salz, Pfeffer*
- *frische und gehackte oder TK-Petersilie*
- *Öl zum Anbraten*
- *evtl. ungesüßter Sojajoghurt*

1. Wie immer ist zuerst Schnibbeln angesagt: Kartoffeln in nicht zu kleine, nicht zu große Würfel schneiden. Paprika entbürzeln und entkernen, vierteln und in mundgerechte Stücke schneiden. Zwiebeln schälen, halbieren und dann der Länge nach in Spalten schneiden.

2. Öl erhitzen, Zwiebeln anbraten, ebenso den in Streifen geschnittenen Seitan (falls Soja verwendet wird: mit den passierten Tomaten in den Topf). Wir hatten noch eine Packung fertiges Veggie-Geschnetzeltes im Kühlschrank, das war auch lecker. Paprika und Kartoffeln dazu, einige Minuten mitbraten, sowie Tomatenmark und eine ordentliche Ladung Paprikapulver (Schärfe nach Laune) und Kreuzkümmel. Das geräucherte Paprikapulver eher vorsichtig dosieren.

3. Nach ein paar Minuten die passierten Tomaten dazukippen, einen Schluck Wasser in die Flasche zum Ausspülen und auch in den Topf kippen. Brodeln lassen, bis die Kartoffeln und die Paprika weich sind. Salzen und pfeffern.

4. Servieren und etwas Petersilie drüberstreuen. Gut kommt ein Klecks Sojajoghurt.

★ *Es ist nicht zu unterschätzen, wie lange die Kartoffeln brauchen, bis sie wirklich weich sind, also besser nicht zu große Würfel schneiden.*

★ *Dazu passen ein paar Scheiben Baguette oder Fladenbrot.*

Pasta alla Norma alla Uschi

reicht für 2, von Uschi Herzer, 🔊 KONTROLLE »Egal«

Ich glaube, es gibt keine Pasta, die mich glücklicher macht als diese. Sind wir bei unserem Lieblingsitaliener »Mediterranea« und diese Pasta kommt auf den Tisch, grinst Joachim immer und sagt: »Du scheinst die Pasta zu inhalieren, dein Teller ist viel schneller leer als meiner und du hattest eine genauso große Portion wie ich!«

Ich bekomme die Auberginenpasta mittlerweile auch zu Hause sehr gut hin und verrate euch hier mein Spezialrezept. Das Wichtigste: Die Auberginen müssen (!) zart und weich sein, sonst zerhagelt es euch das ganze Rezept. Dazu die Auberginenwürfel entweder in einer Pfanne mit relativ viel Öl anbraten oder – wenn du etwas mehr Zeit hast – im Ofen in einer Auflaufform mit weniger Fett backen.

Im Gegensatz zum Original aus Sizilien kommt mein Rezept ohne frische Tomaten und Ricotta aus. Frische Tomaten benutzen wir extrem selten für Saucen, es sei denn, es gibt aufgeplatzte Cocktailtomaten aus dem Garten, die verarbeitet werden sollten. Dosentomaten sind für unseren Geschmack wesentlich aromatischer und besser für »fette« Saucen wie diese geeignet, aber das ist wie so oft Ansichtssache.

- *250 g Penne (gerne Vollkorn)*
- *1 Aubergine*
- *1 Zwiebel*
- *1 Knoblauchzehe*
- *1 Dose Pizzatomaten*
- *Tomatenmark*
- *Olivenöl*
- *Kapern, wer mag*
- *Salz, Pfeffer*
- *italienische Kräuter*
- *frisches Basilikum (im Sommer)*

1. Pastawasser aufsetzen.

2. Aubergine waschen, Stilansatz abschneiden und dann erst längs in ca. 1,5 cm dicke Scheiben schneiden, diese wiederum längs in ca. 1,5 cm breite Streifen schneiden und zum Schluss in Würfel schneiden. In manchen Rezepten liest man, dass man Auberginen mit Salz bestreuen und 30 min stehenlassen soll, bevor sie weiterverwendet werden. Halte ich für unnötig, da die Bitterstoffe größtenteils weggezüchtet wurden.

3. Pfanne aus dem Schrank holen, ordentlich Olivenöl rein und die Auberginen darin bei mittlerer Temperatur von allen Seiten schön goldbraun anrösten. Bei Bedarf etwas Olivenöl nachkippen. Die Auberginen sind fertig, wenn sie bei der »Bissprobe« weich sind und nur noch leicht nachgeben. Alternativ, wie gesagt, die Auberginen im Ofen backen.

4. In der Zwischenzeit Zwiebel und Knoblauch fein würfeln. Ist die Aubergine fertig, die Würfel zur Zwischenlagerung in eine Schüssel geben und zur Seite stellen.

5. Kurzer Check: was macht das Pastawasser? Sollte jetzt eigentlich kochen. Dann 1 EL Salz dazu und die Nudeln bissfest kochen.

6. Die benutzte Pfanne kommt sogleich wieder zum Einsatz, da jetzt die Tomatensauce dran ist. Noch mal einen Schuss Olivenöl rein und erst die Zwiebel und nach ein paar Minuten den Knoblauch dazu und andünsten. Ist beides weich, die Dosentomaten dazu sowie 1 EL Tomatenmark. Gut umrühren, Hitze etwas runterdrehen und ca. 10 min vor sich hin blubbern lassen. Zwischendurch schon mal mit Salz, Pfeffer und getrockneten Kräutern würzen. Kurz vor Ende der Pastakochzeit die Auberginen und die Kapern in die Sauce geben und vermischen.

7. Was macht die Pasta? Wenn sie al dente ist, abgießen und noch feucht zur Sauce geben. Vorsichtig, aber ordentlich umrühren, so dass jede Nudel in der Tomatensauce gebadet hat. Eventuell noch mal abschmecken und auf zwei Teller verteilen. Falls vorhanden, mit frischem Basilikum dekorieren.

★ *Tipp: Eine getrocknete Chilischote für etwas Schärfe mitkochen. Vor dem Servieren rausfischen ...*

Nudeln mit Broccoli in Sahnesauce

für 2, von Joachim Hiller, 🔈 SOFT CELL »Non-Stop Erotic Cabaret«

Natürlich kann man für Sahnesauce auf die verschiedenen »Sahneersatzprodukte« auf Soja-, Hafer- oder Dinkelbasis zurückgreifen, aber diese Convenience-Produkte sind nicht jedermanns Sache und immer mit unnötigem Müll verbunden. Mit Mandelmus, das zwar relativ teuer ist, aber auch ergiebig, lässt sich Farbe und Cremigkeit von Sahne auf vegane Weise herstellen. Alternativ kann natürlich auch Cashewmus verwendet werden. Dieses Rezept ist nur eine Ausgangsbasis und kann beliebig variiert werden, etwa durch Zugabe von Tomatenmark, Erdnussbutter, Kräutern, Curry, etc.

- *1 kleiner Broccoli*
- *250 g Pasta nach Wahl (z. B. Penne)*
- *300 ml Gemüsebrühe*
- *2 EL Mandelmus*
- *2–3 EL Hefeflocken*
- *Muskatnuss*
- *Salz, Pfeffer*

1. Pastawasser aufsetzen.

2. Den Broccoli in mundgerechte Röschen zerteilen und schauen, was vom Strunk so zart ist, dass es auch noch in kleine Stücke geschnitten werden kann.

3. Wenn das Wasser kocht, Salz rein … und erst mal den Broccoli blanchieren. Sobald der bisszart ist, mit einem Sieblöffel rausfischen, in ein Sieb geben und eiskalt abschrecken. Dann erst die Pasta in den Pott.

4. Nun in einer Pfanne die Gemüsebrühe erhitzen. Mit einem Schneebesen das recht zähe Mandelmus einrühren und bis zur völligen Auflösung verrühren.

5. Hefeflocken dazu und rühren, bis die sich aufgelöst haben. Mit frisch geriebener Muskatnuss, Salz und Pfeffer abschmecken. Ggf. etwas vom Pastawasser hinzugeben.

6. Pasta abgießen, abtropfen lassen und dann zusammen mit dem Broccoli in die Sahnesauce. Vorsichtig vermischen und servieren.

Kasta-Pasta

für 2, von Uschi Herzer und Joachim Hiller, 🔈 PALILA »Rock'n'Roll Sadness«

Wer holt die Kastanien aus dem Feuer? Wir!

- *1 Päckchen vakuumverpackte Esskastanien aka Maronen (ca. 200 g)*
- *200 g Rosenkohl*
- *1 Packung Hafersahne*
- *250 g Pasta, z. B. Spaghetti oder extrabreite Bandnudeln*
- *1 kleine Zwiebel*
- *1 Knoblauchzehe*
- *Margarine*
- *Salz, Pfeffer*
- *frisch geriebene Muskatnuss*
- *frischer oder getrockneter Thymian*
- *1 EL Zucker*
- *Hefeflocken*

1. Zuallererst ist Rosenkohlputzen dran: Die welken Blätter müssen weg. Wer schlau war, hat beim Einkaufen auf schöne Ware geachtet und jetzt weniger Arbeit. Kohl am Bürzel kreuzweise einritzen. Etwas Wasser in einem kleinen Topf zum Kochen bringen, Salz dazu und den Rosenkohl darin 5–8 min bissfest kochen. Einfach zwischendurch kosten.

2. Kastanien in etwas gröbere Stücke hacken bzw. schneiden. Rosenkohl abgießen, kalt abduschen, abtropfen lassen und dann vierteln.

3. Gute Vorbereitung ist das halbe Leben, deswegen schnibbeln wir auch gleich Zwiebel und Knoblauch und zwar beides in kleine Würfel. Wer schon richtig gut im Kochen ist, wirft jetzt drei Herdplatten auf einmal an. Die erste ist für das Pastawasser, die zweite für die Sauce, die dritte für das Gemüse. Die anderen machen es eben nacheinander. Los geht's!

4. Pastawasser ist klar, dann geht es jetzt an die Sauce. In einem kleinen Topf etwas Margarine schmelzen und darin Zwiebel und Knoblauch andünsten. Sahne rein und etwas einkochen lassen. Nach Gusto Hefeflocken dazu und mit Salz, Pfeffer, etwas Thymian und Muskat würzen.

5. In einer Pfanne machst du jetzt das Grobe. Dafür etwas Margarine schmelzen, Rosenkohl und Kastanien rein und leicht anbraten. Dann 1 EL Zucker drüber streuen und etwas karamellisieren lassen. Irgendwann bildet sich ein leicht bräunlicher Überzug. Mit Salz und Pfeffer würzen.

6. Zum großen Finale die Nudeln abgießen und abtropfen lassen und mit der Sahnesauce vermischen. Auf zwei Teller verteilen und die Rosenkohlkastanien drauf verteilen. Yummy!

Kartoffel-Oliven-Pasta

für 2, von Joachim Hiller, 🔈 AMYL AND THE SNIFFERS »Comfort To Me«

Urlaub in Ligurien, Ausflug ins Hinterland, kleines Restaurant mit nichts Veganem. Aber die Wirtin sagt: »... ich mach euch was«. Serviert bekamen wir dieses tolle Essen – ungewöhnlich, aber simpel und verdammt lecker. Obacht, in Tapenade können sich Sardellen verstecken.

- *250 g Tagliatelle*
- *4 mittelgroße Kartoffeln*
- *schwarze Olivenpaste bzw. Tapenade*
- *Salz, Pfeffer*
- *Olivenöl*

1. Pastawasser aufsetzen.

2. Kartoffeln schälen und klein würfeln (max. 1 × 1 cm).

3. Kartoffelwürfel im gesalzenen Pastawasser kochen, bis sie weich sind, und mit einem löchrigen Löffel rausfischen, im Nudelsieb abtropfen lassen. Pasta ins Wasser kippen.

4. Kartoffeln in eine nur mäßig warme beschichtete Pfanne geben, etwas Pastawasser dazuschöpfen und mit einem Kartoffelstampfer zerdrücken – es soll aber kein Püree werden und darf ruhig stückig sein.

5. Vor dem Pasta-Abgießen noch etwas Wasser sichern. Pasta in die Pfanne, mit den Kartoffeln verrühren und mit Pastawasser schön schlotzig rühren. 2–3 EL Oliventapenade (Menge nach Belieben) unterrühren, salzen und pfeffern und auf die Teller damit. Eventuell mit einem Schuss Olivenöl verfeinern.

Penne mit Radicchio und Birne

für 2, von Uschi Herzer, 🔈 HIGHRIDER »Roll For Initiative«

Die Radicchio-Birne-Kombi ist einfach der Knaller! Bitter trifft auf süß und verursacht eine kleine sensorische Explosion.

- *250 g kurze Pasta, z. B. Penne oder Maccheroni*
- *2 Radicchio di Treviso*
- *2 Knoblauchzehen*
- *1 Peperoni*
- *3 Frühlingszwiebeln*
- *1 reife Birne*
- *4 in Öl eingelegte getrocknete Tomaten*
- *1 TL Kapern*
- *2 EL Pinienkerne*
- *Olivenöl*
- *Salz, Pfeffer*
- *Trüffelöl (wer hat)*

1. Da das Kochen relativ fix geht, am besten als Erstes das Pastawasser aufsetzen.

2. Dann den Radicchio halbieren, Strunk entfernen und den Rest in etwas breitere Streifen schneiden (ca. 2 cm). Knoblauch fein würfeln, Peperoni fein hacken und Frühlingszwiebeln in dünne Ringe schneiden. Luft holen und weitermachen mit den Tomaten: Das Öl abschütteln und Tomaten in schmale Streifen oder Würfel schneiden. Nun noch die Birne vierteln, Kerngehäuse entfernen und in dünne Stücke schneiden. Kapern (Menge nach Belieben) kurz unter Wasser abspülen und grob hacken oder ganz lassen.

3. Ist die Pasta schon im gesalzenen Wasser? Nee? Dann wird es jetzt höchste Zeit.

4. Als Nächstes die Pinienkerne ohne Fett in einer beschichteten Pfanne dezent sonnen. Obacht! Die Dinger brennen verdammt schnell an ... Aus der Pfanne nehmen und zur Seite stellen.

5. Jetzt Öl in eine Pfanne geben und Knoblauch, Frühlingszwiebeln und Peperoni kurz andünsten. Flott Radicchio, Birne und getrocknete Tomaten dazu, umrühren und einen Moment schmoren. Kapern rein und mit Salz und Pfeffer würzen.

6. Pasta abgießen, dabei 1–2 EL Pastawasser auffangen und zum Gemüse geben. Pasta unterheben, eventuell noch mal nachwürzen und auf zwei große Teller verteilen. Zum Schluss mit Pinienkernen bestreuen und dezent mit Trüffelöl beträufeln.

★ *Dazu passen Baguette oder Ciabatta und z. B. Feldsalat.*

Pastasotto mit grünen Bohnen und Tomaten

für 2, von Uschi Herzer, 🔊 THE CURE »Faith«

Pastasotto ist wie Risotto, aber ohne Reis. Ja, das geht – und zwar mit diesen kleinen Nudeln, die ähnlich wie Reis aussehen. Das Ergebnis ist verblüffend und so viel unkomplizierter in der Zubereitung als Risotto. Ausprobieren, es lohnt sich! Alternativ sardisches Fregola verwenden.

- *200 g Kritharaki*
- *ca. 350 g grüne Bohnen (Buschbohnen)*
- *frisches Bohnenkraut (optional)*
- *2 Frühlingszwiebeln*
- *1 Handvoll Cherrytomaten*
- *800 ml Gemüsebrühe*
- *Olivenöl*
- *2 EL Hefeflocken*
- *Salz, Pfeffer*
- *1 TL Zucker*
- *2 EL Balsamico-Essig*

1. Ich bin eine Liebhaberin der guten Vorbereitung, also wird erst mal das Schnibbeln erledigt: Bohnen waschen, Enden abknipsen und in 5 cm lange Stücke schneiden bzw. halbieren. Tomaten waschen und halbieren. Frühlingszwiebeln waschen, Bart und welkes Grün ab und dann in 1 cm dicke Stücke schneiden.

2. Jetzt geht's auch schon ans Kochen: Topf oder eine tiefe Pfanne mit Deckel aus dem Schrank holen, auf die Herdplatte und bei mittlerer Hitze einen großen Schluck Olivenöl darin erhitzen, die Frühlingszwiebeln dazu und leicht anschmurgeln.

3. Kritharaki dazu, wieder etwas anbrutzeln und anschließend mit der Hälfte der Gemüsebrühe ablöschen. Deckel drauf. Wenn die Brühe fast aufgesogen ist, nachgießen. Dabei aber nicht so vorsichtig wie bei einem Risotto sein, denn die Pasta verträgt ordentlich Gemüsebrühe. Zwischendurch immer mal umrühren und Lage checken. Das Pastasotto ist nach ca. 15 min fertig und sollte schön cremig in der Konsistenz sein. Zwischendurch schon mal mit Hefeflocken, Salz und Pfeffer würzen. ▶

4. In der Zwischenzeit die Bohnen in Salzwasser zusammen mit den Bohnenkrautzweigen bissfest kochen und abgießen; Bohnenkraut entfernen.

5. Kurz bevor das Pastasotto fertig ist, Pfanne auf den Herd und etwas Olivenöl rein. Darin Bohnen und Tomaten etwas anbrutzeln. Zucker drüberstreuen und karamellisieren lassen. Zum Schluss einen Schuss Balsamico-Essig drüber, gut vermischen und kurz ziehen lassen. Eventuell noch mit etwas Salz und Pfeffer abschmecken.

6. Die Pasta auf zwei Tellern anrichten und das Gemüse schön drumherum drapieren.

★ *Im Winter köstlich mit Rosenkohl und Maronen!*

★ *Im Frühling perfekt mit Spargel, getrockneten Tomaten und Bärlauch.*

Rosenkohl meets Walnusspesto und Pasta

für 2, von Uschi Herzer, 🔊 HÜSKER DÜ »Flip Your Wig«

- *10–12 Rosenkohlknöllchen*
- *½ TL getrockneter Thymian*
- *1 kleine Zwiebel*
- *Salz, Pfeffer*
- *80 g Walnüsse, von der Schale befreit*
- *gutes Olivenöl*
- *250 g Bandnudeln*

1. Ich bin eine Freundin der guten Vorbereitung, also geht es damit los: Rosenkohl putzen und den Bürzel kreuzweise einritzen. Die Zwiebel fein würfeln. Nüsse knacken. Die Walnüsse schmecken bei diesem Rezept frisch geknackt am besten; zur Not gehen aber auch fertig abgepackte.

2. Als Nächstes ist das Pesto dran. Dafür zuerst die Walnüsse in einer beschichteten Pfanne ohne Fett etwas anrösten. Glücklich ist, wer einen fetten Mörser zu Hause hat, denn damit werden die Walnüsse jetzt fein zerquetscht. Mmmh, wie das duftet! Sind die Nüsse fein genug zermahlen, kommen noch Salz, Pfeffer und 3–4 EL Olivenöl rein. Schön sämig rühren, fertig.

3. Jetzt ist es aber höchste Zeit für das Pastawasser. Zum Kochen bringen und Pasta darin al dente kochen.

4. In der Zwischenzeit ist der Rosenkohl dran: In etwas heißes Salzwasser geben und darin bissfest kochen. Herausnehmen und unter kaltem Wasser abschrecken. Abtropfen lassen und anschließend in Viertel oder (die großen Knollen) Achtel schneiden.

5. Die Pasta sollte jetzt dringend ins Wasser.

6. Parallel die gehackte Zwiebel in einer Pfanne in etwas Öl andünsten. Den Rosenkohl dazugeben und etwas anbraten; eventuell noch ein bisschen Öl nachkippen. Mit Thymian bestreuen und mit Salz und Pfeffer würzen.

7. Pasta abgießen, abtropfen lassen und zum Rosenkohl geben. Vorsichtig vermischen.

8. Auf zwei Tellern anrichten und das Walnusspesto darauf verteilen.

★ *Wer mag, kann noch etwas feines Olivenöl als Finish obendrüber geben.*

Ofenkürbis-Pastasotto

für 4, von Uschi Herzer, 🔊 ENABLER »La Fin Absolue Du Monde«

- *400 g Kritharaki*
- *4 Frühlingszwiebeln*
- *2 EL Margarine*
- *Olivenöl*
- *ca. 4 EL Hefeflocken*
- *Salz, Pfeffer*
- *1 größerer Hokkaidokürbis, ca. 800 g*
- *Kürbiskernöl*
- *Kürbiskerne*
- *2 TL Korianderkörner*
- *1 getrocknete Chilischote oder ½ TL Pul Biber*
- *grobes Meersalz*

1. Frühlingszwiebeln waschen, Bart und welkes Grün ab und dann in 1 cm breite Stücke schneiden. Kürbis waschen, vierteln, Gekröse mit einem Löffel rauskratzen und anschließend in ca. 1½ cm breite Schnitze schneiden.

2. Koriander und Chili in einem Mörser zerstoßen und mit etwas Meersalz mischen. Wer keinen Mörser hat, packt die Gewürze in eine Plastiktüte und haut ordentlich mit dem Hammer drauf oder rollt mehrfach mit einer Bierflasche drüber. 3 EL Olivenöl mit den Gewürzen mischen und die Kürbisspalten damit einreiben. Ab damit in eine Auflaufform oder direkt aufs Backblech. Bei 200 °C schmort der Kürbis jetzt ca. 20 min vor sich hin, bis er weich ist. Immer wieder mal probieren.

3. Pfanne auf die Herdplatte und bei mittlerer Hitze darin die Margarine schmelzen. Einen großen Schluck Olivenöl dazugeben, verrühren und die Frühlingszwiebeln darin etwas anbraten.

4. Kritharaki dazu, kurz anbrutzeln und anschließend mit der Hälfte der Gemüsebrühe ablöschen. Deckel drauf, Hitze runterdrehen, damit nichts anbrennt. Wenn die Brühe fast aufgesogen ist, nachgießen. Hier braucht man aber nicht so zimperlich wie bei einem Risotto zu sein, denn die Pasta verträgt ordentlich Gemüsebrühe. Die Hefeflocken können jetzt auch schon mal rein.

5. Zwischendurch immer mal umrühren und die Lage checken. Das Pastasotto ist nach ca. 15 min fertig und sollte schön cremig in der Konsistenz sein. Mit Salz, Pfeffer und eventuell noch mehr Hefeflocken würzen.

5. In der Zwischenzeit die Kürbiskerne ohne Fett in einer Pfanne leicht anrösten. Herausnehmen, abkühlen lassen und grob hacken.

6. Sind Kürbis und Pastasotto fertig, die Pasta auf vier Tellern anrichten und das Gemüse drumherum drapieren. Auf die Kürbisspalten etwas Kürbiskernöl träufeln und mit den gehackten Kürbiskernen bestreuen. Leckerst!

Pizza bianca mit Spargel

für 2, von Joachim Hiller, 🔈 AC4 »Burn The World«

- *300 g Weizen- oder Dinkelmehl*
- *½ Würfel Hefe*
- *100 ml Wasser*
- *2 mittelgroße Kartoffeln*
- *1 EL Olivenöl*
- *1 EL italienische Kräuter*
- *1 Packung veganer Frischkäse*
- *Salz, Pfeffer*
- *500 g grüner oder weißer Spargel*
- *ein paar Bärlauch- oder Basilikumblätter, wer mag*

1. Zuerst kommt der Teig dran: Die Hefe in ca. 100 ml lauwarmem Wasser auflösen, dann in der Küchenmaschine oder mit dem Handrührer Mehl, Kräuter, Olivenöl sowie eine Prise Salz vermischen und das Wasser-Hefe-Gemisch dazukippen und kräftig kneten lassen. Eventuell noch etwas Wasser nachkippen, falls zu trocken. Wenn sich der Teig nach ein paar Minuten von der Schüssel löst und beim Anfassen nicht mehr klebrig ist, ist er fertig. Wenn nicht, noch etwas Mehl dazugeben und nochmals kurz kneten. Die Schüssel samt Teig mit einem Geschirrtuch abdecken und an einem warmen Ort gehen lassen.

2. In der Zwischenzeit ist der Spargel dran. Grünen nur waschen und das holzige Ende abschneiden, der weiße muss geschält werden. Wasser in einem ausreichend großen Topf zum Kochen bringen, Salz rein und den Spargel darin bissfest kochen, herausnehmen und abtropfen lassen.

4. Den Frischkäse gut durchrühren und mit Salz und Pfeffer würzen. Die geschälten Kartoffeln dünn hobeln.

5. Nach 20–30 min sollte sich der Teig etwas aufgebläht haben und ist reif fürs Backblech. Also auf Backpapier ausrollen, dann aufs Blech damit, Ecken noch fix gerade ziehen. Den Frischkäse gleichmäßig darauf verteilen und schön glatt streichen, die Kartoffelscheiben darauflegen. Jetzt noch den Spargel dekorativ auf der Pizza anrichten und ab damit in den Ofen. Bei ca. 200 °C und Umluft sollte die Pizza etwa nach 15–20 Minuten schön gebräunt und damit fertig sein.

6. Herausnehmen und mit klein geschnittenem Bärlauch oder Basilikum bestreuen. In handliche Stücke schneiden und mampfen. Lecker!

★ *Da auch wir faul sind, nehmen wir bisweilen fertigen Pizzateig aus dem Kühlregal.*

★ *Statt Frischkäse ist auch diese Variante super: 400 g Sojajoghurt mit 2 EL Kichererbsenmehl und einer Ladung Hefeflocken sowie Salz und Pfeffer verquirlen und auf dem Pizzaboden verstreichen.*

Pizza für Faule

für 2, von Joachim Hiller, 🔊 NEGAZIONE »Lo Spirito Continua«

Wir lieben Pizza, sind aber manchmal sehr faul. Tiefkühlpizza ist jedoch nicht unser Ding, Hefeteig anzurühren aber auch nicht immer. Also greifen wir gerne mal zu aufgerolltem Fertig-Pizzateig aus dem Kühlregal (gibt's auch in bio), wenn es schnell gehen muss. Ideal ist es, wenn man über einen Pizzastein für den Backofen verfügt. Keese muss hier nicht, kann aber.

- *1 Fertig-Pizzateig (oder selbstgemachter)*
- *ca. ⅓ Tube Tomatenmark*
- *Olivenöl*
- *Salz, Pfeffer*
- *italienische Kräutermischung*
- *Gemüse für den Belag, z. B. rote Zwiebel, Zucchini, Tomaten, in der Saison grüner Spargel, Artischockenherzen …*
- *Oliven, Kapern …*
- *nach Geschmack geriebener Keese*

1. Ofen nach Teigpackungsvorgabe anheizen.

2. Wir mögen das Gemüse gerne Antipasti-Style. Dazu die rote Zwiebel in Schnitze (keine halben Scheiben) schneiden, die Zucchini mit dem Hobel längs in lange Streifen schneiden. (Spargel blanchieren.) In einer Pfanne in Olivenöl anbraten (Ideal: eine geriffelte Grillpfanne).

3. Express-Tomatensauce zubereiten: In einer kleinen Schüssel Tomatenmark und 2 EL Olivenöl mit dem Schneebesen cremig rühren. Salz, Pfeffer, Kräuter dazu.

4. Pizzateig ausrollen. Sauce darauf verstreichen und das Gemüse, nach Geschmack auch Oliven(stücke) und Kapern dazu. Keese drüber.

5. Ab in den Ofen. Falls Pizzastein vorhanden, hat man auch einen »Pizzaschieber« und zieht nach ein paar Minuten das Papier unter der Pizza raus. Dann wird der Boden noch knuspriger.

Pommes-Bohnen-Penne

für 2, von Uschi Herzer, 🔈 SOUTHPORT »Armchair Supporter«

Eine auf den ersten Blick ungewöhnliche Kohlenhydrate-Bombe, auf den zweiten Blick aber ein perfektes Trio, für das sich gut Reste verwenden lassen.

- *250 g Penne*
- *3 mittelgroße gekochte Kartoffeln*
- *1 Knoblauchzehe*
- *ein paar getrocknete Tomaten (am besten nicht in Öl eingelegte, die gehen zur Not aber auch), kurz in heißem Wasser eingeweicht*
- *200 g grüne Bohnen (Buschbohnen)*
- *Gemüsebrühe*
- *Olivenöl*
- *frische, gehackte Kräuter nach Wahl*
- *Salz, Pfeffer*

1. Als Erstes das Nudelwasser aufsetzen.

2. Dann die Bohnen putzen, halbieren, und wenn das Wasser kocht, etwas Salz rein und die Bohnen im angehenden Nudelwasser bissfest kochen. Wenn sie fertig sind, mit einem Schaumlöffel herausfischen und dafür die Pasta rein. Genial energiesparend, oder?

3. Unterdessen die gekochten Kartoffeln schälen und in ca. 1 cm große Würfel schneiden. Getrocknete Tomaten etwas abtropfen lassen und in Streifen schneiden, Knoblauch würfeln.

4. Einen großzügigen Schluck Olivenöl in einer Pfanne erhitzen und die Kartoffelstücke samt Knoblauch ein paar Minuten anbraten. Dann so viel Gemüsebrühe zugießen, bis der Boden der Pfanne leicht bedeckt ist. Zwischendurch schon mal probieren, ob die Pasta fertig ist.

5. Auf nicht zu großer Flamme brutzeln lassen und nach ein paar Minuten die Tomatenstücke und die Bohnen dazugeben. Zum Schluss die Kräuter reinkippen und mit Salz und Pfeffer abschmecken.

5. Penne abgießen und in die Pfanne bugsieren. Alles gut vermischen und nach Bedarf nachwürzen. Ein Schuss vom guten Olivenöl als Finish drüber, damit die Angelegenheit nicht zu trocken wird.

Puchero de Coco estilo Canario con Arepas

(Kanarischer Gemüseeintopf mit Kokosmilch und Maisbrötchen)

für 4, von Frank Castro, 🔈 LOS SAICOS »Demoler!«

Für die Arepas am besten in einen Laden mit südamerikanischen (eventuell asiatischen) Lebensmitteln gehen, dort gibt es das Arepa-Mehl (auch Harina Pan) im Kilopaket. Man braucht für 4 Leute etwa 500 g. Das Mehl in einer Schüssel mit gemahlenem Kreuzkümmel und Salz mischen, dann so viel Wasser hinzufügen, bis sich eine nicht allzu feste Masse bildet, ähnlich Kartoffelknödeln. Daraus formt man dann kleine, etwa 1 cm dicke Fladenbrötchen. Diese werden in Pflanzenöl, das in einer großen Pfanne stark erhitzt wird, von beiden Seiten etwa 5 min leicht frittiert und dann abgetropft bereitgestellt.

Für den Puchero benötigen wir bei 4 Campesinos die Guerilla-Gemüsemenge von

- *1 große Zucchini*
- *1 kleiner Blumenkohl*
- *1 große mehlige Kartoffel*
- *2 große rote Paprika*
- *1 Chilischote*
- *1 Dose Kokosmilch*
- *50 g Kokosraspeln*
- *200 ml Ananas- oder Mangosaft*
- *1 große Zwiebel*
- *4 große Knoblauchzehen*
- *gemahlen: Kreuzkümmel, Koriander*
- *Chili, Kurkuma, Safran*
- *Meersalz*
- *Korianderblätter*
- *500 g Arepa-Mehl*

1. Die klein gehackte Zwiebel und Knoblauchzehen und die in grobe Streifen geschnittene Paprika in Pflanzenöl in einem großem Topf stark anbraten.

2. Nach etwa 5 min die Kokosmilch zugießen und das Feuer (oder den Elektro-Induktions-Anti-Revolutions-Herd) reduzieren auf Einköcheln.

3. Dann die geschälte, in kleine Würfel zerstörte arme Kartoffel hinzufügen, nach und nach die in Streifen gefolterte Zucchini und nach weiteren 10 min den in kleine Stücke zerteilten Blumenkohl sowie die zerhackte Chilischote und die Gewürze zugeben und langsam weiterkochen lassen. Mit Meersalz würzen.

4. Die Kokosraspeln und den Saft hinzufügen, umrühren und zum Schluss mit ein wenig Arepa-Mehl, das vorher in etwas Wasser angerührt wurde, damit es nicht klumpt, andicken und umrühren. Die so gefolterten, allerdings noch knackigen Gemüse mit den total krass frittierten Arepa-Brötchen auf mit Korianderblättern dekorierten Tellern servieren. Buen aprovecha!

★ *Tipp von Uschi: Wir hatten kein Arepa-Mehl zur Hand und haben zum Andicken des Puchero einfach 2 EL normales Maismehl genommen. Geht auch.*

Pseudo-Punk

für 2, von Uschi Herzer, 🔊 UPRIGHT CITIZENS »Make The Future Mine & Yours«

Dieses Rezept ist wunderbar variabel und schmeckt auch denen, die nicht unbedingt Fans von Quinoa sind. Gute Kombinationen sind z. B. auch Zucchini-Kürbis, Kohlrabi-Möhre, grüne Bohnen-Tomate oder Rosenkohl-Kastanie. Die Nüsse sind austauschbar – wir haben Cashews genommen, es passen aber auch gut Sonnenblumenkerne, Pinienkerne oder Walnüsse, am liebsten kurz in der Pfanne geröstet. An frischen (oder TK-)Kräutern machen sich gut Petersilie, Koriander oder gemischte italienische Kräuter, die den Extrafrischekick geben.

- *125 g Quinoa*
- *500 g Zucchini*
- *½ Glas Kichererbsen (ca. 120 g)*
- *2 Zwiebeln*
- *1–2 Knoblauchzehen*
- *1 Handvoll geröstete Cashewnüsse*
- *1 Chilischote (optional)*
- *2 TL getrocknete Kräuter der Provence*
- *1 Handvoll frische Kräuter, gehackt oder TK-Ware*
- *Salz, Pfeffer*
- *Rapsöl*

1. Zucchini waschen, der Länge nach halbieren und in 3–4 mm dicke Scheiben schneiden. Zwiebeln häuten, ebenfalls halbieren und in dünne Scheiben schneiden, Knoblauch schälen und fein hacken. Kichererbsen abtropfen lassen.

2. Quinoa in ein engmaschiges Sieb geben und unter kaltem Wasser gut abspülen. Zur Seite stellen.

3. Pfanne aus dem Schrank holen, etwas Öl reinkippen, erhitzen und die Zwiebeln darin andünsten. Nach 2 min die Zucchini, den Knoblauch, etwas Salz und Pfeffer und die getrockneten Kräuter dazu. Umrühren und bei reduzierter Temperatur dünsten.

4. Parallel ca. 400 ml Wasser zusammen mit etwas Salz und Quinoa zum Kochen bringen. Temperatur reduzieren und so lange köcheln lassen, bis der Kram fertig ist (10–15 min). Abgießen und abtropfen lassen.

5. Gegen Ende der Kochzeit die Kichererbsen in die Zucchinipfanne kippen und gut vermischen.

6. Quinoa zum Gemüse geben, frische Kräuter dazu und mit Salz und Pfeffer abschmecken. Cashewkerne unterrühren und schmecken lassen.

Quiche mit Kartoffeln

für 4, von Uschi Herzer und Joachim Hiller, 🔈 Anne Clark »The Best Of«

Für den Teig
- *200 g Weizenvollkornmehl*
- *3 EL Wasser*
- *½ TL Salz*
- *120 g Margarine (feste Sorte bevorzugt)*

Für den Belag
- *4 große Kartoffeln (ca. 750 g)*
- *½ Packung Räuchertofu*
- *Zwiebelschmalz zum Anbraten; Öl geht auch*
- *evtl. 1 große Tomate*

Für die Füllung
- *1 großer Becher Sojajoghurt Natur, ungesüßt*
- *2 EL vollfettes Sojamehl oder Kichererbsenmehl*
- *2 EL Hefeflocken*
- *50 g Cashewnüsse, ungesalzen*
- *Salz, Pfeffer, TK-Kräutermischung*

Für die Tunke (kann, muss nicht!)
- *1 großer Becher Sojajoghurt Natur, ungesüßt*
- *Salz, Pfeffer, Zitronensaft, TK-Kräutermischung*
- *evtl. Mayo*

1. Zu Beginn wird der Teig gemacht, da er eine halbe Stunde in den Kühlschrank muss. Teigzutaten in eine Schüssel packen und mit den Händen fix verkneten. In Frischhaltefolie oder ein Wachstuch einwickeln und in den Kühlschrank legen. Danach kannst du dich in aller Ruhe dem Belag widmen.

2. Dazu die Kartoffeln in kleine Würfel (ca. 8 mm) schnibbeln und in Zwiebelschmalz anbraten, bis sie weich sind. In der Zwischenzeit den Räuchertofu in ca. 5 mm kleine Würfel schneiden.

3. Die Cashewkerne feinst schreddern, so dass sie eigentlich zu Cashewmehl werden. Eventuell etwas Wasser dazu. Sojajoghurt, Sojamehl, Hefeflocken, Salz, Pfeffer, Kräuter und Cashewmehl mit dem Pürierstab zu einer schönen glatten Masse verquirlen.

4. Mittlerweile dürfte die halbe Stunde vergangen sein und du kannst dich an den Teig machen. Du nimmst eine runde Kuchenspringform (ca. 26 cm), fettest diese ein und drückst darin den Teig platt und zwar so, dass ein 2–3 cm hoher Rand hochgezogen werden kann, sonst läuft nämlich die ganze Sauce in den Ofen. Das Ganze sieht also aus wie ein Kuchenboden.

5. Jetzt die Kartoffel- und Tofuwürfel auf den Kuchenboden kippen und gleichmäßig verteilen. Dann die Sauce darübergießen, ab damit in den Backofen und auf der mittleren Schiene bei 200 °C (Ober/Unterhitze) 30–35 min backen. Wer will, kann auch noch eine Tomate in ganz dünne Scheiben schneiden und diese oben auf den Kuchen legen.

6. Für die Sauce alle Zutaten mit dem Schneebesen durchrühren und abschmecken. Fertig!

7. Ist die Quiche nach rund einer halben Stunde fertig (sie ist dann oben leicht braun), muss sie nur noch aus der Backform gezaubert werden. Das geht am besten, indem man zuerst mit dem Messer den Teig vom Rand der Form löst und diese dann erst öffnet. Vor dem Servieren etwas abkühlen lassen, dann in 8–12 Kuchenstücke schneiden und servieren, dazu die Joghurtsauce reichen.

★ *Für den unwahrscheinlichen Fall, dass etwas übrig bleiben sollte: Schmeckt auch kalt genial!*

★ *Wer will kann die Quiche auch mit geriebenem Keese überbacken.*

★ *Für die Gemüsefüllung der Quiche haben wir schon zig Variationen getestet. Zum Beispiel fuppt das auch mit Lauch (eine Stange in ca. 5 mm dicke Scheiben schneiden, diese andünsten) oder mit in Salzwasser bissfest gegarten Möhren und Zucchini – je ca. 4 cm lange Viertel – und/oder mit ebenfalls in Salzwasser bissfest gekochten Broccoli-Röschen. Gemüse unbedingt gut abtropfen lassen, sonst weicht der Boden durch.*

Quiche mit Kürbis

für 4, von Uschi Herzer, 🔈 FRONTIER(S) »There Will Be No Miracles Here«

- *200 g Weizen- oder Dinkelvollkornmehl*
- *3 EL Wasser*
- *½ TL Salz*
- *120 g harte Margarine (z. B. Alsan)*
- *ca. 1 kg Butternutkürbis (Hokkaido oder anderer geht natürlich auch)*
- *2 Zwiebeln*
- *2 Knoblauchzehen*
- *2 TL Curry*
- *1 Chorizo-Veggiewurst*
- *Rapsöl*
- *150 g Cashewkerne, ungesalzen*
- *2 EL Hefeflocken*
- *1 EL vollfettes Sojamehl oder Kichererbsenmehl*
- *Salz, Pfeffer, Muskat*

1. Bevor du mit dem Schnibbeln loslegst, ist erst mal der Teig dran, denn der muss sich gleich noch mindestens eine halbe Stunde im Kühlschrank entspannen. Vollkornmehl, klein gestückelte kalte Margarine, Salz und Wasser in eine Schüssel geben und zügig mit den Händen zu einem geschmeidigen Teig verkneten. Der sollte nicht kleben, aber auch nicht bröselig sein. Je nachdem noch etwas Wasser oder Mehl dazugeben. In eine Klarsichtfolie einwickeln und ab damit in den Kühlschrank.

2. So, jetzt kannst du dich in Ruhe dem Rest widmen. Schnapp dir den Kürbis, zerteile ihn in 4–6 handliche Stücke, schneide die Schale ab (das geht prima mit einem Kartoffelschäler) und entferne das Kerngedöns. Jetzt das Fleisch noch in ca. 1 cm große Würfel schneiden, fertig.

3. Pfanne mit Deckel aus dem Schrank holen, etwas Öl rein, erhitzen, Kürbis dazu, Deckel drauf und ab und an umrühren oder wahlweise schwenken. Der Kürbis braucht jetzt ca. 15 min bei mäßiger Hitze, bis er weich ist.

4. In der Zwischenzeit sind Zwiebeln und Knoblauch dran. Beides schälen und fein würfeln. Dann eine kleine Pfanne auf den Herd, wieder etwas Öl rein und Zwiebeln und Knoblauch ein paar Minuten bei nicht zu großer Hitze glasig anbraten. Zum Schluss das Currypulver unterrühren und alles zur Seite stellen. Ofen schon mal auf 200 °C Ober-/Unterhitze anwerfen.

5. Was fehlt noch? Die Sauce. Dazu die Cashewnüsse in einen hohen Rührbecher geben, etwas Wasser dazu und brutal mit dem Pürierstab alles kurz und klein machen. Wer hier nicht aufpasst, veranstaltet schnell 'ne große Sauerei, also besser nicht zu stürmisch mit dem Pürierstab hantieren. Nach und nach so viel Wasser zugeben, bis du eine Konsistenz zwischen aufgeschäumter Milch und Joghurt hast. Hefeflocken und Sojamehl dazugeben, noch mal durchmischen und mit Salz, Pfeffer und Muskat ordentlich würzen.

6. Die halbe Stunde müsste jetzt ungefähr um sein. Teig aus dem Kühlschrank nehmen und eine runde Kuchenspringform in den Tiefen des Küchenschranks suchen. Diese dann einfetten und den Teigklops reinsetzen, gleichmäßig flachdrücken und ein bisschen Rand hochziehen. Geschafft? Dann darfst du den Teig jetzt etwas quälen und mit einer Gabel an verschiedenen Stellen anpiksen.

7. Wir nähern uns dem Finale: die Zwiebelmischung gleichmäßig auf dem Boden verteilen. Dann die Veggie-Chorizo über dem fertigen Kürbis in kleine Stücke schneiden. Jetzt noch die Cashewsahne mit dem Kürbis vermischen, über die Zwiebeln kippen und glatt streichen.

8. Ab damit in den warmen Ofen und 30 min warten, bis die Oberfläche leicht gebräunt ist. Rausnehmen, etwas abkühlen lassen, Quiche in Kuchenstücke schneiden und glücklich sein.

★ *Dazu passt ein leckerer Salat.*

★ *Schmeckt am nächsten Tag auch kalt oder kurz aufgewärmt noch lecker!*

★ *Kannst du keine Chorizo-Veggiewurst bekommen, geht auch Räuchertofu.*

Rosmarinkartoffeln

für 2, von Uschi Herzer, 🔊 THE BOXER REBELLION »The Cold Still«

Eine äußerst köstliche Beilage zu vielen Gelegenheiten sind Rosmarinkartoffeln, die mich immer irgendwie an Trilobiten erinnern.

- *750 g eher kleine Kartoffeln*
- *Olivenöl*
- *3 Rosmarinzweige*
- *ca. 1 EL grobes Meersalz*

1. Los geht's mit der Vorbereitung des Backblechs: Backpapier drauflegen und mit Öl bepinseln. Rosmarinnadeln abzupfen, klein hacken, mit dem Salz vermischen und halbwegs gleichmäßig auf dem Blech verteilen. Ofen auf 200 °C vorheizen.

2. Als Nächstes die Kartoffeln schrubben. Ist die Schale okay und nicht zu dick, darf die dranbleiben; im anderen Fall Kartoffeln schälen. Zärtlich trocken rubbeln und anschließend der Länge nach halbieren.

3. Und jetzt kommt der kniffelige Teil: Die Kartoffelhälften müssen noch geritzt, sprich: eingeschnitten werden. Dazu die runde Seite der ►

Breite nach immer wieder tief einschneiden, ohne dabei die Kartoffel durchzuschneiden. Sieht dann so aus, als ob man sie mit einer Gabel eingeritzt hätte, wenn dies denn ginge ...

4. Mit der Schnittfläche aufs Blech legen und ab damit ins Rohr. Je nachdem wie groß deine Kartoffeln waren, dauert es ca. 30 min, bis die Kartoffeln weich sind.

Rote-Bete-Spaghetti

für 2–3, von Uschi Herzer, 🔈 THE TRANS MEGETTI »Fading Left To Completely On«

- *400 g Rote Bete*
- *1 Packung vegane Sahne*
- *1 Knoblauchzehe*
- *Meerrettich, frisch gerieben oder aus dem Glas (ohne Sahne!)*
- *1 Frühlingszwiebel*
- *150 ml Gemüsebrühe*
- *Olivenöl*
- *Salz, Pfeffer*
- *Zitronensaft*
- *250 g Vollkornspaghetti*

Vollkornnudeln sind für manche Pasta-Puristen ein Graus, aber zu dieser »erdigen« Sauce passen sie vorzüglich.

1. Zuerst die Rote Bete waschen und schälen. Anschließend grob raspeln. Disclaimer: Wir übernehmen keine Haftung für eine komplett eingesaute weiße Designerküche.

2. Jetzt schon mal das Nudelwasser aufsetzen, sonst klappt das mit dem Zeitplan nicht so ganz.

3. Knoblauch schälen und fein hacken. Olivenöl in einer großen Pfanne erhitzen und Rote Bete-Raspeln samt Knoblauch darin etwas andünsten. Mit der Gemüsebrühe aufgießen und bei schwacher Hitze ca. 10 min köcheln lassen. Deckel drauf, aber immer wieder umrühren.

4. Sind die Spaghetti schon im Wasser? Gut so. Jetzt noch die Frühlingszwiebel putzen und in feine Ringe schneiden. Gibt's Salat zur Pasta? Dann ist jetzt der richtige Moment, mit der Zubereitung anzufangen.

5. Nach den 10 min Blubberzeit Sahne und 1–2 TL Meerrettich zu der roten Pampe geben, gut verrühren und würzen. Der eine oder andere Spritzer Zitronensaft gibt die nötige Säure. Schlau war, wer eine Schürze zum Kochen angezogen hat oder wie wir fast immer schwarze Klamotten trägt. Rote Bete macht böse Flecken ... Jetzt noch die abgetropften Spaghetti unterheben, auf zwei Tellern schön anrichten und Frühlingszwiebel obendrüber streuen. Sieht cool aus, oder?

★ *Dazu passt hervorragend ein grasgrüner Feldsalat mit angebratenen Räuchertofuwürfeln und Sonnenblumenkernen.*

★ *Wir empfehlen unbedingt frische (Bio-)Rote Bete, keinesfalls vorgekochte vakuumverpackte Ware oder die aus dem Glas.*

★ *Statt Soja- oder Hafersahne kann auch Mandelmus verwendet werden. Dann ca. 100 ml mehr Brühe und 2 EL Mandelmus.*

Rührtofu à la Rührei

für 2 Frühstücker:innen, von Uschi Herzer und Joachim Hiller
🔈 TURING MACHINE »What Is The Meaning Of What«

Deutsches Rührei nur mit Schnittlauch ist recht fad, zudem verlangt die vegane Zubereitung Geschmacksträger, und da bietet sich die »Menemen« genannte türkische Variante an. Die Menge ergibt zwei kleine Portionen, die noch Platz lassen für das eine oder andere Brötchen.

- *150 g Tofu Natur*
- *3 EL Seidentofu*
- *2 Frühlingszwiebeln*
- *¼ rote Paprika*
- *1 Tomate*
- *Sojasauce*
- *Kurkuma*
- *Olivenöl*
- *Pfeffer*
- *Kala Namak (Schwefelsalz)*
- *ein paar Halme Schnittlauch, in Röllchen geschnitten* ▶

1. Zuerst ist Schnibbeln angesagt. Faulen Frühstücker:innen wird geraten, diese Arbeit am Vorabend zu erledigen und die Bauteile dann sortenrein im Kühlschrank in kleinen Döschen zu lagern. Die Frühlingszwiebeln also waschen, welkes Grünzeug und Bartzotteln wegschneiden, den weißen Teil dann in feine Ringe schneiden und das knackige Grün in 1 cm lange Stücke. Die Paprika vierteln, weißes Zeug und Kerne raus, dann in sehr dünne Streifen schneiden, damit die nicht mehr knackig sind, wenn serviert wird.

2. Pfanne anheizen, Öl rein, Paprika und Frühlingszwiebeln weich dünsten/braten (Deckel drauf!). Eben noch die Tomate in kleinere Würfel schneiden, und wenn die Paprika ziemlich weich ist, in die Pfanne damit.

3. Den Tofu fein zerbröseln (mit einer Gabel zerdrücken), in die Pfanne damit, dann einen Schuss Sojasauce (max. 1 TL) dazu und für die eiergelbe Farbe etwas Kurkuma (ca. ¼ TL). Nun 3 EL Seidentofu (der sieht aus wie der weiße Eiglibber) vorsichtig unterheben, mit 1 Messerspitze Kala Namak und Pfeffer würzen. Die Hälfte des Schnittlauchs unterrühren.

4. Das Rührei auf zwei Schüsseln verteilen und mit den restlichen Schnittlauchröllchen dekorieren.

★ *Statt Seidentofu geht auch nur normaler Tofu und ein Schuss ungesüßte Soja- oder Hafermilch.*

★ *Kala Namak ist die Wunderwaffe, wenn es »eirig« schmecken bzw. riechen soll. Der Schwefel macht's!*

Bratkartoffeln

für 2, von Joachim Hiller

Bratkartoffeln sind die ideale Beilage zu allem, quasi. Wir lieben sie auch als extravagante Ergänzung zu unserem Frühstücksrührei. Der Vorteil an diesem Rezept: Es klappt auch spontan ohne vorgekochte Kartoffeln. In ca. 15 min sind sie fertig.

- *½ kg vorwiegend festkochende Kartoffeln*
- *Olivenöl*
- *Salz*
- *Pfeffer*
- *evtl. Rosmarin, getrocknet oder frisch und gehackt*
- *nach Wunsch Zwiebeln*

1. Kartoffeln waschen und schälen.

2. Die Kartoffeln in Würfel schneiden – kleiner als Spielwürfel, aber nicht zu klein.

3. Beschichtete Pfanne vorheizen, Öl rein, wenn heiß, die Kartoffeln. Und jetzt, ganz wichtig: Deckel drauf! Temperatur so mittel, die Kartoffeln sollen jetzt in ihrem eigenen Saft schwitzen. Das Wasser, das sich am Deckel sammelt, in die Pfanne zurücklaufen lassen (Obacht, kann spritzen!). Immer wieder wenden. Falls du Lust auf Zwiebeln hast, solltest du die jetzt zügig in Form (Würfel, Schnitze, Ringe ...) bringen und dazukippen.

4. Wenn die Kartoffeln beginnen weich zu werden, Deckel weg. Jetzt kann man denen beim Braunwerden zuschauen. Salz, Pfeffer und Rosmarin (getrocknet geht, ideal ist frischer) dazu und ab auf die Teller damit.

Sardische Gnocchetti mit Zucchini

für 2, von Uschi Herzer, 🔈 THE BABOON SHOW »Radio Rebelde«

Vegan essen gehen ist ja immer noch so eine Sache … Bei unserem Camping-Urlaub auf Sardinien haben wir durch Zufall ein nettes Restaurant in Oristano entdeckt, das zwar nicht explizit pflanzliche Kost auf der Karte anbot, aber laut Happy Cow sollte man einfach das Personal ansprechen und dann würde man schon was bekommen. Das haben wir auch getan, der Chef wurde gerufen und der verkündete uns freudestrahlend: »Of course I can make you a vegan menu. Just trust me!« Auch wir sind nicht frei von Vorurteilen, wollten dem so gar nicht nach Koch aussehenden Menschen nicht wirklich trauen, mussten ihm aber aufgrund der fehlenden Alternativen und des mittlerweile großen Hungers einfach glauben. Wieder einmal durften wir feststellen, dass Italiener:innen viel entspannter mit dem Thema vegan umgehen und selbstverständlich eine Idee im Kopf haben, was man seinen Gästen anbieten kann. Wir wurden belohnt mit einem tollen 3-Gänge-Menü, dessen Hauptgang aus typischer sardischer Pasta – den Gnocchetti Sarda – bestand. Gnocchetti Sarda sind sehr kleine Muschelnudeln, max. fingernagellang. Zu Hause haben wir dann versucht, das Gericht nachzukochen, und ich finde, dass wir es ganz gut hinbekommen haben. Sehr wichtig ist das Basilikumpesto, das dem Ganzen den richtigen Kick gibt.

- *250 g Gnocchetti Sarda (oder andere sehr kleine Nudelsorte)*
- *2 kleine Zucchini (ca. 300 g)*
- *1 rote Zwiebel*
- *2 kleine Tomaten*
- *1–2 EL Mandelmus*
- *½ TL Kurkuma*
- *Salz, Pfeffer*
- *frisches oder TK-Basilikum (oder fertiges Pesto)*
- *leckeres Olivenöl*

1. Wie immer ist auch hier der erste Schritt Pastawasser aufsetzen.

2. In der Zwischenzeit das Gemüse vorbereiten: Zwiebel fein würfeln, Zucchini je nach Größe halbieren oder vierteln und in dünne Scheiben schneiden, Tomaten würfeln (0,5–1 cm).

3. Jetzt eine große Pfanne aus dem Schrank holen, etwas Öl rein und erst die Zwiebel ein paar Minuten anschwitzen und dann die Zucchini dazugeben. ▸

4. Die Pasta sollte genau jetzt ins Wasser.

5. Die Tomatenwürfel ab in die Pfanne.

6. Während das Gemüse anbrät, fix ein schlichtes Basilikumpesto zaubern: einfach (TK-)Basilikum mit so viel Olivenöl mit dem Mixstab pürieren, bis eine sämige, aber noch flüssige grüne Sauce entstanden ist. Mit Salz und Pfeffer abschmecken und zur Seite stellen.

7. Immer schön die Pasta im Blick haben. Wenn sie noch leicht bissfest ist, abgießen.

8. Die Zucchini sollten jetzt auch soweit sein. 1–2 EL Mandelmus und ca. 100 ml Pastawasser in die Pfanne geben und schön verrühren. Das Gemüse sollte nur leicht umhüllt sein; es ist keine »richtige« Sauce! Mit etwas Kurkuma, Salz und Pfeffer würzen.

9. Die noch feuchte Pasta in die Pfanne geben, alles vorsichtig vermischen und noch mal abschmecken.

10. Auf zwei Teller verteilen, mit dem Basilikumpesto beträufeln und sich freuen!

★ *Statt Basilikumpesto geht auch Bärlauch-, Petersilien- oder Rucolapesto.*

★ *Eine Handvoll schwarze oder weiße Bohnen oder Kichererbsen machen das Ganze noch reichhaltiger.*

★ *Schmeckt auch gut mit angebratenem Kürbis oder Pilzen.*

Schwarzwurzeln in Currysauce

für 2, von Uschi Herzer und Joachim Hiller, 🔊 EXPLOSIONS IN THE SKY »All Of A Sudden I Miss Everyone«

Schwarzwurzeln sind der »Spargel der armen Leute« und verdammt lecker. Das Zeug gibt's frisch, aber nur während der Wintermonate (bitte keine Konservenware verwenden!). Wer sich immer schon gefragt hat, was man mit Schwarzwurzeln anstellen kann – hier ist die Antwort.

- *750 g Schwarzwurzeln*
- *100 ml Essig oder Saft einer Zitrone*
- *30 g Margarine*
- *1 EL Currypulver*
- *Salz*
- *1 TL Zucker*
- *150 ml vegane Sahne (oder Mandelmus)*
- *1 EL Sesam*

1. Damit du keine böse Überraschung erlebst, bitte unbedingt an die Zubereitungshinweise hier halten. Die Teile werden superschnell braun und sehen dann unappetitlich aus. Das klebrige Gefühl an den Händen verschwindet schnell wieder. In einer Schüssel den Essig mit einem Liter Wasser vermischen. Schwarzwurzeln waschen (die sind meist sehr sandig und dreckig) und dann einzeln erst unter fließendem Wasser schälen und dann jeweils direkt schräg in ungefähr 3 cm lange Stücke schneiden. Sofort ins Essigwasser legen.

2. Eine große Pfanne aus dem Schrank holen und darin die Margarine schmelzen. Curry dazu und unter Rühren etwas anschwitzen. Dann die Schwarzwurzeln in ein Sieb gießen und tropfnass zur Currymargarine geben. Schön vermischen.

3. Deckel auf die Pfanne, Temperatur runter und das Ganze so 15 min garen. Gegegebenfalls einen kleinen Schluck Wasser dazu.

4. In der Zwischenzeit kannst du dich dem Sesam widmen: Ohne Fett in einer Pfanne anrösten.

5. Sind die Schwarzwurzeln fast weich, Sahne dazu und mit Salz und einer Prise Zucker abschmecken. Alternativ ca. 150 ml Wasser oder Gemüsebrühe dazu und 1–2 EL Mandelmus. Nun alles auf zwei Teller verteilen und den Sesam drüber.

★ *Dazu passen hervorragend Backofenkartoffeln.*

Geschnetzeltes nach Gyros-Art

von Joachim Hiller, 🔊 RAW POWER »Screams From The Gutter«

Ein Standardgericht und so simpel, dass es eigentlich kein Rezept braucht, doch da viele Menschen texturiertes Soja angesichts seines pappkartonartigen Aussehens mit großem Misstrauen betrachten und man bei falscher Zubereitung schnell den Leckerheitsgrad von Schuhsohlen erreicht, hier eben doch ein Rezept, das zu allerlei Gemüse oder auch Kartoffelsalat passt. Die Mengen sind je nach Hunger/Menschen variabel, deshalb keine Angaben dazu. Und wer Sojaschnetzel nicht mag, nimmt Seitan.

- *Sojaschnetzel (keine Würfel, sondern die flachen, die ungefähr so groß sind wie Euromünzen). Alternativ: Seitan (selbstgemacht oder fertige Kühlware)*
- *Zwiebel, in Ringe geschnitten*
- *Gemüsebrühepulver, Öl, Sojasauce*
- *Salz, Pfeffer, Gyrosgewürz*
- *evtl. Sojasahne*
- *evtl. Zwiebelschmalz*

1. Die gewünschte Menge Sojaschnetzel (Faustregel: eine Handvoll pro Person) in eine Schüssel geben und je nach Menge ½–1 l Wasser zum Kochen bringen. Über die Schnetzel kippen, so dass die gut bedeckt sind. 1–2 EL Gemüsebrühepulver dazu und einen ordentlichen Schuss Sojasauce. Immer wieder umrühren bzw. wenden.

2. Das Sojazeug ziehen lassen. Länger ist besser, denn die Packungsangaben sind meist zu knapp. 45 min schadet nicht.

3. In der Zwischenzeit die Zwiebel(n) in Ringe schneiden und in einer beschichteten Pfanne schön glasig dünsten – in Öl oder auch Zwiebelschmalz. Die sollten fast fertig sein, wenn das Sojazeug ausreichend gebadet hat.

4. Die größeren der Sojadinger eventuell mit dem Messer halbieren (Seitan: in dünne Streifen schneiden). Dann das Geschnetzelte in die Zwiebelpfanne kippen – ohne die Sauce (diese nicht wegschütten!), aber bitte nicht ausdrücken. Bei recht hoher Temperatur und ohne Deckel die Flüssigkeit verkochen lassen, und siehe da, die Sojaschnetzel bräunen allmählich an.

5. Wenn sie lecker braun sind (Obacht, das darf nicht knusperig werden – zur Not was vom »Sojabad« dazukippen …), noch eben mit Salz und Pfeffer sowie, falls gewünscht, mit Gyrosgewürz abschmecken. Und wer will, kann auch noch etwas Pflanzensahne in die Pfanne rühren, aber bitte nicht mehr aufkochen.

Seitan-Geschnetzeltes

für 2, von Joachim Hiller
🔈 THE STRIKE »The Oi! Collection«

- *2 große Zwiebeln*
- *ein Klumpen Seitan*
- *Olivenöl*
- *Sojasauce*
- *300 ml Gemüsebrühe*
- *Stärkemehl oder (braunen) Saucenbinder*
- *Salz, Pfeffer*

1. Den Seitan in schmale, dünne Streifen schneiden. Die Zwiebeln halbieren und ebenfalls in nicht zu dünne, nicht zu dicke Ringe schneiden. Das Olivenöl in die Pfanne, erhitzen, die Zwiebeln andünsten, kurz darauf auch den Seitan dazugeben und beides ein paar Minuten schmoren lassen.

2. Wenn die Zwiebeln schön glasig sind, einen guten Schuss Sojasauce dazukippen. Gemüsebrühe in die Pfanne kippen, und alles bei mittlerer Temperatur köcheln lassen.

3. Nach ein paar Minuten 2–3 EL von der Flüssigkeit aus der Pfanne in eine Tasse geben, einen schwach gehäuften TL Stärkemehl oder Saucenbinder darin auflösen und in die Pfanne damit. Temperatur hochdrehen, kurz aufkochen lassen, runterschalten und mit Salz und Pfeffer abschmecken. Fertig!

★ *Dazu passen Reis, Rotkraut, Nudeln, Knödel – was Mutter halt dazu aufgetischt hätte.*

★ *Wer die braune Sauce gerne sahnig hat, rührt zum Schluss noch etwas Mandelmus oder Pflanzensahne unter.*

Sojasteaks

von Joachim Hiller
🔈 BEATSTEAKS

Sojasteaks aus texturiertem Soja sind der Klassiker der »veganen Fleischküche«. Die Textur ist fleischig, aber ungewürzt schmeckt das Zeug nach noch weniger als Schuhsohle oder Reiswaffeln. Es kommt also auf die richtige Zubereitung an – und die Würzung. Aus grundsätzlichen Erwägungen sollte man nur texturiertes Soja aus biologischem Anbau verwenden.

- *Sojasteaks*
- *Gemüsebrühe*
- *Sojasauce*
- *Bratöl*
- *Gewürze nach Geschmack (Curry, Paprika, Steakgewürz ...)*

1. Einweichen! Sojasteaks müssen eingeweicht werden, und zwar unserer Erfahrung nach länger, als auf der Verpackung angegeben. Nichts ist ekliger als zähe Sojasteaks. Eine halbe Stunde oder Stunde in heißer Gemüsebrühe schaden also nicht.

2. Damit die Würzmischung in das »Fleisch« einziehen kann, muss das Wasser raus. Also die Steaks vorsichtig ausdrücken, über der Spüle oder auf ein paar Lagen Küchenpapier.

3. Dann marinieren: in einer Schüssel die Steaks mit Sojasauce und beliebigen Gewürzen einlegen und ziehen lassen. Etwas Öl kann ruhig auch dazu.

4. Nun in einer Pfanne die Steaks in Öl ausbraten. Oder grillen. Oder was auch immer.

Broccoli-Penne alla siciliana

für 2, von Uschi Herzer, 🔈 ARTICLES OF FAITH »In This Life«

Wie fast immer bei Pasta arbeitest du am besten mit Multitasking. Hier wird zuerst der Broccoli in Salzwasser gekocht und anschließend nimmst du das Wasser für die Pasta. Das ist dann so wie früher, als man das seifige, hellgraue Badewasser nach dem kleinen Bruder zweitnutzen durfte … Während dann das Pastawasser kocht, wird auf der anderen Flamme die dazugehörige Sauce gebastelt. Damit alles schön entspannt bleibt, schnibble ich gerne vorher alles und lege mir das zurecht, was ich brauche.

- *500 g Broccoli*
- *1 Zwiebel*
- *2 EL Rosinen*
- *2 EL Pinienkerne*
- *1 TL Tomatenmark*
- *Olivenöl*
- *Salz, Pfeffer*
- *250 g Penne*

1. Als Erstes einen großen Pott mit Wasser aufsetzen, denn das Grünzeug ist zuerst dran. Den Broccoli flott in gleich große Röschen teilen; auch der Stiel kann zerkleinert und mitverwendet werden. Kocht das Wasser, etwas Salz dazugeben, Broccoli rein und in ein paar Minuten bissfest (nicht weich!) kochen. Wasser nicht abgießen, sondern den Broccoli mit einer Schöpfkelle/einem Schaumlöffel aus dem Wasser fischen, in ein Sieb geben, eiskalt abschrecken und beiseitestellen. Verbliebenes Wasser noch mal volle Pulle erhitzen und die Penne darin al dente kochen.

2. Währenddessen geht es mit Brutzeln weiter: Zuerst die Zwiebel fein hacken, dann Olivenöl in eine große Pfanne geben, erhitzen und die Zwiebel darin leicht braun werden lassen. Das Tomatenmark reindrücken und mit einer Schöpfkelle einen guten Schuss vom Broccoli-Pasta-Wasser dazukippen.

3. Rosinen und Pinienkerne dazu und alles ein paar Minuten leicht köcheln lassen. Wird das Gemisch zu fest oder ist dem Eintrocknen nahe, noch mal etwas Broccoliwasser nachkippen.

4. Wenn die Pasta noch gut bissfest ist, abgießen. Zusammen mit dem Broccoli in die Pfanne geben, mehr oder weniger vorsichtig durchrühren. Salzen und pfeffern, Deckel drauf und 5 min bei geringer Hitze durchziehen lassen.

5. Abschmecken, servieren, genießen.

Spaghetti à la Asia

für 2, von Joachim Hiller, 🔊 Rick Springfield »Working Class Dog«

Nudeln kommen ja angeblich aus China, Marco Polo soll sie von dort nach Italien »eingeschleppt« haben. Und so, finde ich, darf man durchaus mal von der reinen Pasta-Lehre abweichen – normalerweise sind mir Kreuz-und-quer-Kreationen, wie sie Lieferdienste und Imbisse anbieten, die Pizza, Döner, Chinesisch und Mexikanisch aus einer Hand am Start haben, ein Graus. Deshalb also mal Spaghetti mit einer simplen und leckeren Asia-Sauce, die sich gemüseseitig vielfältig variieren lässt.

- *250 g Spaghetti*

Für die Sauce

- *Sesam- oder neutrales Sonnenblumenöl*
- *1 Stück Ingwer*
- *1 Knoblauchzehe*
- *4 EL Sojasauce (Tamari)*
- *3 EL Ketchup*
- *½ TL (Rohr-)Zucker*

Gemüse nach Wahl, z. B.

- *2 mittelgroße Möhren*
- *2 Pak Choi*
- *½ Bund Frühlingszwiebeln*
- *und/oder Pilze, Erbsenschoten, Broccoli ...*

1. Wie immer bei hungrigen Menschen ganz wichtig: Zuerst das Nudelwasser aufsetzen, damit setzt man sich selbst unter Druck und weiß, dass man mit dem Rest in 20 min fertig sein muss.

2. 1–2 cm Ingwer schälen und fein würfeln, ebenso die Knoblauchzehe. Etwas Öl in einem kleinen Topf erhitzen, Ingwer und Knoblauch rein und nur leicht anbraten. Sojasauce, Ketchup und Zucker dazu sowie 250 ml Wasser. Umrühren, aufkochen, fertig, zur Seite stellen.

3. Gemüse waschen, putzen und schnibbeln: Möhren der Länge nach halbieren, dann der Breite nach und nun der Länge nach in schmale Streifen (nicht Scheiben) schneiden. Frühlingszwiebeln in etwas breitere, schräge Streifen schneiden. Pak Choi klein schnibbeln. Spaghetti schon im Salzwasser?

4. Pfanne anheizen, Gemüse rein, anbraten. Spaghetti abgießen, zum Gemüse in die Pfanne kippen, dann die Soja-Ketchup-Sauce dazu und alles vermischen. Mit Salz und Pfeffer abschmecken und ab auf die Teller damit.

★ *Wer es gerne schärfer hat, haut in die Sauce etwas rote Currypaste rein.*

Spargel mit Béchamelsauce und Pellkartoffeln

für 2, von Uschi Herzer und Joachim Hiller, 🔊 SOCIAL DISTORTION »White Light White Heat White Trash«

- *500 g (kleine) vorwiegend festkochende Kartoffeln*
- *500 g grüner oder weißer Spargel*
- *1 Handvoll Cashewnüsse, fein gemahlen*
- *250 ml Soja- oder Haferdrink (ungesüßt)*
- *Hefeflocken*
- *Margarine*
- *Weizenmehl*
- *Senf*
- *Zitrone*
- *Salz, Pfeffer*

1. Kartoffeln waschen und entweder im Turboschnellkochtopf oder normal in Salzwasser gar kochen. Je nachdem, welche Variante du bevorzugst, dauert das lange oder weniger lange. Entsprechend gestaltet sich dann die weitere Vorgehensweise.

2. Während die Kartoffeln kochen, den (weißen) Spargel schälen, den harten, unteren Teil abschneiden und den Spargel entweder am Stück lassen oder in leichter zu handhabende Teile schneiden. So oder so in Salzwasser mit einer Prise Zucker bissfest kochen.

3. Parallel machst du die tierzeugsfreie Béchamelsauce und die geht so: 1 EL Margarine in einem kleinen Topf leicht zerlaufen lassen, dann 1–2 EL Weizenmehl bei geringer Temperatur mit dem Schneebesen einrühren und Klümpchen und Anbrennen vermeiden. Die Pampe darf nicht zu flüssig sein und nicht zu fest werden.

4. Wenn gut, dann ca. 250 ml Sojamilch nach und nach mit dem Schneebesen einrühren – klingt knifflig, aber beim zweiten Mal hat man's raus. Vorsichtig aufkochen, je 1–2 EL Cashewmehl und Hefeflocken einrühren, mit ein bisschen Senf und ein paar Tropfen Zitronensaft abschmecken, mit Salz und Pfeffer würzen.

5. Die Sauce sollte jetzt eingedickt sein und ist somit servierfertig. (Gepellte) Kartoffeln, Spargel und Sauce auf zwei Tellern anrichten und sich während des Essens wundern, wie lecker die vegane Variante der Béchamelsauce schmeckt.

Spargel-Bärlauch-Risotto

für 2, von Uschi Herzer, 🔊 KMPFSPRT »Intervention«

- *200 g Risotto-Reis*
- *500 g weißer Spargel*
- *1 Zwiebel*
- *1 Schuss Weißwein*
- *Olivenöl*
- *ca. 1 l heiße Gemüsebrühe*
- *ca. 20 Blätter Bärlauch*
- *Hefeflocken nach Gusto*
- *Salz, Pfeffer*

1. Spargel schälen, holzige Enden abschneiden und die Stangen schräg in ca. 1 cm breite Stücke schneiden.

2. Zwiebel fein würfeln und in etwas Olivenöl andünsten. Gut geeignet ist dafür eine hohe Pfanne. Risotto-Reis dazugeben und kurz mitbrutzeln lassen. Mit einem großen Schluck Weißwein ablöschen und Flüssigkeit fast restlos einkochen lassen. Spargelstücke dazugeben und umrühren.

3. Jetzt beginnt das Risotto-Ritual: etwas Gemüsebrühe zum Reis-Spargel-Gemisch geben, umrühren, bei kleiner Hitze schmurgeln, Flüssigkeit aufsaugen lassen. Dann wieder etwas Gemüsebrühe dazugeben, umrühren, Flüssigkeit aufsaugen lassen. ▶

Das alles so lange wiederholen, bis der Reis die richtige Konsistenz hat und das Ganze schön cremig ist.

4. Jetzt noch schnell den Bärlauch im Garten pflücken, waschen, trocknen und quer in schmale Streifen schneiden. Zum fertigen Risotto geben und untermischen. Mit Hefeflocken, Salz und Pfeffer abschmecken, fertig!

★ *Tipp: Wir lieben Steinpilzbrühe zum Spargel! Gibt es fertig zu kaufen oder einfach ein paar getrocknete, klein gehackte Steinpilze einweichen und Pilze samt Wasser verwenden.*

★ *Funktioniert auch vorzüglich mit grünem Spargel.*

Spargelpasta à la Ox

für 2, von Uschi Herzer, 🔈 ALKALINE TRIO »Maybe I'll Catch Fire«

Dieses Pastarezept ist unser Renner in der Spargelzeit – schnell, einfach und lecker!

- *500 g grüner Spargel*
- *6–8 in Öl eingelegte, getrocknete Tomaten*
- *2–3 EL Pinienkerne*
- *gutes Olivenöl*
- *Salz, Pfeffer*
- *250 g Penne oder Spiralnudeln*
- *frische Basilikumblätter, wenn verfügbar*

1. Als Erstes das Wasser für die Pasta aufsetzen.

2. Jetzt weitermachen mit dem Spargel: waschen, holzige Enden abschneiden und den Rest schräg in ca. 4–5 cm große Stücke schneiden. Köpfe in eine Extraschüssel geben. Tomaten etwas abtropfen lassen und in 5 mm große Streifen schneiden.

3. In einer Pfanne die Pinienkerne ohne Fett anbräunen, aber nicht verkokeln lassen. Herausnehmen.

4. In dieselbe Pfanne kommt jetzt etwas Olivenöl sowie die Spargelstücke ohne die Köpfe. Deckel drauf. Parallel sollten jetzt auch die Nudeln ins kochende gesalzene Wasser.

5. Nach ca. 4 min kommen die Köpfe auch noch in die Pfanne, bis der Spargel fast weich ist. Das dauert insgesamt ca. 10 min.

6. Kurz vor Schluss die getrockneten Tomaten zu den Spargelstücken geben, umrühren und mit Salz und Pfeffer abschmecken.

7. Nudeln abgießen und zum Spargel in die Pfanne geben. Alles gut durchrühren, eventuell nachwürzen und auf zwei Teller verteilen. Pinienkerne und ein paar zerrupfte Basilikumblätter darüberstreuen und schmecken lassen. Eventuell noch etwas Olivenöl nachgießen.

★ *Ciabatta und ein gemischter Salat dazu kommen gut.*

★ *Lässt sich mit mehr Pasta für drei Personen »strecken«.*

Spinat-Kartoffel-Strudel

für 2, von Joachim Hiller, 🔊 THE MONSTERS »Du hesch Cläss, ig bi Träsch«

Mag sein, dass es Menschen gibt, die Blätterteig selbst herstellen. Ich werde es sicher nie tun. Deshalb nehme ich den von der Rolle aus dem Kühlregal.

- *250 g frischer Blattspinat*
- *1 Zwiebel*
- *1 Knoblauchzehe*
- *4 mittelgroße Kartoffeln*
- *1 Packung veganer Schafskäse*
- *Salz, Pfeffer*
- *Gemüsebrühepulver*
- *1 Rolle Blätterteig aus dem Kühlregal*

1. Spinat putzen und waschen.

2. Zwiebel schälen, fein würfeln. Knoblauch auch.

3. Kartoffeln schälen und würfeln (max. 1 × 1 cm).

4. Zwiebel und Knoblauch in eine beschichtete, nicht zu kleine Pfanne. Weich werden lassen, bald die Kartoffelwürfel dazu und einen Schluck Wasser, Deckel drauf.

5. Wenn die Kartoffeln gerade so weich sind, den Spinat dazu. Eventuell noch ein bisschen Wasser dazu sowie Gemüsebrühepulver. Deckel drauf, aber nur, bis der Spinat zusammengefallen ist. Obacht: Wir können hier quasi keine Flüssigkeit am Pfannenboden brauchen, also das Wasser sparsam dosieren. Salzen und pfeffern.

6. Schafskäse fein würfeln oder zerbröseln.

7. Blätterteig aus dem Kühlschrank holen und ausrollen. Von der langen Seite her mit einer Schere halbieren (quasi von A3 auf A4).

8. Jetzt die Spinat-Kartoffel-Masse wulstig mittig auf den beiden Teigrechtecken verteilen, links und rechts und oben und unten mindestens je 3–4 cm Rand lassen. Schafskäsewürfel über der Masse verteilen.

9. Nun erst den unteren und dann den oberen langen Rand überlappend über den Spinatwulst schlagen und links und rechts den Teig zusammendrücken. Mit einem Wellenschliffmesser (Brotmesser) quer 5, 6 »Ritzen« in den Strudelwulst schneiden – nicht bis zum Boden!

10. Nach Packungsanleitung backen, das dürfte so 20–30 min dauern.

★ *Statt mit Blätterteig funktioniert das auch mit Pizzateig.*

Stuttgarter Kokos-Linsen

für 4, von Judith und Reiner, 🔈 Max Raabe »Rinderwahn«

Wenn wir Judith und Reiner in Stuttgart besuchen, gibt es (fast) immer dieses leckere Gericht in diversen Abwandlungen. Allein schon wegen der liebgewonnenen Tradition musste ihr Rezept in unser sechstes Kochbuch.

- *200 g rote Linsen*
- *500 ml Gemüsebrühe*
- *400 ml Kokosmilch*
- *200 ml Sojamilch*
- *1 rote Zwiebel*
- *2 Knofizehen*
- *400 g Kohlrabi*
- *2 mittlere Zucchini*
- *2 große Möhren*
- *1 Zitrone*
- *2 Lorbeerblätter*
- *Reis für 4*
- *Olivenöl*

1. Das Gemüse je nach kreativem Belieben in Kleinteile zerlegen: Würfel, Scheiben, Schnitze ... Zitrone entsaften.

2. Eine Knofizehe mit der zerlegten Zwiebel in Öl andünsten. Linsen und Brühe zugeben und aufkochen. Bei leichter Hitze 12 min quellen lassen. Dann überschüssige Brühe abgießen.

3. Solange die Linsen mit Quellen beschäftigt sind, die andere Knofizehe mit den Lorbeerblättern andünsten. Klein geschnittene Kohlrabi, Zucchini und Möhren dazugeben, mit Salz und Pfeffer würzen und 10 min dünsten. Reis aufsetzen nicht vergessen.

4. Gemüse mit Kokosmilch und Sojamilch aufgießen. Gedünstetes Gemüse zu den gequollenen Linsen geben und mit Zitronensaft beträufeln.

5. Den zwischenzeitlich gekochten Reis in 4 kleinen Salatschüsseln portionieren und als Reishügel auf die Teller stürzen. Die Kokos-Linsen drumherum anrichten. Wohl bekomm's!

Szegediner Gulasch

für 4, von Uschi Herzer, 🔈 THE MURDER CAPITAL »When I Have Fears«

- *100 g (grobe) Sojachuncks*
- *500 g Kartoffeln*
- *2 Paprika, Farbe nach Wahl*
- *2 Zwiebeln*
- *2 Knoblauchzehen*
- *500 g Sauerkraut*
- *6 EL Sojasauce*
- *250 ml Wasser*
- *1 Halbe Bier (½ l Weizenbier passt auch)*
- *5 Wacholderbeeren*
- *2 Lorbeerblätter*
- *1 TL Kreuzkümmel, ganz*
- *1 TL Kreuzkümmel, gemahlen*
- *1–2 EL Gemüsebrühepulver*
- *je 1 TL geräuchertes und süßes Paprikapulver (evtl. mehr)*
- *schwarzer Pfeffer*
- *Chilipulver (nach Belieben)*
- *1 Dose Pizzatomaten*
- *500 ml Tomatenpassata*

1. Sojachunks in eine Schüssel geben und mit Sojasauce und kochendem Wasser übergießen, durchmischen und zur Seite stellen.

2. Zwiebeln halbieren und in Scheiben schneiden, Knoblauch fein hacken, Kartoffeln schälen und in ca. 1 cm große Würfel schneiden, Paprika vierteln und quer in dünne Streifen schneiden.

3. Zwiebeln mit Kreuzkümmel und Wacholderbeeren mit etwas Olivenöl in einem großen Topf leicht andünsten. Nach ein paar Minuten Paprika, Kartoffeln und Knoblauch dazugeben, umrühren und ein paar Minuten anbrutzeln.

4. Das Sauerkraut plus Lorbeerblätter mit dazu und weiter andünsten. Nach etwa 5 min mit ca. ⅕ l Bier aufschütten; den Rest nach und nach im Laufe des Kochvorgangs dazugeben. Mit Gemüsebrühepulver abschmecken.

5. Nach weiteren 10 min die Pizzatomaten und die Tomatenpassata mit dazumischen. Mit Paprika, Pfeffer und Chili würzen. Das Ganze mit etwas gemahlenem Kreuzkümmel verfeinern und weiterkochen.

6. In der Zwischenzeit sind die eingeweichten Sojastücke dran. Dazu etwas Öl in einer Pfanne erhitzen und Sojachunks samt verbliebener Flüssigkeit dazugeben (Nicht ausdrücken! Die sollten aber auch nicht mehr im Wasser schwimmen.) . Bei mittlerer Temperatur so lange anbraten, bis die Flüssigkeit verschwunden ist und die Stücke schön gebräunt sind. Das kann schon mal 15–20 min dauern.

7. Zum Schluss Sojawürfel zum Gulasch geben, unterrühren und final pikant abschmecken.

★ *Das Rezept stammt im Original von Pamp von GARDEN GANG. Wir haben es etwas variiert und ergänzt. Wir machen davon meist mehr, da das Gulasch am zweiten Tag mindestens genauso lecker schmeckt.*

Wie'n Schnitzel

für 2, von Uschi Herzer, 🔈 KONTROLLE »Zwei«

Mittlerweile gibt es auch schon beim Discounter fertig panierte Schnitzel in vegan, aber wir finden die DIY-Version immer noch am besten, denn: wesentlich weniger Müll und immens weniger Zutaten. Unsere All time Favorite-Basis ist der Seitan im Glas von Arche, der ist einfach perfekt dafür. Geht natürlich auch mit Tofu oder eingeweichten Sojasteaks (beides unbedingt vorher marinieren).

- *1 Glas Seitan*
- *Mehl*
- *Speisestärke*
- *Wasser*
- *Semmelbrösel aka Paniermehl*
- *Gewürze wie Oregano, (geräuchertes) Paprikapulver etc.*
- *Salz und Pfeffer*
- *Bratöl*

1. Seitan aus dem Glas in ein Sieb plumpsen lassen. Die abgetropften Stücke nebeneinander auf ein Brett legen, mit Küchenpapier abdecken und mit einem zweiten Brett beschweren. Hier gerne noch ein schweres Buch oder einen Stein drauflegen. Ca. 15 min pressen. ▶

2. Die Pause kann man gut nutzen, um schon mal die Panierstraße vorzubereiten: etwas Mehl in einen tiefen Teller geben. In einem zweiten tiefen Teller ca. 3 EL Speisestärke mit soviel Wasser verrühren, bis eine sahneähnliche Konsistenz erreicht ist. Den dritten tiefen Teller mit ordentlich Semmelbrösel (gerne selbstgeschreddert bzw. gerieben aus Brotresten) füllen und mit Gewürzen deiner Wahl flavorisieren. Ein bisschen Salz und Pfeffer sind auch nicht verkehrt.

3. Und jetzt geht die Sauerei los: die Seitanstücke nacheinander zuerst von beiden Seiten im Mehl wälzen und leicht abklopfen. Dann ein Bad im Stärkemeer nehmen. Ist das Schnitzel von beiden Seiten bedeckt, wird es zum Schluß erst von der einen, dann von der anderen Seite in die Semmelbrösel gedrückt. Darauf achten, dass alles mit der Panade bedeckt ist. Auf einem großen Teller zwischenparken und das Procedere wiederholen, bis alle Seitanstücke versorgt sind.

4. Auf zum Finale: eine große Pfanne nehmen und ordentlich Bratöl reinkippen – so viel, bis der Boden reichlich bedeckt ist. Wer hier knausert, spart an der falschen Stelle. Erhitzen. Wenn das Öl heiß ist, nur so viele Seitanstücke reinlegen, dass sich nichts überlappt und alle schön im Fett schwimmen können. Sehr wichtig ist jetzt, die Pfanne ständig etwas zu rütteln, damit die Schnitzelchen immer leicht in Bewegung sind. Die Temparatur soll dabei schon höher, aber nicht zu heiß sein, sonst verbrennt euch der Kram schnell und der Rauchmelder legt los. Nach ein paar Minuten schauen, ob die Unterseite schon angenehm gebräunt ist. Wenn dem so ist, die Seitanstücke nacheinander wenden. Von der anderen Seite auch ein paar Minuten unter Rütteln brutzeln, bis die Schnitzel die richtige Farbe haben. Herausnehmen und auf einem Küchenpapier etwas abfetten lassen.

5. Evtl. etwas Öl nachgießen und die zweite Runde einläuten. Genauso verfahren, bis alle Schnitzel gebraten sind.

★ *Pflicht dazu ist bei uns Kartoffelsalat.*

★ *Mit der Wahl des Paniermehls können unterschiedliche Effekte erzielt werden. Panko (asiatisches Paniermehl) ist z. B. etwas gröber und wird krosser, haftete aber auch nicht so gut.*

Steckrübenschnitzel

für 2, von Uschi Herzer, 🔈 MAULGRUPPE »Tiere in Tschernobyl«

Steckrüben sind ein (zu Unrecht) stiefmütterlich behandeltes Gemüse, haben einen Kriegskollateralschaden weg und lange Zeit wusste auch ich nicht so recht, was ich damit anfangen soll – bis wir dieses Rezept entdeckt haben. Sei mutig und check es in der Herbst-/Wintersaison aus, es lohnt sich!

- *1 kleine Steckrübe*
- *4 EL Paniermehl*
- *2 EL Walnüsse, fein gehackt*
- *2 EL Hefeflocken*
- *1 EL TK-8 Kräuter*
- *Salz, Pfeffer*
- *2 EL Mehl*
- *ca. 80 ml Pflanzendrink*
- *Öl zum Braten*

1. Die Steckrübe schälen und in 1 cm dicke Scheiben schneiden. Einen Kochtopf zu einem Viertel mit Wasser füllen, erhitzen und wenn es kocht, etwas Salz dazu. Temperatur etwas reduzieren und die Steckrübenscheiben darin in ca. 10 min bissfest kochen. Herausnehmen und abtropfen lassen.

2. Paniermehl, Walnüsse, Hefeflocken, Kräuter und etwas Salz und Pfeffer miteinander verrühren und in einen tiefen Teller geben.

3. Mehl mit Hilfe eines Schneebesens in einem zweiten tiefen Teller mit so viel Pflanzendrink verrühren, bis eine glatte, leicht sämige Sauce entstanden ist. Die Steckrübenscheiben darin nacheinander wenden. Anschließend die Scheiben in das Paniergekröse geben und von allen Seiten damit bedecken, die Panade dabei leicht andrücken.

4. Reichlich Öl in einer großen Pfanne erhitzen und die Steckrüben darin bei mittlerer Hitze von beiden Seiten goldbraun braten. Herausnehmen und auf Küchenpapier abfetten lassen. Eventuell im Ofen warmhalten.

★ *Dazu passt hervorragend ein Chutney oder Relish oder eine Joghurtsauce und natürlich ein Salat.*

★ *Funktioniert auch prima mit Kohlrabischeiben oder mit horizontal in Scheiben geschnittenem Blumenkohl (kleine Knollen/Köpfe sind hier von Vorteil).*

Tofu paniert à la Fischstäbchen

für 2, von Uschi Herzer, 🔊 EVENS »s/t«

- *300 g Tofu Natur*
- *Senf deiner Wahl*
- *Salz*
- *Paniermehl*
- *Kräuter und Gewürze nach Lust und Laune*
- *Bratöl*

1. Den Tofublock in ca. 7 mm dicke Scheiben schneiden und alle Seiten sehr großzügig mit Senf bestreichen. Etwas salzen.

2. Paniermehl auf einen Teller kippen, Gewürze und Kräuter dazu, und die Tofuscheiben darin wenden. Ja, ich weiß, das ist ein bisschen Sauerei an den Fingern, aber egal.

3. Großzügig Öl in einer Pfanne erhitzen und den Tofu darin schön goldbraun brutzeln. Vorsicht beim Wenden, damit die Kruste nicht abbröselt! Auf Küchenpapier zwischenlagern, dann servieren.

★ *Dazu schmeckt Kartoffelsalat ganz hervorragend, aber auch Gemüsereis, Bulgur und so weiter. Ketchup, Chutney und Co. sind gute Freunde von paniertem Tofu.*

★ *Wer's noch etwas würziger mag, mariniert den Tofu vor dem Panieren in Sojasauce oder einem BBQ Rub.*

Tofu, aber lecker

von Joachim Hiller, 🔈 NAPALM DEATH »Utilitarian«

Wenn es um vegane Ernährung geht, wird immer gerne als abschreckendes Beispiel Tofu erwähnt. Klar, wenn ahnungslose Menschen weißen Tofu würfeln und »unbehandelt« als Feta-Ersatz über einen Salat kippen, wenn Fleischköch:innen Naturtofuwürfel in eine Wokpfanne kippen und der weiche Wabbel dann nach nichts schmeckt, ist das auch alles andere als verlockend. Kein Wunder, dass jemand, der/die als Nicht-Tofu-Esser:in so was mal erleben musste, traumatisiert ist. Denn ja, »Tofu Natur« ist so neutral wie ein Schluck Leitungswasser. Aber man kann ja was machen mit Tofu, und das ist marinieren. Ich behaupte: Mit diesem Grundrezept wird Tofu immer lecker, und man kann es nach Herzenslust variieren. Übrigens lohnt es sich, mal verschiedene Hersteller durchzutesten, es gibt erhebliche Unterschied in Konsistenz und Preis. Zum Anbraten wie hier empfehle ich einen eher kompakteren, festeren Tofu, der zerbröselt nicht in der Pfanne. Dass Tofu nur aus europäischen Bio-Sojabohnen hergestellt sein sollte, versteht sich von selbst.

Die Basiszutaten

- *1 Block Tofu Natur (200 g für 2 Personen)*
- *Sojasauce*
- *Olivenöl*
- *Gewürze*

1. Zuerst den Tofu von seiner Plastikhaut befreien. Dann den Block vorsichtig (!) etwas ausdrücken – das Wasser, das dabei rausläuft, wird durch die Sojasauce ersetzt. Den Tofu jetzt in ca. 5 mm dünne Scheiben schneiden – nicht zu dick, nicht zu dünn, sonst zerfällt er. Oder etwas dickere Scheiben machen und dann würfeln oder in längere Stifte schneiden.

2. In einer Schüssel den Tofu mit ordentlich Sojasauce übergießen, jedoch nicht ertränken. Der Tofu sollte einen guten Teil der Sauce aufsaugen, aber nicht alles. Dann Gewürze drüber, nach Lust und Laune. Paprikapulver? Geht! Salz? Eher nicht, die Sauce ist schon salzig. Kräuter der Provence? Yep! Curry? Kann man machen. Ingwer, fein gerieben? Wer's mag. Knoblauch, gewürfelt? Machbar. Das Ganze vorsichtig durchmischen, eventuell die Schüssel schief halten, mit einem Löffel die Marinade verteilen. Obacht: Nicht zu wild rühren, sonst können die Scheiben zerfallen. 15 min Ziehzeit reichen, länger schadet nix.

3. Zum Schluss einen ordentlichen Schuss Olivenöl drüberkippen und dann eine große, beschichtete Pfanne anheizen.

4. Wenn die Pfanne heiß (nicht zu heiß) ist, den gesamten (!) Schüsselinhalt in die Pfanne kippen. Ja, die ganze Sauce. Dann bei mittlerer Temperatur den Tofu von beiden Seiten lecker braun anbraten, beim Wenden vorsichtig sein. Der Tofu bekommt eine schöne Kruste, aber zu heiß darf die Pfanne nicht sein, sonst verkokelt die Sauce. Fertig ist der Tofu, wenn keine Sauce mehr vorhanden und der Tofu schön braun ist.

★ *Passt perfekt zu Kartoffelsalat, Gemüsepfannen, auf ein Sandwich, oder zu/auf einem Salat. Und ein leckerer Dip, Senf, Aioli, Chutney oder Ketchup sind ein guter Begleiter.*

Tofubällchen mit Tomaten-Auberginen-Sugo aka Poser-Pasta deluxe reloaded

für 2, von Uschi Herzer, 🔊 Die SAMIAM-Sammlung mal wieder durchhören.

Eines meiner Highlight-Rezepte aus Kochbuch #4! Nach etwas Ausprobieren kam diese vegane Variante heraus, die es mit dem »Original« durchaus aufnehmen kann. Nix für das Abendessen während der Woche, aber schön, wenn Besuch kommt oder man sich selber einfach mal was Besonderes kochen möchte.

Für die Bällchen

- *200 g Tofu*
- *30 g Sojajoghurt, ungesüßt*
- *1 TL Olivenöl*
- *1 TL Zitronensaft*
- *30 g Semmelbrösel*
- *1 TL Speisestärke*
- *1–2 EL Hefeflocken*
- *1 TL Thymian*
- *15 g Pinienkerne*
- *zur Saison: Bärlauch*
- *Semmelbrösel zum Wälzen (evtl. etwas Thymian in die Semmelbrösel mischen)*

Für die Sauce

- *1 Aubergine*
- *1 Zwiebel*
- *1 Knoblauchzehe*
- *1 Dose Pizzatomaten*
- *1 TL Tomatenmark*
- *1–2 TL italienische Kräutermischung*
- *Olivenöl*
- *Salz, Pfeffer*

Außerdem

- *200 g Vollkornpenne*
- *selbstgemachter Veggie-Parmesan*
- *frisches Basilikum, falls zu Hause oder im Garten*

Zugegeben, das Gericht ist etwas aufwändiger, aber die Bällchen lassen sich beispielsweise schon am Vortag zubereiten, dann muss man sie am nächsten Tag nur noch anbraten. Und wer nur eine Pfanne hat, kann die Bällchen als Erstes braten und dann im Ofen warmhalten.

1. Für die Bällchen im ersten Schritt die Pinienkerne ohne Fett und unter Beobachtung in einer kleinen Pfanne leicht hellbraun rösten und anschließend grob hacken.

2. Dann Tofu in einer Schüssel oder einem Mixbecher zerkrümeln, Joghurt, Öl und Zitronensaft dazu und mit dem Zauberstab schön zermatschen, bis eine halbwegs homogene Masse entstanden ist. Dann die restlichen Zutaten dazu, etwas mit den Händen verkneten und mit Salz und Pfeffer abschmecken.

3. Mit einem Teelöffel aus der Tofupampe walnussgroße Stücke ausstechen, mit den Händen zu glatten Kugeln formen und in den Semmelbröseln wälzen. Zur Seite (oder über Nacht in den Kühlschrank) stellen.

4. Zwiebel und Knoblauch würfeln und zur Seite stellen.

5. Die Aubergine waschen, der Länge nach vierteln und in ca. 0,8 cm breite Scheiben schneiden. Reichlich Olivenöl in einer Pfanne erhitzen und die Auberginenstücke bei mittlerer Temperatur darin anbraten. Wichtig ist, dass die Aubergine wirklich schön weich wird; das sollte der Fall sein, wenn sie leicht gebräunt ist. Herausnehmen. ▶

6. In derselben Pfanne jetzt Zwiebel und Knoblauch in etwas Olivenöl anbraten. Parallel dazu das Nudelwasser aufsetzen.

7. Sind die Zwiebelwürfel glasig, das Tomatenmark zugeben und kurz mitschmoren. Mit den Pizzatomaten aufgießen, umrühren und schon mal mit Salz, Pfeffer und den italienischen Kräutern würzen. Auf kleiner Flamme vor sich hin simmern lassen. Gerne auch einen Deckel drauflegen, falls zur Hand.

8. Spätestens jetzt sollte die Pasta deiner Wahl ins kochende Salzwasser. Die Auberginen möchten jetzt in das warme Tomatenbett, also ab damit in die Sauce, vorsichtig umrühren und final abschmecken.

9. Eine zweite Pfanne mit mehr oder weniger reichlich Olivenöl erhitzen und die Bällchen auf mittlerer Flamme rundherum goldbraun anbraten. Ggf. im Ofen warmstellen.

10. Und jetzt kommt das Finale: Nudeln abgießen, mit der Tomatensauce vermischen, gerecht auf zwei Teller verteilen und die Bällchen darauf dekorieren. Wer hat, kann jetzt gerne noch ein paar zerrupfte Basilikumblätter und/oder Veggie-Parmesan darüberstreuen. Sieht ziemlich posermäßig aus, oder?

Überbackene Kritharaki

für 2, von Uschi Herzer, 🔈 THE SAINTS »I'm Stranded«

Simpel, sättigend und lecker! Überbackenes gibt es bei uns nicht (mehr) jeden Tag, aber wenn uns mal danach ist, steht dieser Auflauf auf der Liste ganz weit oben.

- *250 g Kritharaki-Nudeln (sehen aus wie Reis, sind aber aus Hartweizen)*
- *1 Dose Pizzatomaten*
- *1 Zucchini und 1 Paprika, relativ klein gewürfelt*
- *1 Zwiebel, fein gewürfelt*
- *1 Knoblauchzehe, fein gewürfelt*
- *1–2 TL Tomatenmark*
- *Oregano, Basilikum etc.*
- *Salz, Pfeffer*
- *Olivenöl*
- *veganer Hefeschmelz (siehe Rezept in diesem Kochbuch) oder geriebener Veggiekäse*

1. Als Erstes die Nudeln in ausreichend Salzwasser bissfest kochen und abgießen.

2. In der Zwischenzeit Zwiebel und Knoblauch in etwas Olivenöl andünsten. Tomatenmark reindrücken, mit dem Zwiebelgemisch verrühren und ein paar Minuten karamellisieren lassen. Dann die Zucchini- und Paprikawürfel dazu und weich werden lassen.

3. Ist das Gemüse fast weich, kommen noch die Tomaten hinein, gut würzen und ohne Deckel vor sich hin blubbern lassen (so lange, bis die Nudeln fertig sind; mindestens aber 5 min). Eventuell nachwürzen.

3. Jetzt eine Auflaufform einfetten und Nudeln mit Sauce darin gut vermischen. Zum Schluss den Hefeschmelz bzw. geriebenen Käse obendrauf, etwas verteilen und ab damit ins Rohr.

4. Bei ca. 180 °C so lange drin lassen, bis der Hefeschmelz braune Flecken kriegt bzw. der Käse geschmolzen ist.

Überbackener Rosenkohl

für 4, von Uschi Herzer, 🔊 ALL »Problematic«

- *1 kg Rosenkohl*
- *Salz*
- *80 g Margarine*
- *60 g Semmelbrösel*
- *60 g Pinienkerne*
- *geriebene Muskatnuss*

1. Rosenkohl putzen und am Bürzel kreuzweise einritzen. Dann in Salzwasser 10–12 min kochen. Abgießen, abtropfen lassen und in eine ofenfeste Form geben.

2. Margarine, Semmelbrösel und grob gehackte Pinienkerne verkneten und als kleine Flöckchen auf dem Rosenkohl verteilen.

3. Im auf 200 °C vorgeheizten Backofen bei Oberhitze ein paar Minuten goldbraun überbacken. Kurz vor dem Servieren mit geriebener Muskatnuss bestreuen.

★ *Dazu passen z. B. Blechkartoffeln.*

Westfälische Edamame-Pasta

für 2, von Uschi Herzer
🔊 A FLOCK OF SEAGULLS WITH THE PRAGUE PHILHARMONIC ORCHESTRA »Ascension«

Das Gericht heißt so, weil mich das nussige Aroma der gekochten Kerne geschmacklich stark an Edamame, die grünen Sojabohnenkerne, erinnert. Wer will, kann natürlich auch gleich Edamame nehmen, entweder aus der Kühltheke oder als TK-Ware.

- *1 kg frische Dicke Bohnen (= 250–300 g Kerne)*
- *250 g Kirschtomaten*
- *1 Knoblauchzehe*
- *1 (rote) Zwiebel*
- *½ Bio-Zitrone*
- *2 EL gehackte Petersilie*
- *Salz, Pfeffer*
- *Chili aus der Mühle, wer mag*
- *Olivenöl*
- *250 g Spaghetti*

1. Zuallererst ist das Bohnenpopeln angesagt. Ich finde die Arbeit ganz entspannend, wenn man nicht gerade in Eile ist. Bohnenkerne zur Seite stellen, Rest auf den Kompost.

2. Parallel Bohnenwasser aufsetzen. Zwiebel und Knoblauch fein würfeln, Tomaten halbieren oder vierteln, Petersilie hacken.

3. Salz in das Bohnenwasser geben und Kerne darin 3–5 min bissfest kochen, abgießen, kalt abschrecken und sofort das Nudelwasser aufsetzen.

4. Bohnenkerne von der äußeren Haut befreien. Das geht ganz einfach, indem der Kern mit einem kleinen Messer angeschlitzt und dann einfach aus der Haut gedrückt wird. Diese Arbeit ist unerlässlich, da man sonst auf der doch recht dicken, harten Haut herumkaut.

5. Pasta im Wasser? Dann Pfanne auf den Herd und weiter geht's! Etwas Olivenöl rein und darin Zwiebeln und Knoblauch glasig dünsten. ►

Tomatenschnitze dazu und 2–3 min anschmurgeln. Ein paar EL vom Nudelwasser rein, das bindet schön. Kurz vor Ende der Pastakochzeit die Bohnen dazu, gut umrühren und warm werden lassen. Am Schluss mit etwas abgeriebener Zitronenschale, einem Schuss Zitronensaft, Salz, Pfeffer, Chili und Petersilie würzen.

6. Spaghetti abgießen und mit der Gemüsesauce vermischen. Ab damit auf zwei Teller, eventuell noch Veggie-Parmesan oder angeröstete Semmelbrösel drüber und schmecken lassen.

★ *Dicke Bohnen gibt es nur kurz, von Juni bis Ende August. Außerhalb der Saison kann man aber auf TK-Ware zurückgreifen.*

★ *Statt frischer Tomaten kann man alternativ auch Cocktailtomaten aus der Dose nehmen.*

Ziti

für 2–3, von Uschi Herzer, 🔈 THE CHURCH »Under The Milky Way«

Dieses Gericht hat uns zu Vegetarierzeiten unsere amerikanisch-australische Freundin Karen bei einem Besuch in Köln serviert. Wir waren total verzückt und haben etwas länger gebraucht, um es später zu veganisieren. Aber ich finde, es ist uns gut gelungen!

- *250 g Maccheroni oder Rigatoni*
- *1 Dose Pizzatomaten*
- *1 Zwiebel, fein gewürfelt*
- *1 Knoblauchzehe, fein gewürfelt*
- *Olivenöl*
- *1 EL Tomatenmark*
- *1 TL Zucker*
- *italienische Kräutermischung*
- *Salz, Pfeffer*
- *250 g Seidentofu*
- *2 EL Sojamehl*
- *4 EL Wasser*
- *2 EL Hefeflocken*
- *2 EL Margarine*
- *1 TL Senf*
- *Salz*
- *4 TL Mehl*
- *150 ml Sojadrink*
- *4 EL Hefeflocken*

1. Als Erstes werden die Nudeln bissfest gekocht – nicht verkochen lassen, denn sie werden nachher noch überbacken.

2. In der Zwischenzeit ist die Pastasauce dran. Dazu Zwiebel und Knoblauch in etwas Olivenöl anbraten. Eine Dose Tomaten dazu, Tomatenmark und Zucker rein, gut verrühren und weiterschmurgeln lassen. Mit Salz, Pfeffer und italienischen Kräutern würzen.

3. Sojamehl und Wasser verrühren (Ei-Ersatz!), dann mit Seidentofu, ordentlich Salz und Hefeflocken gut vermischen und noch mal abschmecken.

4. Eine Auflaufform einfetten und dann gibt es zwei Möglichkeiten: Entweder alle Zutaten (bis auf den Hefeschmelz) miteinander vermischen und alles in die Auflaufform befördern, oder Nudeln, Tomatensauce und Tofumischung abwechselnd übereinander schichten. Letzte Schicht sollte Tomatensauce sein.

5. Nun zum Hefeschmelz. (Wer an dieser Stelle abkürzen will, nimmt veganen Reibekäse.) Dazu die Margarine in einem Topf schmelzen, dann Senf, etwas Salz und Mehl mit dem Schneebesen unterrühren und Sojadrink sowie dann auch die Hefeflocken dazugeben. Klümpchenfrei rühren, während das Ganze eindickt. Hefeschmelz über den Auflauf geben.

6. Ab damit in den Ofen und bei 180–200 °C so lange drin lassen, bis der Hefeschmelz leicht gebräunt ist.

Zureiches Geschnetzeltes

für 2, von Joachim Hiller, 🔊 YELLO »Solid Pleasure«

In der Punk-Szene wird der Name der Schweizer Stadt gerne und sehr sinnig mit »Zureich« verballhornt. Entsprechend der Name dieses Rezeptes.

- *2 Frühlingszwiebeln*
- *1 kleiner Apfel*
- *1 große Möhre*
- *Rapsöl*
- *1 Packung (200 g) Seitan*
- *250 g Spätzle (Trockenware, oder semi-frisch oder selbstgemacht)*
- *Salz, Pfeffer*
- *Gemüsebrühepulver*
- *2 EL Mandelmus oder 1 Packung Hafercuisine*
- *2 EL Hefeflocken*
- *500 ml Wasser*
- *evtl. etwas Saucenbinder*
- *gehackte Petersilie*
- *optional: 1 Handvoll Champignons. Ich hasse Pilze, aber wer die mag …*

1. Nudelwasser aufsetzen. Wenn es kocht: Spätzle rein.

2. Frühlingszwiebeln in dünne Scheiben schneiden, den noch knackigen grünen Teil inklusive.

3. Möhre in (nicht zu) dünne Scheiben schneiden oder hobeln. Apfel schälen, vierteln und entkernen, in dünne Scheiben schneiden.

4. Das Seitanfilet der Länge nach in zwei flache Scheiben schneiden, diese dann jeweils in dünne Streifen schneiden.

5. Etwas Rapsöl in eine beschichtete, nicht zu kleine Pfanne geben. Frühlingszwiebelscheiben andünsten, Seitan dazu, leicht anbräunen, dann Karotten- und Apfelscheiben dazu (wenn es sein muss: auch Champignonscheiben).

6. Wasser dazukippen, etwas Gemüsebrühepulver, und dann Mandelmus oder Hafercuisine. Eindicken lassen. Die Konsistenz soll schön cremig sein. Falls zu dünn: mehr Mandelmus oder etwas Saucenbinder. Salz, Pfeffer, Hefeflocken.

6. Spätzle fertig? Abgießen und in die Pfanne damit. Alles vermischen und ab auf die Teller. Für die Optik noch gehackte Petersilie darüberstreuen.

Zwiebelkuchen

ergibt ein Blech, für 2 hungrige oder 4 zurückhaltende Esser, von Joachim Hiller
🔈 OLIVER ONIONS »The Very Best Of«

- *2 Gemüsezwiebeln oder 6–8 normale, große*
- *300 g Weizenmehl*
- *½ Würfel Hefe*
- *Salz, Pfeffer, Kümmel*
- *Margarine*
- *Olivenöl*
- *400–500 g Sojajoghurt (ungesüßt)*
- *100 g Cashewkerne, gemahlen*
- *1 EL Kichererbsenmehl*
- *3 EL Hefeflocken*
- *1 EL Zitronensaft*
- *Senf*

1. Zuerst kommt der Teig dran: Die Hefe in ca. 100 ml lauwarmem Wasser auflösen, dann in der Küchenmaschine oder mit dem Handrührer Mehl, 1 EL Olivenöl sowie eine Prise Salz vermischen und das Wasser-Hefe-Gemisch dazukippen. Eventuell noch etwas Wasser nachkippen, falls zu trocken. Wenn der Teig nach ein paar Minuten erste Blasen wirft, die Schüssel mit einem Geschirrtuch abdecken und den Teig an einem warmen Ort gehen lassen.

2. Nun die Zwiebeln schälen und würfeln und dann in einer großen Pfanne in Margarine dünsten, bis sie glasig sind.

3. Unterdessen die Cashewkerne mit Mixer oder Mixstab staubfein zerschreddern und dann in einem großen Becher (oder im Mixer) mit Sojajoghurt, Hefeflocken, Kichererbsenmehl, ½ TL Salz, Pfeffer, Zitronensaft und nach Geschmack Kümmel (ganz, nicht gemahlen) vermischen.

4. Nach 20–30 min sollte sich der Teig etwas aufgebläht haben und ist reif fürs Backblech. Also auf Backpapier ausrollen, dann aufs Blech damit, und nun erst die Zwiebeln auf dem Teig verteilen und dann die weiße Pampe. Schön glatt streichen und ab in den Ofen damit. Bei ca. 200 °C und Umluft sollte der Zwiebelkuchen nach gut einer halben Stunde leicht angebräunt und damit fertig sein.

★ *Dazu passt in der Zwiebelkuchensaison im Herbst junger Weißwein, ein »Federweißer«.*

★ *Die schnelle Variante ohne Mixer geht so: 1 großer Becher Sojajoghurt mit 2 EL Kichererbsenmehl, 3 EL Hefeflocken, ½ TL Salz, Pfeffer, Kümmel und 1 EL Zitronensaft vermischen. Auf fertigem, aufgerolltem Hefeteig aus dem Kühlregal erst die angedünsteten Zwiebeln verteilen und dann die weiße Masse. Ab in den Ofen.*

Für Notizen

Salate

Alles-kann-nix-muss-Salat

für 2, von Uschi Herzer, 🔈 EA80 »Mehr Schreie«

Einer unserer Lieblingswintersalate, der nach Lust und Laune kombiniert werden kann.

- *100 g Feldsalat*
- *1 Orange*
- *1 Handvoll Sonnenblumenkerne*
- *1 lila Möhre*
- *1 kleine Zwiebel, gerne rot*
- *2 Tomaten*
- *ein paar fein geschnittene Streifen Rotkohl, falls im Kühlschrank*
- *etwas Mais aus Glas oder Dose*
- *½ Schale Kresse, falls im Haus*

Für das Dressing

- *1 TL Senf (z. B. Dijon)*
- *1 TL Agavendicksaft*
- *Salz, frisch gemahlener Pfeffer*
- *2 EL Balsamico-Essig*
- *1 EL Leinöl*
- *1 EL Olivenöl*
- *1 TL TK-Kräuter*

1. Feldsalat putzen, gut waschen und schleudern.

2. Orange schälen, weiße Haut ebenfalls abknibbeln und entweder filetieren oder in Scheiben und dann in Stücke schneiden.

3. Möhre waschen und fein raspeln.

4. Zwiebel in dünne Scheiben schneiden.

5. Alles zusammen in eine schöne Schüssel geben.

6. Sonnenblumenkerne ohne Fett in einer Pfanne goldbraun rösten und über den Salat streuen.

7. Dressingzutaten mit einem kleinen Schneebesen verrühren und über den Salat kippen. Gut vermischen, Kresse obendrüber und sofort essen. MMMmmhhhh!

★ *Das Öl suche ich nach Lust und Laune aus; experimentiert selber, was euch am besten schmeckt! Hauptsache, es hat eine gute Qualität.*

★ *Gut erweiterbar mit Postelein, Rucola und Radicchio.*

★ *Statt Orange passen auch Apfel oder Birne.*

Allzweck-Kartoffelsalat

für 2, von Uschi Herzer und Joachim Hiller, 🔊 KVELERTAK »s/t«

Dieser Kartoffelsalat geht immer und passt zu allem. Joachims Oma Kristek machte den statt mit Senf nur mit Gemüsebrühe sowie natürlich mit Gewürzgurkenstückchen. Und als sie längst schon wusste, dass wir Vegetarier:innen sind, waren trotzdem Speckwürfel im Kartoffelsalat, Reklamationen wurden mit dem Hinweis abgetan, die könnten wir ja wohl rauspicken. Deshalb die Oma-Variante mit Räuchertofu als Speck-Ersatz.

- *1 kg festkochende Kartoffeln*
- *2 TL Dijon-Senf*
- *2 TL mittelscharfer Senf*
- *1 große Zwiebel, fein gehackt*
- *300 ml Gemüsebrühe*
- *2 EL Essig*
- *Salz, Pfeffer*
- *Sonnenblumenöl*
- *optional: 4 Essiggurken, in kleine Würfel geschnitten*
- *optional: Räuchertofu, fein gewürfelt*

1. Kartoffeln waschen und kochen. Abgießen, pellen und in nicht zu dicke Scheiben schneiden.

2. In der Zwischenzeit die Zwiebelwürfel in etwas Öl glasig dünsten. Dann die Brühe dazu gießen und 5 min bei mittlerer Hitze köcheln lassen.

3. Nun Senf und Essig unterrühren und das Dressing heiß über die geschnibbelten Kartoffeln kippen. Ziehen lassen.

★ *Wer will, kann nach dem Essig noch etwas Mayonnaise dazugeben.*

★ *Passt hervorragend zu Bratlingen oder paniertem Tofu.*

Avocado-Tomaten-Salat

für 2, von Uschi Herzer, 🔈 NIGHTFELL »The Living Ever Mourn«

Ja, Avocados sind ein schwieriges Thema … Sie verbrauchen sehr viel Wasser und werden in Ländern angebaut, wo eher Wasserknappheit als -überfluss herrscht. Zudem werden sie genauso in fürchterlichen Großplantagen angebaut wie so vieles andere auch. Leider sind Avocados sehr lecker und wenn doch mal eine im Einkaufskorb landet oder beim Foodsaving gerettet wird oder es im Urlaubsland heimische Avocados gibt, kann diese köstliche Vorspeise damit gebastelt werden.

- *1 reife Avocado*
- *4 Tomaten*
- *1 kleine rote Zwiebel*
- *2 EL Pinienkerne*
- *weißer Balsamico-Essig*
- *gutes Olivenöl*
- *Fleur de Sel oder normales Salz*
- *Pfeffer aus der Mühle*

1. Tomaten waschen, in Scheiben schneiden und schön auf einem großen Teller drapieren. Etwas salzen.

2. Avocado halbieren, Kern raus, schälen und quer in Scheiben schneiden. Auf den Tomaten anrichten.

3. Zwiebel schälen und in dünne Ringe schneiden, auf Tomaten und Avocado legen. Mit Salz und Pfeffer würzen, etwas Balsamico-Essig und einen guten Schuss Olivenöl drüber und … fast fertig.

4. Pinienkerne in einer beschichteten Pfanne hellbraun anrösten. Über den Salat geben und … MMMmmhhh!

★ *Dazu passen Baguette, Focaccia oder Ähnliches.*

★ *Kann mit Rucola als »Bett« ergänzt werden.*

Bohnensalat deluxe

für 4, von Uschi Herzer
🔈 THE POLICE »Outlandos D'Amour«

- *ca. 300 g grüne Bohnen*
- *frisches Bohnenkraut (optional)*
- *1 kleine rote Zwiebel*
- *2 EL Oliven, schwarz oder grün*
- *5 in Öl eingelegte getrocknete Tomaten*
- *ein paar frische Cherrytomaten (optional)*
- *2 EL Pinienkerne*
- *2 EL Balsamico-Essig*
- *2 EL Olivenöl*
- *Salz, Pfeffer*

1. Bohnen waschen, Enden kappen und halbieren oder dritteln.

2. Wasser aufsetzen, etwas salzen, Bohnenkraut dazu und Bohnen darin bissfest kochen.

3. In der Zwischenzeit Zwiebel fein würfeln und währenddessen Pinienkerne ohne Fett in einer beschichteten Pfanne hellbraun rösten. Obacht in der Pfanne! Schaut man einmal nicht hin, sind die Dinger verbrannt und der Rauchmelder geht an.

4. In einer schönen Schüssel das Dressing aus Essig, Öl, Salz und Pfeffer anrühren, Zwiebel rein und ziehen lassen.

5. Die bissfesten/weichen Bohnen abgießen und noch warm in die Marinade geben und durchmischen.

6. Getrocknete Tomaten und Oliven klein schneiden und ebenfalls dazugeben. Wer hat, gerne auch halbierte Tomätchen dazu.

7. Zum Schluss die Pinienkerne darüberstreuen und sich wundern, wie so ein schlichtes Essen so lecker sein kann.

★ *Das ist ein totaler Freestyle-Salat und die Mengen können variiert werden.*

★ *Wer zufällig noch ein Glas offen hat: geviertelte Artischockenböden passen auch.*

★ *Muss nicht lange durchziehen und ist zum sofortigen Verzehr geeignet.*

Chicoréesalat

für 2, von Joachim Hiller, 🔈 IDEAL »st«

Ein simpler, schneller und leckerer Salat eher für die kalte Jahreszeit, denn da hat der leicht bitter schmeckende Chicorée Saison.

- *2 Chicorée*
- *1 kleine Zwiebel*
- *ergänzend 1 Möhre, ½ Orange oder ½ Apfel*
- *ein paar Walnusskerne*

Für das Dressing

- *2 EL Oliven- oder Rapsöl*
- *2 EL Essig (gerne Balsamico bianco)*
- *1 TL Senf*
- *Salz, Pfeffer, TK-Kräuter*

1. Den Chicorée der Länge nach halbieren, dann mit einem V-förmigen Schnitt den harten Strunk herausschneiden. Nun in 3–5 mm dünne Scheiben schneiden.

2. Zackig die Zwiebel fein würfeln und je nach Lust und Laune eine (kleine/halbe) Möhre fein reiben und/oder ein paar Orangenschnitze filetieren bzw. einen kleinen/halben Apfel erst in dünne Spalten und dann in kleine Stücke schneiden.

3. Weil der Chicorée schnell oxidiert, flott das Dressing zusammenrühren und mit dem Salat vermischen. Jetzt noch die Walnusskerne in der geschlossenen Faust grob zerkleinern, fertig!

★ *Auch lecker: etwas Joghurt oder Mayo ins Dressing packen.*

Der Nudelsalat

für 2, von Uschi Herzer und Joachim Hiller, 🔈 CLINIC »Bubblegum«

Nudelsalat begleitet uns fast unser ganzes Leben. Früher gab es diese absolut klassische Variante oft bei uns, heute hat er fast Retro-Charakter und darf auf keiner Party fehlen.

- *250 g Spiralnudeln*
- *1 kleines Glas Erbsen-Möhren-Mischung*
- *4 große Essiggurken*
- *1 Zwiebel*
- *2 EL Sonnenblumenöl*
- *2 EL Apfel- oder Weißweinessig*
- *Salz, Pfeffer*
- *evtl. Mayo*

1. Nudeln in Salzwasser kochen. Spiralnudeln sind für Nudelsalat praktisch, weil sie das Dressing gut aufnehmen.

2. In der Zwischenzeit die Essiggurken grob und die Zwiebel fein würfeln. Möhren-Erbsen-Mischung in ein Sieb kippen, die Möhren in Ringe schneiden.

3. Nudeln abgießen, mit kaltem Wasser abbrausen (dann kleben sie nicht zusammen), abtropfen lassen und alles zusammen in eine große Schüssel kippen. Essig, Öl, Salz und Pfeffer drüber. Etwas ziehen lassen.

★ *Der eine oder andere Löffel selbstgemachte Mayo kann auch noch untergerührt werden. Dann weniger oder kein Öl nehmen, auch weniger Essig.*

Getreide mit Rote Bete als Salat

für 2, von Uschi Herzer, 🔈 REFUSED »The Shape Of Punk To Come«

Für den Salat

- *500 g frische Rote Bete (zur Not auch bereits vorgekochte aus der Packung, aber wir wollen ja eigentlich Plastik vermeiden ...)*
- *150 g gerösteter Buchweizen (z. B. aus dem russischen Lebensmittelladen)*
- *400 ml Wasser*
- *1 kleine rote Zwiebel*
- *1 Kaffeepott Walnusskerne*
- *ca. 100 g veganer Feta (kann weggelassen werden)*
- *1 Orange (für die bessere Eisenaufnahme aus der Roten Bete)*

Für das Dressing

- *3 EL Balsamico-Essig*
- *4 EL Olivenöl*
- *1 TL Senf*
- *1 TL Ahornsirup oder Agavendicksaft*
- *1 TL getrockneter Thymian und/oder italienische TK-Kräuter*
- *Salz, Pfeffer*

1. Den gerösteten Buchweizen mit etwas Salz in kaltes Wasser, geben, aufkochen und ca. 15 min leicht vor sich hin simmern lassen. Wenn der Buchweizen fertig ist, abgießen und abkühlen lassen. Das kann man auch gut schon am Vortag machen.

2. In der Zwischenzeit die Roten Beten schrubben und in ausreichend Wasser (sie sollen damit bedeckt sein) gar kochen. Das dauert je nach Größe 30–45 min. Immer wieder mal reinpiksen, ob sie schon weich genug sind. Abgießen und kalt abschrecken. Das kann man ebenfalls schon am Vortag erledigen.

3. Die Zwiebel schälen und fein würfeln. Das Dressing in einer größeren Schüssel anrühren und die Zwiebel damit vermischen.

4. Die Roten Beten schälen (falls frisch gekocht) und würfeln (ich mag die am liebsten so 1 cm groß), zum Dressing geben. Das (Pseudo-)Getreide dazugeben und gut vermischen.

5. Die Orange entweder schälen und wie auch immer klein schneiden oder schick filetieren, indem du die Schale großzügig abschälst, so dass keine weiße Haut mehr da ist, und anschließend liebevoll mit einem scharfen Messer die einzelnen Segmente herauslöst (dazu gibt es sicher ein YouTube-Video). Orange in den Salat geben.

5. Die Walnüsse grob hacken und anschließend in einer Pfanne ohne Fett anrösten. Obacht, das kokelt gehackt relativ schnell an. Den Schafskäse ebenfalls würfeln und zusammen mit den Walnüssen auf den Salat geben. Gut umrühren und am besten etwas im Kühlschrank ziehen lassen. Nachwürzen ist wahrscheinlich nötig, denn das Zeug saugt auf wie doof.

★ *Sehr lecker und gesund. Ideal zum Mitnehmen zur Arbeit, Uni, zum Picknick, Brunch etc. Schmeckt auch am nächsten und übernächsten Tag super.*

★ *Statt Buchweizen kann auch Getreide nach Belieben verwendet werden, etwa Emmer. Getreide je nach Art und Packungsanweisung zubereiten.*

Highway-Car-Crash-Salad

für 4, von Uschi Herzer, 🔈 SPLATTERHEADS »Joined At The Head«

Nicht unbedingt ein Rezept für das erste Date oder wenn die Chefin oder der Chef zum Essen kommt, denn die Hände und Fingernägel verfärben sich pink, aber dafür ist es prädestiniert für Splatterfilmfans.

- *500 g kleine Rote Bete oder vakuumverpackte vorgekochte Ware*
- *1 TL Salz*
- *1 TL Zucker*
- *4 EL Obstessig*

Rote-Bete-Dressing

- *1 EL Balsamico-Essig*
- *1 EL Raps- oder Olivenöl*
- *1 Knoblauchzehe*
- *Salz, Pfeffer*

Feldsalat

- *150 g Feldsalat*
- *1 TL Senf*
- *1 EL Balsamico-Essig*
- *1 EL Raps- oder Olivenöl*
- *Salz, Pfeffer*

Topping

- *200 g Sojajoghurt Natur, ungesüßt*
- *Saft von ½–1 Zitrone*
- *Salz*
- *1–2 TL Meerrettich, wer mag*

1. Am besten eine abwaschbare Metzgerschürze umbinden, denn das wird jetzt 'ne ganz schöne Sauerei. Zuerst in einem Topf so viel Wasser erhitzen, dass die Rüben später bedeckt sind, und Salz, Zucker und Essig dazupacken. Während das Wasser heiß wird, die roten Rübchen mit einer Bürste abschrubben. Wenn das Wasser kocht, die Rüben vorsichtig ins Wasser befördern und so lange bei mittlerer Hitze kochen, bis sie weich sind. Das dauert je nach Größe 30–60 min.

2. In der Zwischenzeit lassen sich gut der Feldsalat und die Dressings vorbereiten. Rote Bete-Dressing: Balsamico-Essig mit der zerdrückten Knoblauchzehe und etwas Salz und Pfeffer verrühren und anschließend das Öl unterrühren. Zur Seite stellen.

3. Feldsalat putzen, waschen (am besten Wasser ins Spülbecken einlaufen lassen und den Salat mehrmals darin wässern) und gut abtropfen lassen bzw. schleudern. Für das Dressing Senf, Balsamico-Essig, Salz und Pfeffer mit einem Minischneebesen sämig verrühren, anschließend das Öl unterrühren und das Dressing zur Seite stellen.

4. Für das Topping Sojajoghurt mit etwas Zitronensaft, Salz und Pfeffer verrühren und abschmecken.

5. Wenn die Rüben soweit sind, herausnehmen und mit kaltem Wasser abschrecken. Sind sie etwas abgekühlt, so dass du sie anfassen kannst, geht es ans Schälen. Das macht tierischen Spaß, denn deine Hände verfärben sich auf wundersame Weise dunkelrot – außer du trägst Latexhandschuhe. Die Farbe geht auch erst mal nicht mehr

ab … Danach die Kugeln in möglichst dünne Scheiben schneiden und noch warm mit dem vorgesehenen Dressing verrühren.

6. Zum Schluss den Feldsalat kurz mit dem Balsamico-Senf-Dressing vermischen und sofort gleichmäßig auf vier schöne Teller verteilen. Auf den grünen Feldsalat jetzt die lauwarmen Roten Beten drapieren. Zum Schluss großzügig und locker aus dem Handgelenk das Joghurttopping über den grün-roten Salat verteilen. Jackson Pollock-Fans kommen hier voll auf ihre Kosten und können sich künstlerisch austoben.

★ *Kann man mit etwas Brot oder Bratkartoffeln als vollständige Mahlzeit alleine essen, als Vorspeise servieren oder einfach zum Essen dazu servieren. Schmeckt natürlich auch kalt sehr lecker.*

Kartoffelsalat mit Gurke

für 4, von Pee und Selkie, 🔈 ROLLINS BAND »Do It«

Das Ganze geht superschnell, wenn die Kartoffeln bereits gekocht sind. Da vorausschauende Planung in der Küche nicht zu den hochentwickelten Fähigkeiten der Menschen gehört, die dieses Rezept beitragen, dauert alles etwas länger.

- *750 g Kartoffeln, festkochend*
- *250 g Sojajoghurt*
- *ca. 100 ml Gemüsebrühe*
- *1 Salatgurke*
- *2 EL Kapern*
- *mindestens 2 TL Senf (gerne eine süßere Sorte)*
- *1 mittelgroße Zwiebel*
- *Olivenöl*
- *Salz, Pfeffer, Zucker*

1. Topf mit Wasser auf den Herd, die Kartoffeln waschen und ab damit in das blubbernde, leicht gesalzene Wasser. Kochen lassen, bis sie beim Anpiksen weich sind.

2. In der Zwischenzeit, die beim Kochen von Kartoffeln ja nicht wirklich knapp bemessen ist, kann man sich dem Kleinschneiden und der Salatsauce widmen. Gurke schälen und in ca. 1 cm große Würfel schneiden. Zwiebel ebenfalls schälen und fein würfeln. Wem die Kapern zu groß sind, kann die nach dem Abspülen in einem Teesieb noch etwas klein hacken.

3. Das Dressing gleich in der großen Salatschüssel machen, dann lassen sich nachher die geschnibbelten Kartoffeln einfach unterrühren. Also: Joghurt mit Senf und einem guten Schuss Olivenöl verrühren, Gurken- und Zwiebelwürfel und Kapern untermischen und mit Salz und Pfeffer ordentlich abschmecken. Wer mag, kann vorsichtig mit etwas Zucker leichte Süße reinbringen. Da es noch eine Weile dauert, bis die Kartoffeln fertig sind, kann man die Zeit prima nutzen und sich auf YouTube die »Muppets« ansehen. »In the navy« ist ganz großer Sport, »Bohemian rhapsody« auch.

4. Wenn die Kartoffeln fertig sind, müssen sie noch gepellt und anschließend in Scheiben geschnitten werden, ehe sie ins Dressing wandern. ▸

Bei »Galileo« war mal zu sehen, wie sie die frisch gekochten Kartoffeln in Eiswasser getaucht haben, um sich das Schälen zu sparen, weil man sie dann einfach aus der Pelle drücken kann. Wir haben das ausprobiert und es hat tatsächlich funktioniert! Das Wasser muss allerdings echt eisig sein.

5. Sind die Kartoffeln schon mit dem Dressing vermischt? Nee? Na dann mal los! Wem das Ganze zu matschig ist, der kann noch einen guten Schluss Gemüsebrühe unterrühren, das hilft. Eventuell noch mit Salz und Pfeffer nachwürzen, fertig.

★ *Dazu schmecken natürlich Tofuwürstchen. Eignet sich hervorragend als Mitbringsalat. Und statt der Kapern kann man auch frischen Bärlauch (superlecker) oder Rote Bete (Supersauerei) oder Äpfel nehmen, dann aber mit Gewürzgurken aus dem Glas wie bei Mutti. Uschi empfiehlt eine Handvoll Kichererbsen dazu.*

Krasse Körner

von Uschi Herzer, 🔈 JAWBREAKER »Dear You«

»Krasse Körner« war eines der ersten Rezepte mit Getreide, an das wir uns herangetraut haben. Mittlerweile ist Getreide ein fester Bestandteil unserer Mahlzeiten, aber jetzt sind wir ja auch groß, sprich: erwachsen. Als wir uns »damals« mit vegetarischer Ernährung beschäftigt haben, war Getreide ein großes Mysterium. Wahrscheinlich auch deshalb, weil es bei uns zu Hause wenn überhaupt mal Reis gab, aber keine Körner gleich welcher Art.

- *1 große Tasse gekochter Dinkel (Emmer oder Kamut ist auch lecker)*
- *⅛ Rotkohl*
- *½ Paprika*
- *1 Möhre*
- *2 Frühlingszwiebeln*
- *½ Zucchini*
- *½ Apfel oder Pfirsich oder …*
- *Mais aus der Dose*
- *1–2 EL geröstete Sonnenblumenkerne*
- *Kresse oder Sprossen zur Deko*

Dressing

- *2 EL Olivenöl*
- *2 EL Balsamico-Essig*
- *Agavendicksaft*
- *1 TL scharfer Senf*
- *Salz, Pfeffer*
- *TK-Kräutermischung*
- *Zitronensaft*

1. Gemüse waschen, putzen und dann folgendermaßen weiterverarbeiten: Rotkohl fein hobeln, Paprika fein würfeln, Möhre fein raspeln, Frühlingszwiebeln in dünne Ringe schneiden, Zucchini fein würfeln, Obst in Scheibchen.

2. Dann das Dressing zusammenrühren, alles gut mit Dinkel und Gemüse vermischen und am besten 1–2 Stunden im Kühlschrank ziehen lassen. Danach probieren und eventuell nachwürzen.

3. Als Finish etwas Zitronensaft darüberquetschen, noch mal durchrühren und auf kleine Gläser verteilen. Mit Kresse oder Sprossen dekorieren und schmecken lassen.

★ *Der Salat ist je nach Jahreszeit und Gemüseangebot variierbar und erweiterbar mit klein geschnittenen Oliven und/oder getrockneten Tomaten.*

Lauwarmer Spargelsalat deluxe

für 2, von Uschi Herzer, 🔊 Lene Lovich »Stateless«

- *4 Stangen weißer Spargel*
- *8 Stangen grüner Spargel (Mischungsverhältnis nach Belieben!)*
- *1 Avocado*
- *2 EL Pinienkerne*
- *ein paar Blätter Rucola (aus dem Garten, yeah!)*
- *4 in Öl eingelegte getrocknete Tomaten*
- *1 TL Salz und Zucker*

Für das Dressing

- *2 EL Weißweinessig*
- *½ Senf*
- *1 TL Agavendicksaft*
- *2 EL Olivenöl*
- *1 guter Schuss Sojasahne*
- *30 ml aufgefangenes Spargelwasser*
- *Salz, Pfeffer*
- *Crema con Aceto Balsamico zum Garnieren*

1. Kleinen Topf mit Wasser aufsetzen.

2. Den weißen Spargel schälen. Je nach Qualität den grünen im unteren Drittel schälen, der Rest geht so. Bei beiden das holzige Ende abschneiden, den Rest schräg in ca. 5 cm lange Stücke schneiden.

3. Wenn das Wasser kocht, Salz und Zucker dazugeben, Spargel reinschmeißen und in ca. 5 min bissfest kochen. Ob man Salz und Zucker im Kochwasser wirklich braucht, kann ich nicht sagen. Ich mache das einfach so.

4. Sind die 5 min rum, Spargel aus dem Wasser fischen und abtropfen lassen.

5. Dressingzutaten in einer größeren Schüssel (mit Deckel) verrühren, noch gut warmen Spargel dazu, vorsichtig umrühren und Deckel drauf. Am besten jetzt ca. 30 min stehen lassen. ▶

6. In der Zwischenzeit die Pinienkerne in einer beschichteten Pfanne hellbraun rösten und zur Seite stellen. Getrocknete Tomaten etwas abtropfen lassen und in schmale Streifen schneiden. Avocado halbieren, Kern raus, schälen und quer in Scheiben schneiden.

7. Zum Schluss Avocado und Rucola vorsichtig untermischen. Große Teller aus dem Schrank holen, den Salat schön darauf anrichten, mit Pinienkernen und getrockneten Tomaten bestreuen. Schwungvoll mit der Crema ein paar hübsche Kringel auf den Salat zaubern und noch lauwarm munden lassen.

★ *Der Salat lässt sich wunderbar variieren. Er schmeckt auch ohne Avocado oder Rucola. Die getrockneten Tomaten können gegen Cocktailtomaten ausgetauscht werden usw.*

Reubensalat

für 2–3, von Uschi Herzer, 🔈 NAPALM DEATH »Apex Predator – Easy Meat«

Wer zur Hölle ist Reuben? Rubens kennt man als kunstinteressierter Mensch. Aber Reuben? Klingt wie was Illegales, ist aber eine Hommage an das Reuben-Sandwich – und das heißt so, weil sein New Yorker Erfinder in den 1920ern so hieß. Hier kann man endlich mal den Tempeh verarbeiten, der schon wieder eine Woche zu lang im Kühlschrank liegt. Zugegeben, dieses Gericht ist etwas aufwändiger, aber es lässt sich gut am Vortag vorbereiten.

Tempeh & Marinade

- *1 Pack Tempeh (ca. 200 g)*
- *3 EL Sojasauce*
- *1 EL Ketjap Manis*
- *2 EL Ahornsirup*
- *2 EL Barbecuesauce (oder Ketchup)*
- *1 TL Smokey Salt oder ½ TL Liquid Smoke oder geräuchertes Paprikapulver*
- *Öl zum Braten*

Croutons

- *3 Scheiben altbackenes Vollkornbrot*
- *1–2 Knoblauchzehen, in Scheiben geschnitten*
- *1 EL italienische Kräuter, getrocknet*
- *Salz*
- *Olivenöl zum Anbraten*

Salat

- *1 Apfel*
- *2 EL Zitronensaft*
- *500 g Rotkohl oder Spitzkohl (was gerade verfügbar ist)*
- *250 g Sauerkraut*

Dressing

- *½–1 kleines Glas vegane Mayo*
- *1–2 EL Ketchup*
- *2 EL gehackten Dill oder Gurken-Relish*
- *1 kleine Zwiebel, fein gehackt*
- *½ TL Tabasco*

1. Für die Croutons die Brotscheiben in Würfel (ca. 1 cm Kantenlänge) schneiden. Eine Pfanne aus dem Schrank holen, etwas Olivenöl rein, erhitzen, Knoblauchscheiben dazu und kurze Zeit später die Brotwürfel. Die getrockneten Kräuter drüber und unter regelmäßigem Schütteln und Rütteln von allen Seiten leicht anbräunen. Zwischendurch leicht salzen. Aus der Pfanne nehmen, dabei den angekokelten Knoblauch in der Pfanne lassen, und abkühlen lassen. Die Croutons halten sich in einer Tupperdose im Kühlschrank ca. 1 Woche.

2. Den Tempeh je nach Form entweder der Länge nach dritteln und in ca. 5 mm dicke Scheiben schneiden oder, falls ihr einen runden gekauft habt, der Länge nach halbieren oder vierteln und ebenfalls in 5 mm dicke Scheiben schneiden. In einer Schüssel/Dose mit Deckel die Zutaten für die Marinade verrühren. Hier darf gerne locker aus dem Handgelenk gemischt werden. Dann die Tempehstücke lagenweise in die Pampe tauchen, umdrehen und wieder herausnehmen und dabei etwas abschütteln. So lange wiederholen, bis alle T-Stücke mit der Marinade in Berührung gekommen sind. Alles wieder in die Schüssel geben, Deckel drauf und ab damit in den Kühlschrank. Mindestens 30 min ziehen lassen, gerne auch über Nacht.

3. Für den Salat welke Blätter vom Kohl entfernen, anschließend vierteln und in feine Scheiben schneiden – das geht am schnellsten mit einem Gurkenhobel. Den Apfel achteln, in Scheiben schneiden und mit dem Zitronensaft vermischen.

4. Für das Dressing einfach alle Zutaten mit einem Schneebesen verrühren, fertig. Mayo-Menge nach Belieben. In einer großen Schüssel Kohl, auseinander gezupftes Sauerkraut und Apfelstücke vermischen, Dressing drüber und gut mit einem Salatbesteck durchackern, bis alles schön vermischt ist. Zum Schluss die Croutons untermischen.

5. Pfanne aus dem Schrank holen, etwas Öl rein, Tempeh dazu und von allen Seiten anbraten, bis der Kram leicht gebräunt ist. Wenn die Pfanne klein ist, die Braterei auf zwei bis drei Mal verteilen, damit jedes Stück Pfannenbodenkontakt hat. Aus der Pfanne nehmen und zur Seite stellen.

6. Zum Schluss entweder den Krautsalat auf Tellern anrichten und die lauwarmen Tempehstücke schön darauf drapieren oder Tempeh in die Salatschüssel geben, vorsichtig durchmischen und auf die Teller verteilen.

★ *Dazu gibt's gerne noch Bratkartoffeln. Dann ist das ein Salat, der eigentlich ein Mittagessen ist.*

Salat rot-grün

für 2–3, von Joachim Hiller, 🔊 SAMIAM »Astray«, der perfekte Soundtrack zum Raspeln!

Nachdem unsere Gurkenpflanzen extrem viel Nachwuchs produzierten, gab es den Sommer über Gurken in allen Varianten. Eine Option, die Plage zu bekämpfen, ist dieser Salat, den es schon bei meiner Oma immer gab (ohne die Sonnenblumenkerne).

- *1 Gurke*
- *1 roter Rettich*
- *1 Handvoll Sonnenblumenkerne*
- *4–5 EL Sojajoghurt ungesüßt*
- *Apfel- oder Weißweinessig*
- *Schnittlauch*
- *Salz, Pfeffer*

1. Gurke und Rettich waschen, aber nur schälen, wenn es sein muss. Beides grob raspeln und dabei auf die Finger aufpassen.

2. Dann einen guten Schuss Essig, 4–5 EL Sojajoghurt und ordentlich Salz und Pfeffer dazu, gut umrühren. Eventuell noch mal Joghurt nachkippen.

3. Kerne in einer Pfanne goldbraun rösten, herausnehmen.

4. Schnittlauch in Röllchen schneiden (1–2 EL) und zusammen mit den Kernen zum Salat geben. Gut durchmischen und abschließendes Finetuning in Sachen Würzung.

★ *Roter Rettich ist bei uns in Solingen oft schwer zu bekommen, als Ersatz eignen sich Radieschen.*

Sauerkraut-Salat

für 4, von Oma Kristek, 🔈 HOLE »Live Through This«

Der Oma-Kristek-Gedenksalat ist natürlich am gesündesten mit frischem, selbstgemachtem Sauerkraut – oder das, das man offen im Bioladen kaufen kann. Dann ist es Superfood hoch zehn, denn es ist reich an Vitaminen (allen voran Vitamin C), Mineralstoffen und Antioxidanzien und durch die Fermentation gut für die Darmbakterien. Aber Obacht! Besser nicht die ganze Portion auf einmal essen – bei Ungeübten kann rohes Sauerkraut ganz schön nach hinten losgehen.

- *500 g Sauerkraut*
- *1 Karotte*
- *1 kleine Zwiebel*
- *1 rote und 1 gelbe Paprika*
- *Dill*
- *2 TL Senf*
- *2 TL Agavendicksaft*
- *2 EL Öl*
- *Salz*

1. Sauerkraut ohne Saft aus der Verpackung nehmen und etwas »auseinanderreißen«.

2. Die Paprika in schmale Streifen schneiden, die Karotte raspeln und die Zwiebel fein hacken.

3. Aus Senf, Öl, Agavendicksaft, Dill und Salz eine Sauce rühren, über das Gemüse (samt Kraut) geben und gut durchmischen.

Schwäbischer Kartoffelsalat

für 2–3, von Petra Veser, 🔈 COLDPLAY »A Rush Of Blood To The Head«

Wir lieben Kartoffelsalat! Ob das daran liegt, dass wir beide aus Süddeutschland kommen, weiß ich nicht. Aber ein Leben ohne Kartoffelsalat ist für uns nicht vorstellbar. Er ist bei uns ein traditionelles Sonntagabendessen mit wahlweise Vischstäbchen, paniertem Schnitzel oder Bratwürstchen. Dank an Petra für diese perfekte Variante!

- *1½–2 kg Kartoffeln*
- *1 Zwiebel*
- *500 ml Gemüsebrühe*
- *3–4 EL Essig*
- *3–4 EL Öl (halb geschmacksneutral, halb Olivenöl)*
- *Salz, Pfeffer*
- *1 TL Senf*

1. Kartoffeln kochen, sofort pellen und in dünne Scheiben schneiden. Zwiebel in kleine Würfel schneiden und auf die Kartoffeln geben. Salzen, pfeffern.

2. Den Senf mit dem Essig verrühren und einen Teil der Gemüsebrühe mit dazugeben. Alles über die Kartoffeln geben, verrühren und ziehen lassen, bis es etwas abgekühlt ist.

3. Dann kann das Öl zum Salat und man sollte nachwürzen, vielleicht muss auch noch Gemüsebrühe dazu, denn je nach Kartoffelsorte braucht es da mal mehr und mal weniger. Fertig!

★ *Joachims Tipp: Wenn man sehr gute, feste Salatkartoffeln hat, kann man die auch dünn über einen Gurkenhobel ziehen.*

Spargel-Couscous-Salat

für 2, von Uschi Herzer, 🔊 DAG NASTY »Can I Say«

Dieser Salat ist prima, um Couscous-Reste zu verwerten. In kleine Weckgläser abgefüllt, macht er auch als Vorspeise richtig was her.

- *ca. 1 Glas gekochter Couscous*
- *½ Glas eingelegte getrocknete Cocktailtomaten (die sind etwas weicher als normale)*
- *½ Bund grüner Spargel*
- *1 Handvoll gekochte Linsen*
- *1 EL Pinienkerne*
- *heller Balsamico-Essig*
- *Olivenöl*
- *Salz, Pfeffer*
- *Basilikum oder Petersilie*

1. Spargel waschen, je nach Dicke das untere Drittel schälen, holzige Enden abschneiden und dann in ca. 3 cm große schräge Stücke schneiden. Die Köpfe in eine separate Schüssel geben.

2. Etwas Wasser in einem Topf erhitzen, Salz rein und die Spargelstücke darin 3 min blanchieren. Dann die Köpfe dazu und noch mal 1 min köcheln lassen. Abgießen und mit kaltem Wasser abschrecken.

3. Pinienkerne in einer beschichteten Pfanne unter Aufsicht leicht bräunen. Wer Pinienkerne öfter verwendet, weiß, dass sie ziemliche Mimosen sind und verdammt schnell einen Sonnenbrand bekommen.

4. Kräuter so fein hacken, wie man es gerne mag.

5. In einer Schüssel jetzt alle festen Zutaten vermischen und dann nach Gusto Essig, Öl, Salz und Pfeffer und Kräuter drüber kippen oder alles brav in einer kleinen Schüssel ordentlich mit den Kräutern verrühren und über den Salat geben.

6. Etwas ziehen lassen, eventuell noch mal würztechnisch nachjustieren und sich freuen, dass man nix weggeschmissen hat.

★ *Lässt sich gut mitnehmen und auch noch am nächsten Tag essen.*

Yummy Rotkohlsalat

für 4, von Uschi Herzer, ASTA KASK »Handen På Hjärtat«

- *½ kleiner Rotkohl (ca. 500 g)*
- *2 Orangen*
- *1 Apfel*
- *6 EL Olivenöl*
- *3 EL Balsamico-Essig*
- *1 EL Agavendicksaft*
- *Chili*
- *Salz, Pfeffer*
- *1 Handvoll Walnüsse (am liebsten frisch aus der Schale)*

1. Den Rotkohl auf dem Gurkenhobel in feine Streifen hobeln. Anschließend zusammen mit ½–1 TL Salz intensiv durchkneten, damit die Struktur etwas aufbricht.

2. Orangen mit einem scharfen Messer von der Schale und der weißen Haut befreien. Anschließend quer in Scheiben und die wiederum in größere Stücke schneiden. Den Apfel vierteln, entkernen und ebenfalls in Scheiben schneiden. Beides zum Rotkohl geben.

3. Jetzt eine Marinade aus Essig, Öl, Agavendicksaft, Pfeffer und etwas Chili anrühren und gut mit dem Salat vermischen. Zum Schluss noch die Walnüsse knacken, in grobe Stücke hacken und zum Salat geben.

4. Am besten das Ganze jetzt ein paar Stunden im Kühlschrank ziehen lassen, gerne auch über Nacht. Wenn nötig, noch mal abschmecken. Lecker! Und so gesund.

★ *Im Sommer auch lecker mit Pfirsichen statt Orangen.*

Süßes

Brummbär-Panna Cotta

für 4, von Uschi Herzer, 🔈 CRUSADES »Perhaps You Deliver This Judgement With Greater Fear Than I Receive It«

- *150 g Brombeeren oder Waldbeeren (TK-Ware) oder frische Brombeeren und/oder Himbeeren aus dem Garten*
- *1 + 3 EL Zucker*
- *400 ml vegane Sahne (Soja-Cuisine)*
- *½ Beutel Agartine oder 5 g Agar Agar*
- *½ TL gemahlene Vanille*
- *1 TL Speisestärke*

1. Die (TK-)Beeren mit 1 EL Zucker aufkochen und ca. 10 min leicht köcheln lassen. Anschließend pürieren und durch ein Sieb streichen.

2. 3 EL Zucker, Agartine, Vanille und Speisestärke in eine kleine Schüssel geben und gut vermischen.

3. Sojasahne mit der Beerenpampe auf 500 ml auffüllen und alles in einen kleinen Topf geben. Mit einem Schneebesen die Pulvermischung unterrühren und das Ganze unter ständigem Rühren erhitzen. Aufkochen und 2 min leicht sprudelnd kochen lassen.

4. In der Zwischenzeit vier schöne Gläser im Schrank suchen. Ich bevorzuge Weingläser oder kleine Weckgläser mit Deckel. Nach den 2 min die Masse gleichmäßig auf die vier Gläser verteilen, etwas abkühlen lassen und ab damit in den Kühlschrank. Dort mindestens 3 Stunden verweilen lassen, bis das Zeug fest ist.

5. Jetzt noch nach Lust und Laune dekorieren (ein paar Beeren, Minzblättchen …) und mampfen.

★ *Es sieht auch nett aus, wenn du auf den Glasboden etwas Früchte gibst und die Pampe drüberkippst.*

★ *Lecker schmeckt das z. B. auch mit marinierten Pfirsichen oder Orangen als eine Art Kompott dazu.*

★ *Wer das Ganze von der Konsistenz her richtig fest mag, sollte ein ganzes Päckchen Agartine nehmen.*

Erdbeer-Bananen-Sorbet

für 4, von Joachim Hiller, 🔈 RAMONES »This ain't Havana«

Damit dieses Gericht gelingt, bedarf es eines brauchbaren, leistungsstarken Standmixers. Und es geht fast so schnell, wie der RAMONES-Song kurz ist.

- *2 Bananen*
- *250 g Erdbeeren (außerhalb der Saison TK-Ware)*
- *Agavendicksaft*
- *Pflanzensahne*
- *Minzblätter*

1. Sofern man mit frischen Erdbeeren arbeitet: putzen und einfrieren! Oder gleich Tiefkühlware verarbeiten.

2. Die Bananen schälen und in den Mixer werfen, den einen oder anderen EL Agavendicksaft und etwas Sahne dazu.

3. Jetzt wird's laut: Gefrorene Erdbeeren in den Mixer und Vollgas geben. Nach kurzer Zeit sollte sich der Inhalt bereits zu einer zähen Eispampe verwandelt haben.

4. Jetzt muss alles schnell gehen, denn das Zeug schmilzt schneller, als einem lieb ist. Also mit einem Gummischaber in (vorgekühlte) Schüsselchen kratzen und servieren.

Mousse au Chocolat

reicht mit Obst für 4, solo für 2, von Uschi Herzer
🔈 Mario Lanza »... Sings The Hit Songs From The Student Prince And Other Great Musical Comedies«

Mit dieser extrem leckeren Mousse au Chocolat haben wir noch jede:n gekriegt! Das Wichtigste für dieses Rezept ist ein Pürierstab oder Standmixer, denn ohne kriegt man den Seidentofu nicht schön cremig. Los geht's!

- *200 g Seidentofu (keinesfalls normalen Tofu nehmen, das gibt nur Frust, weil es nicht schmeckt!)*
- *1 Päckchen Vanillezucker*
- *75 g Zartbitterschokolade. (ich nehme »Nirwana Noir mit Trüffelfüllung« von Rapunzel, weil die nicht so bitter schmeckt und eine Nusscreme als Füllung hat)*

1. Die Schokolade zerbröckeln und im Wasserbad* langsam schmelzen lassen.

2. Parallel dazu schmeißt du den Seidentofu in den Mixer und matschst schon mal vor. 1–2 min auf der Turbostufe und gut is.

3. Wenn die Schokolade geschmolzen ist, gibst du sie ebenfalls in den Mixer, V-Zucker dazu und noch mal gut durchmixen. Dann ab damit in vier dekorative Gläser und für 3–4 Stunden in den Kühlschrank.

4. Wer mag, kann die Mousse vor dem Servieren noch mit Schokostreuseln, Amaretti, frischen Himbeeren oder Ähnlichem hübsch machen.

**Wasserbad: Eine hitzebeständige Schüssel oder ein kleines Edelstahltöpfchen oder einen kleinen Glasmessbecher in einen Topf mit heißem Wasser hängen (ohne Bodenkontakt!); die Flamme dabei auf klein stellen; das Wasser darf nicht sprudeln! Zerbröckelte Schoko in das Gefäß und warten, was passiert. Ab und an durchrühren. Wichtig ist, dass das Wasser nicht mit der Schokolade in Berührung kommt. Wer ein:e Klugscheißer:in ist und die Schokolade einfach im Topf schmelzen will, wird sehen, was er/sie davon hat. Garantiert aber eine Riesensauerei!*

Pancakes, wie das Ox sie mag

für 2, wenn es noch was anderes zum Frühstück gibt, von Uschi Herzer, 🔊 LEATHERFACE »Mush«

Sonntags haben wir meist ein bisschen mehr Zeit zum Frühstücken und dann gibt es schon mal Pancakes.

- *75 g Mehl (ich nehme gerne Dinkelvollkornmehl, man kann aber auch halbe-halbe machen oder Weißmehl nehmen)*
- *1 gestrichener TL Backpulver*
- *1 TL Agavendicksaft*
- *1 Prise Salz*
- *100–125 ml Pflanzenmilch*
- *1 Banane*
- *2 EL Walnüsse, grob gehackt*
- *Ahornsirup*
- *Öl*

1. Einfach nur Mehl, Backpulver und Salz miteinander vermischen.

2. Dann so viel Pflanzenmilch mit einem Schneebesen unterrühren, bis die Pampe eine nicht zu flüssige (wie Pfannkuchenteig), aber auch nicht zu feste (wie eine Creme) Konsistenz hat. Agavendicksaft unterrühren.

3. Als Letztes noch eine halbe gewürfelte (oder mit der Gabel grob zerdrückte) Banane und gut die Hälfte der Walnüsse unterrühren, fertig.

4. Pfanne aus dem Schrank holen und etwas Öl reingeben (mittlere Temperatur). Jetzt jeweils ½ Schöpfkelle Teig in die Pfanne geben und so viele Häufchen in die Pfanne setzen, wie darin Platz haben (3–4). Dann einfach so vor sich hin brutzeln lassen, ohne den Teig noch extra zu verstreichen. Der macht das alles nämlich schon von selbst richtig.

5. Nach ca. 3–4 min oder wenn die Ränder leicht braun werden, die Pancakes mit einem Pfannenwender umdrehen und noch mal ein paar Minuten brutzeln lassen.

6. Haben die Teile die gewünschte Bräune erreicht, aus der Pfanne nehmen und auf einem Teller im auf 50 °C vorgeheizten Ofen warmhalten.

7. So weiter verfahren, bis der Teig aufgebraucht ist. Sind alle Pancakes gebacken, kommen jeweils 2–3 auf einen Teller. Noch eben die zweite Bananenhälfte in Scheiben geschnibbelt drüber, locker aus dem Handgelenk die restlichen Walnüsse darauf gestreut und zum Schluss etwas Ahornsirup on top. Ist das lecker oder ist das lecker?

★ *Statt Bananen kann man auch (TK-) Heidelbeeren in den Teig geben.*

Stachelbeer-Bananen-Marmelade

ergibt ca. 8 kleinere Gläser, von Uschi Herzer, 🔊 THE BABOON SHOW »The World Is Bigger Than You«

In einer Beziehung kommt es ja schon mal vor, dass der eine etwas total gerne mag, was die andere absolut nicht leiden kann … In unserem Fall sind das Stachelbeeren. Fast kein Obst kann unsere Gemüter so erhitzen wie Stachelbeeren – ich mag schon die Haptik im Mund nicht: feste, beinahe schon harte Schale, die beim Reinbeißen so richtig aufplatzt und zum Vorschein kommt glibberiges, meist saures Fruchtfleisch mit Kernen. Bah! Joachim hingegen liebt Stachelbeeren und so befindet sich auch ein Strauch davon in unserem Garten. Essen kommt für mich zu keiner Sekunde infrage, also was tun mit den Kilos? Wir haben die Lösung gefunden – einfach leckere Marmelade kochen! Die süße Banane ergänzt die saure Beere perfekt. Und schön zermust stimmt auch das Mundgefühl!

- *800 g Stachelbeeren, geputzt*
- *300 g reife Bananen (ohne Schale gewogen)*
- *500 g Gelierzucker 2:1 (ich bevorzuge Bioware, da ist kein Mist drin)*
- *ca. 8 Gläser mit Twist-off-Verschluss; prima zur Zweitverwertung eignen sich die hübschen Brotaufstrichgläser*

1. Die wichtigste Tätigkeit zuerst: im Keller leere Gläser mit Deckel suchen, aufgeschraubt zusammen mit den Deckeln in kochend heißes Wasser legen und ein paar Minuten drin liegen lassen. Die Gläser müssen komplett unter Wasser sein.

2. Zweitwichtigste Tätigkeit ist: einen großen Topf aus dem Schrank holen, Stachelbeeren und mit der Gabel zerquetschte Bananen reingeben, die ganze Packung Zucker dazu und umrühren. Volle Pulle erhitzen.

3. Die Gläser und Deckel mit einem Kochlöffelstiel oder einer Pastazange aus dem heißen Wasser holen und auf einem sauberen Geschirrtuch abtropfen lassen; nicht abtrocknen!

4. Wenn die Obstmischung blubbert, den Timer starten – Marmelade je nach Zuckerprodukt 3–4 min kochen lassen und die Hitze nur soweit reduzieren, dass die Pampe nicht überkocht. Mit einem Pürierstab die Masse je nach Belieben fein oder stückig pürieren. Gelierprobe machen (ein paar Tropfen auf einen kalten Teller geben und schauen, ob die Masse sofort fest wird) und die Marmelade entweder in einen Messbecher füllen oder so lange weiterkochen lassen, bis die Festigkeit stimmt.

5. Jetzt die Gläser umdrehen und nebeneinander auf der Arbeitsfläche aufstellen. Ungemein hilfreich ist beim Abfüllen in die Gläser ein spezieller Marmeladetrichter; der kostet nicht viel, sorgt aber dafür, dass nix daneben geht. Also: Gläser bis fast zum Rand füllen, Deckel draufschrauben und für ein paar Minuten auf den Kopf stellen, damit ein Vakuum entstehen kann.

6. Gläser wieder umdrehen und mit einem schönen, selbstgemachten Etikett versehen.

★ *Es lassen sich auch prima TK-Stachelbeeren aus der letzten Gartensaison verwenden.*

★ *Sowieso lässt sich aus so ziemlich allem Obst nach diesem Rezept Marmelade kochen. Wer es einmal erfolgreich ausprobiert hat, kauft nie wieder im Supermarkt.*

Kuchen

Anything-goes-Muffins

für 12 Stück, von Joachim Hiller, 🔊 MARTHA AND THE MUFFINS »Metro Music«

(Vegane) Muffinrezepte gibt es viele, für uns hat sich dieses aber als Allzweckwaffe erwiesen, bei freier Wahl der »Schmuckzutaten« Obst, Schokolade, Nüsse und Gewürze. Wer experimentiert, gewinnt!

- *250 g Weizenvollkornmehl*
- *2 TL Backpulver*
- *½ TL Natron*
- *1 Prise Salz*
- *150 g Zucker (Rohr-, braun, egal)*
- *250 g Kirschen (wir hatten TK-Kirschen vom letzten Sommer)*
- *2 EL gemahlene Haselnüsse*
- *⅓ Tafel klein gehackte Zartbitterschokolade*
- *1 EL Instant-Kaffeepulver (kann man auch weglassen)*
- *Zimt, Menge nach Geschmack*
- *1 TL Kakaopulver*
- *2 EL in Rum eingelegte Rosinen (selber machen!)*
- *1 Ei-Ersatz (wir nehmen 1 EL Sojamehl und 2 EL Wasser)*
- *80 ml Sonnenblumenöl*
- *160 ml Sojamilch oder anderer Pflanzendrink*
- *1 TL Obstessig*
- *12er-Muffinform*
- *12 Silikonförmchen (wer hat)*

1. Sojamilch mit dem Obstessig verrühren und kurz stehen lassen. Backofen auf 180 °C Ober-/Unterhitze oder 160 °C Umluft vorheizen.

2. Alle trockenen Zutaten mit einem Löffel verrühren.

3. Klein gehackte Kirschen und Rosinen unterrühren.

4. Zum Schluss Ei-Ersatz, Sojadrink und Öl vorsichtig unterrühren – mit einem Löffel, nicht mit dem Mixer.

5. Ab damit in die 12 Muffinformen (Papier- oder Silikonförmchen nicht vergessen!) und ca. 25 min backen. Am besten machst du eine Stäbchenprobe: Bleibt beim Reinpiksen am Holzspieß was hängen, Ofen wieder zu und nach 5 min noch mal nachschauen.

6. Vorsichtig aus der Blechform holen, auf ein Rost setzen, etwas auskühlen lassen, raus aus der Silikonform nehmen (sonst werden sie feucht) und aufessen.

Allround-Rhabarberkuchen

von Uschi Herzer, 🔈 WIPERS »Youth Of America«

- *750 g Rhabarber*
- *100 g Zucker*
- *1 Päckchen Vanillepuddingpulver*
- *150 g Margarine*
- *120 g Zucker*
- *260 g Weizenvollkornmehl*
- *½ TL Zimt*
- *60 g gehackte Walnüsse oder Mandeln*
- *1 Prise Salz*

1. Als Erstes kommt die Sauerei: Rhabarber waschen, mit dem Sparschäler schälen und dann in kleine Stücke (0,5 cm) schneiden. In einer Schüssel mit 100 g Zucker und Vanillepuddingpulver ordentlich vermischen und zur Seite stellen.

2. Jetzt schon daran denken, den Ofen vorzuheizen: 180 °C Ober-/Unterhitze passt.

3. Als Nächstes weiche Margarine und Zucker in der Küchenmaschine aufschlagen. Mehl, Zimt, Nüsse und Salz dazugeben und so lange rühren (lassen), bis alles schön vermischt ist.

4. Je nachdem, was in deinem Haushalt vorrätig ist, suchst du im Schrank die eckige Backform für die Brownies (ca. 18 × 28 cm), und fettest sie gut ein oder nimmst wie ich ein olles Backblech, legst Backpapier drauf und bastelst aus einem zusammensteckbaren Metallbackrahmen ein Viereck. Größe siehe oben.

5. Jetzt etwas mehr als ¾ des Krümelteigs gleichmäßig auf dem Boden der Form festdrücken. Der Rest ergibt die Streusel. Rhabarberpampe schön auf dem Teig verteilen, Streusel oben drüber und schon ist das Ganze fertig.

6. Kuchen in den Ofen schieben und erfahrungsgemäß 35 min drin lassen. Die Streusel sollten eine leichte Bräunung haben. Rausnehmen, etwas abkühlen lassen, fett vegane Sprühsahne obendrauf und glücklich sein.

★ *Geht auch gut mit Kirschen, Himbeeren, Aprikosen …*

Cookiemonster

ergibt 14 Kekse, von Uschi Herzer, 🔈 U2 »War«

Diese Cookies sind entstanden, weil wir die Nase voll hatten von dem ganzen Verpackungsmüll, den Kekse so mit sich bringen. Außerdem ist kein Palmöl drin und der Zucker kann nach Belieben variiert werden.

- *125 g feine Haferflocken*
- *80 g Vollkorndinkelmehl*
- *70 g Dattelsüße, Kokosblütenzucker oder Rohrohrzucker*
- *1 Päckchen Vanillezucker (besser: selbstgemacht)*
- *50 g getrocknete Kirschen, grob gehackt (optional Cranberries)*
- *30 g Zartbitterschoko, gehackt*
- *1 TL Zimt*
- *1 TL Natron*
- *eine Prise Salz*
- *60 ml Pflanzendrink*
- *70 ml neutrales Öl*
- *abgeriebene Schale einer Bio-Orange*

1. Backofen auf 180 °C vorheizen und ein Backblech mit Backpapier belegen.

2. Alle trockenen Zutaten inklusive Kirschen und Schoki in einer Schüssel verrühren, anschließend die feuchten Zutaten und Orangenschale dazugeben und erst grob mit einem Löffel, dann mit den Händen zu einem halbwegs homogenen Teig verkneten.

3. Esslöffelgroße Stücke vom Teig abnehmen und zu Kugeln formen; zur Not noch mal etwas kneten, wenn der Teig zu bröselig ist. Die Kugeln auf's Backblech setzen, etwas flach drücken und lose Teile andrücken, falls da was auseinandergefallen ist.

4. Nach 15 min sollten die Kekse fertig sein. Achtung, nicht täuschen lassen, die Cookies fühlen sich frisch aus dem Ofen recht weich an. Vollständig auf dem Blech abkühlen lassen, in einer Dose verstecken und jeden Tag einen Cookie zum Espresso knabbern.

Apfel-Mandel-Muffins

für 12 Stück, von Uschi Herzer, 🔈 Sharon Van Etten & Angel Olsen »Like I Used To« (Song)

Diese Muffins passen hervorragend in die kältere Jahreszeit.

- *2 Äpfel*
- *220 g Vollkornmehl*
- *1 TL Backpulver*
- *100 g Zucker*
- *150 ml Pflanzendrink (es passt alles)*
- *75 g Mandeln in Stiften*
- *100 ml Apfelsaft*
- *50 g Rosinen*
- *150 g weiche Margarine*
- *2 Ei-Ersatz (Sojamehl, Apfelmus, Chiasamen etc.)*
- *1 TL gemahlene Vanille oder 1 Päckchen Vanillezucker*
- *1½ TL Zimt*
- *12er-Muffinform*
- *12 Silikonförmchen (wer hat)*

1. Schon mal den Ofen auf 180 °C vorheizen.

2. Dann sind die Rosinen dran: Apfelsaft in einem kleinen Topf erhitzen, Rosinen rein und Topf zur Seite stellen.

3. Jetzt die Äpfel in kleine Würfel schneiden; vorher natürlich entkernen. Kleine Pfanne aus dem Schrank holen, etwas Margarine rein, schmelzen lassen und Apfelwürfel und Mandeln darin 3–4 min anbraten. Die Hälfte der gemahlenen Vanille rein, umrühren und etwas ziehen lassen.

4. Margarine mit Zucker und dem Rest der gemahlenen Vanille schaumig rühren. Ei-Ersatz dazu und gut verrühren. Jetzt noch das Mehl mit dem Backpulver mischen und abwechselnd Pflanzendrink eurer Wahl unterrühren. So lange rühren, bis ein glatter Teig entstanden ist.

5. Rosinen abgießen und in die Apfel-Mandel-Masse rühren. Ungefähr die Hälfte davon unter den Muffinteig heben.

6. Muffinform suchen, finden und am besten mit Silikon- oder Papierförmchen bestücken; geht natürlich auch ohne. Dann den Teig gleichmäßig auf die 12 Förmchen verteilen. Zum Schluss die restliche Apfel-Mandel-Mischung schön auf den Muffins verteilen und ganz leicht andrücken. Ab damit in den vorgeheizten Backofen und 25–30 min backen, bis sie schön hellbraun sind. Kurz in der Form abkühlen lassen, herausnehmen und weiter abkühlen lassen oder sofort mampfen. Ahhhhh!

★ *Halten sich gut bis zum nächsten Tag.*

Banana Bread

von Uschi Herzer

🔈 EARTH CRISIS »Destroy The Machines«

Ich wusste tatsächlich lange nicht, was sich hinter Bananenbrot versteckt, und es hat lange gedauert, bis ich diese famose Resteverwertung für uns entdeckt habe. Einmal ausprobiert, gibt es Banana Bread spätestens dann, wenn mal wieder zu viele Bananen gleichzeitig sehr reif geworden sind oder sie im Bioladen verschenkt werden, da nicht mehr verkäuflich.

- *240 g Weizenvollkornmehl*
- *3 TL Backpulver oder Natron*
- *½ TL Salz*
- *110 g Zucker*
- *120 ml Sonnenblumen- oder Rapsöl*
- *120 ml Pflanzendrink*
- *3–4 reife Bananen*
- *70 g gemahlene Nüsse*
- *Margarine zum Einfetten*
- *Kastenbackform*

1. Banana Bread ist total simpel! Zuerst Mehl, Backpulver und Salz in einer Schüssel vermischen.

2. Bananen auf einem großen Teller am besten mit einer Gabel zerquetschen. Anschließend Zucker, Öl, Pflanzendrink und Bananenmatsch gut verrühren. Das klappt am leichtesten mit einer Küchenmaschine oder einem Handrührgerät. Wenn eine homogene Masse entstanden ist, zum Schluss die Nüsse und die Mehlmischung dazugeben und ordentlich durchrühren.

3. Spätestens jetzt den Ofen auf 175 °C vorheizen, die Backform leicht mit Margarine einfetten und mit etwas Mehl bestäuben. Den Kuchenteig in die Form füllen und glatt streichen. Jetzt muss das Ganze noch für 50 min in den Ofen. ▶

4. Um sicher zu gehen, dass das Banana Bread wirklich fertig ist, machst du die Stäbchenprobe. Dazu einfach mit einem hölzernen Zahnstocher oder etwas Ähnlichem in den Kuchen piksen. Bleibt nix mehr am Stäbchen kleben, ist das Teil fertig. Wenn noch etwas haften geblieben ist, einfach noch mal für ein paar Minuten in den Ofen schieben.

5. Das Banana Bread etwas auskühlen lassen, bevor du es aus der Form stürzt. Yummy!

★ *Bleibt lange saftig und lässt sich gut einfrieren.*

Der ultimative Käsekuchen

von Uschi Herzer, 🔈 Bob Mould »Blue Hearts«

Käsekuchen vegan hinzubekommen, war für mich gar nicht so einfach. Viele Kuchen und Erfahrungen später kam dieses Rezept heraus, das ich tatsächlich als gelingsicher betiteln würde. Der Obstspiegel hat zwei Vorteile: Erstens gibt er dem Kuchen eine schöne Säure und zweitens versteckt er die oft nicht ansprechend aussehende Oberfläche. Die Menge passt für eine normale runde Backform von 26 cm Durchmesser.

Teig

- *150 g Margarine*
- *75 g Puderzucker*
- *1 Prise Salz*
- *240 g Mehl*
- *30 g Pflanzendrink*

Füllung

- *1 kg Sojajoghurt (optional Vanille, evtl. Zucker reduzieren)*
- *2 Päckchen Vanillepuddingpulver*
- *100 g Zucker*
- *Saft und abgeriebene Schale einer halben Zitrone*
- *170 g Margarine, geschmolzen*

Guss

- *100 g (TK-)Beeren deiner Wahl (ich mag Himbeeren oder gemischte Waldbeeren am liebsten)*
- *1 Päckchen Tortenguss*
- *30 g Zucker*
- *250 ml Wasser*

1. Ofen vorheizen auf 180 °C.

2. Jetzt ist als Erstes der Boden dran. Semi-kalte Margarine in Flocken mit dem Puderzucker verkneten, dann die restlichen Zutaten dazu und weiter flott zu einem Teig kneten.

3. Backform fetten oder mit Backpapier auskleiden und ¾ des Teiges gleichmäßig auf dem Boden flach drücken. Ab damit in den Ofen und Boden 10 min vorbacken. Teigrest im Kühlschrank deponieren.

4. Vorgebackenen Kuchenboden aus dem Ofen nehmen und in der Form etwas abkühlen lassen.

5. In der Zwischenzeit für die Füllung Zucker und Puddingpulver vermischen, damit es gleich keine Klümpchen gibt. Dann mit einem Schneebesen erst Joghurt, Zitronensaft und -schale glatt rühren, anschließend die Zuckermischung häppchenweise unterrühren, dabei immer fleißig den Schneebesen schwingen. Zum Schluss die geschmolzene Margarine unterrühren, fertig.

6. Ist die Backform etwas abgekühlt, den Rand einfetten und mit dem im Kühlschrank verbliebenen Teigrest einen höheren Rand (ca. 4 cm) bauen. Hier zeigt sich, wer zu wenig davon übrig gelassen hat ...

7. Die Joghurtmasse auf den Kuchenboden geben und schön glatt streichen. Optimal ist es, wenn der Rand mit der Masse abschließt.

8. Ab damit in den Ofen. Bei 180 °C dauert es jetzt ungefähr 50–60 min, bis der Kuchen fertig ist. Die Oberfläche sollte leicht hellbraun sein und eventuell ein paar dunklere Flecken haben.

9. Wichtig! Nun entweder den Kuchen bei geöffneter Tür im ausgeschalteten Backofen stehen und abkühlen lassen oder herausnehmen und zur Seite stellen. In beiden Fällen dauert es mindestens 1–2 Stunden (oder mehr), bis der Kuchen schnittfähig ist. Ich backe den schon gerne einen Tag vorher, dann muss man sich darüber keine Sorgen machen. Und lecker schmeckt er auch noch einen Tag später.

10. Eigentlich ist der Kuchen jetzt fertig. Wer ihn aber noch aufhübschen möchte, bastelt nun noch einen Obstspiegel. Das geht ganz einfach: Tortenguss nach Packungsanweisung zubereiten. Dann die (unaufgetauten) Beeren unterrühren und kurz mit dem Zauberstab durchpürieren. Gleichmäßig auf dem Kuchen verteilen, glatt streichen und erkalten lassen. Coole Sache, oder?

★ *Statt des Obstspiegels kann man abgetropfte Mandarinen, Birnen, Aprikosen oder Pfirsiche aus der Dose (!) in die Käsemasse geben.*

Wundertüten-muffins

für 6 Stück, von Uschi Herzer,
🔈 DER PLAN »Unkapitulierbar«

- *125 g Vollkornmehl*
- *1 TL Backpulver*
- *1 Prise Salz*
- *½ TL gemahlene Vanille*
- *80 g Dattelsirup*
- *1 Ei-Ersatz (1 EL geschroteter Leinsamen und 3 EL Wasser)*
- *110 ml Hafermilch (oder anderer Pflanzendrink)*
- *30 g Kokosöl mit Zimt, geschmolzen*
- *1 Handvoll (½ Tasse) Kiwibeeren aus dem Garten (oder TK-Ware aus dem letzten Jahr), halbiert*
- *6er-Muffinform*
- *6 Silikonförmchen (wer hat)*

1. Als Erstes den Backofen auf 180 °C Umluft vorheizen.

2. In eine 6er-Muffinform die Silikonförmchen reinsetzen.

3. Leinsamen und Wasser leicht verquirlen und ein paar Minuten stehen lassen, bis das Zeug leicht geliert.

4. Mehl, Backpulver, Salz und Vanille in einer Schüssel verrühren.

5. Dattelsirup, Pflanzendrink, Leinsamenglibber und Kokosöl dazu und fix mit einem Löffel zu einem homogenen Teig verrühren. Zum Schluss die zerkleinerten Kiwibeeren unterheben und in die Muffinförmchen füllen.

6. Ab damit in den Ofen und 20–25 min backen. Nicht wundern, wenn der Teig braun wird, auch wenn gar keine Schokolade drin ist – das liegt am Dattelsirup.

7. Muffinform aus dem Ofen nehmen und etwas abkühlen lassen. Nach etwa 10 min die Förmchen vorsichtig aus der Form hebeln und auf einem Gitter vollständig abkühlen lassen. Das ist hier wichtig, denn heiß sind die Muffins recht fragil und würden auseinanderfallen.

8. Muffins aus der Silikonform befreien, mit Puderzucker bestäuben und sich freuen, dass die trotz ungewöhnlicher Zutaten richtig lecker geworden sind.

★ *TK-Kiwibeeren unaufgetaut in den Teig geben.*

★ *Lässt sich mit gemahlenen Nüssen noch aufsupern.*

★ *Statt Kiwibeeren gehen auch Stachelbeeren.*

Heidelbeermuffins

für 12 Stück, von Uschi Herzer,
🔈 KAMIKAZE GIRLS »Seafoam«

Mohn macht durchschnittliche Muffins interessanter und sorgt hier für einen angenehmen Crunch-Effekt. Einfach mal ausprobieren! Außerdem passt Vollkornmehl ganz vorzüglich zu dieser eher rustikaleren Muffinvariante, ohne dass es dadurch »gesund« schmeckt.

- *250 g Vollkornmehl*
- *2 TL Backpulver*
- *½ TL Natron*
- *130 g Zucker*
- *2 EL gemahlene Mandeln*
- *1 EL gemahlener Mohn*
- *1 Leinsamenei (1 EL geschroteten Leinsamen mit 2 EL Wasser verrühren)*

- *75 ml Öl*
- *200 ml Pflanzenmilch*
- *1 TL Apfelessig*
- *abgeriebene Schale von ½ Bio-Zitrone*
- *160 g TK-Heidelbeeren, unaufgetaut*
- *12er-Muffinform*
- *12 Silikonförmchen (wer hat)*

1. Ofen auf 190 °C anwerfen.

2. Leinsamenei herstellen.

3. Trockene Zutaten verrühren.

4. Feuchte Zutaten verrühren.

5. Feuchte Zutaten und Leinsamenei zu den trockenen geben und rasch verrühren.

6. Zum Schluss das gefrorene Obst unterheben und den Teig auf die 12 Förmchen verteilen.

7. Ab damit in den Ofen und ca. 20–25 min backen, bis die Oberfläche leicht hellbraun ist.

★ *Funktioniert auch mit frischen Heidelbeeren oder solchen aus dem Glas (abgetropft) oder mit (TK-)Brombeeren oder (TK-)Himbeeren.*

★ *Wer keinen Leinsamen zur Hand hat, kann auch anderen Ei-Ersatz verwenden.*

★ *Die Muffins lassen sich super einfrieren: Morgens aus dem TK-Fach nehmen, mittags zur Kaffeepause verspeisen.*

Herbstmuffins

für 12 Stück, von Uschi Herzer,
🔊 AC4 »Burn The World«

Diese Muffins sind raffiniert, da hier die weiche Süße der Zwetschgen mit dem herben Aroma der getrockneten Früchte kombiniert wird und die Sauerkirschen zusammen mit den Walnüssen einen überraschenden Crunch-Effekt ergeben.

- *400 g Zwetschgen*
- *150 g Zucker*
- *1 Ei-Ersatz (z. B. 1 EL Sojamehl + 2 EL Wasser)*
- *1½ TL Zimt*
- *40 g getrocknete Sauerkirschen, wahlweise Cranberries*
- *80 ml Rapsöl (gerne mit Buttergeschmack) oder anderes neutrales Öl*
- *200 g Sojajoghurt*
- *200 g Vollkornmehl*
- *50 g Walnüsse, relativ fein gehackt*
- *½ TL Natron*
- *2½ TL Backpulver*
- *evtl. Puderzucker zum Bestreuen*
- *12er-Muffinform*
- *12 Silikonförmchen (wer hat)*

1. Als Erstes sind die Zwetschgen dran, denn die machen die meiste Arbeit. Also: aufschneiden, Kern rauspopeln und das Fruchtfleisch in max. 1 cm große Stückchen schneiden.

2. Zwetschgen, Sauerkirschen, Zimt und 2 EL vom Zucker miteinander vermischen und etwas ziehen lassen.

3. Jetzt ist der richtige Moment, um schon mal den Backofen auf 175 °C Umluft (oder 190 °C Ober-/Unterhitze) vorzuheizen. In einer größeren Schüssel Mehl, Backpulver, Natron und gehackte Walnüsse vermischen.

4. Danach Zucker, Ei-Ersatz, Öl und Joghurt in einer zweiten Schüssel verrühren. Man kann hier übrigens mit Soja-Fruchtjoghurt oder Vanille-Sojajoghurt interessante geschmackliche Akzente setzen.

5. Zum Schluss den Inhalt der trockenen Schüssel fix mit dem der flüssigen mischen oder umgekehrt. Das geht ganz gut mit einem Esslöffel. Hat sich gerade soeben alles vermischt, kommt noch die Zwetschgen-Sauerkirsch-Mischung dazu. Kurz umrühren ▶

und ab damit in die Muffinform. Ich bevorzuge hier Silikonförmchen, die ich in das Muffinblech setze, denn so ist alles eine saubere Angelegenheit und nix bäckt fest. Geht natürlich auch mit Papierförmchen, aber das sieht meist nicht so schön aus.

6. Je nach Ofen 25–30 min im Rohr lassen, Blech herausnehmen und Muffins darin etwas abkühlen lassen. Noch warm aus den Förmchen schälen und nach Lust und Laune mit Puderzucker bestreuen.

★ *Lauwarm ein Gedicht, aber auch am nächsten Tag noch lecker.*

Mohn-Muffins mit Brombeeren

für 12 Stück, von Uschi Herzer,
🔈 WIPERS »Youth Of America«

- *120 ml Pflanzenmilch*
- *40 g gemahlener Mohn*
- *125 g Mehl*
- *125 g Vollkornmehl*
- *125 g Zucker*
- *abgeriebene Schale von ½ Bio-Zitrone*
- *100 g Margarine (Alsan)*
- *60 ml Pflanzenmilch*
- *1 TL Obstessig*
- *½ Päckchen Backpulver*
- *½ TL Natron*
- *180 g Brombeeren*
- *12er-Muffinform*
- *12 Silikonförmchen (wer hat)*

1. Zuerst will der Mohn gekocht werden. Dazu Pflanzendrink und Mohn in einen kleinen Topf, umrühren und erhitzen. Kurz aufkochen lassen und ca. 10 min quellen lassen.

2. In der Zwischenzeit ist der Teig dran: Mehl mit Backpulver und Natron vermischen und Zucker dazu.

3. Jetzt den Ofen vorheizen – 180 °C Ober-/Unterhitze passt, Umluft ist auch okay, dann aber die Temperatur etwas reduzieren.

4. Die Margarine schmelzen und zusammen mit der restlichen Pflanzenmilch, dem Essig, der abgeriebenen Zitronenschale und der Mohnmischung flott mit den trockenen Zutaten vermischen. Zum Schluss die (TK-)Beeren untermischen. Nicht wundern, wenn der Teig etwas fest erscheint, das passt schon.

5. Damit sich die Muffins später leichter aus der Muffinform lösen lassen, benutze ich Silikonförmchen. Praktisch und nachhaltig. Den Teig auf die 12 Förmchen verteilen, ab damit in den Ofen und ca. 25 min auf der mittleren Schiene backen.

6. Wenn die Oberfläche leicht gebräunt ist, sollten die Muffins fertig sein. Aus dem Ofen nehmen und noch etwas in in den Förmchen auskühlen lassen.

★ *Geht auch mit Kirschen, Heidelbeeren oder gewürfelten Aprikosen. Oder mit TK-Obst.*

★ *Dieses Rezept eignet sich nicht für die Verwendung von Öl statt Margarine.*

★ *Die Muffins lassen sich super einfrieren, wenn es mal zu viele sein sollten.*

Omas Mohnstreusel

für 1 Blech, von Uschi Herzer, 🔈 ENVY »Atheist's Cornea«

Für diese vegane Variante musste ich ein paar Runden experimentieren, denn das Schwierigste war die Saftigkeit. Es ist kein Kuchen zum sofortigen Verzehr, da er erst abkühlen und am besten auch etwas ziehen muss. Aber das Warten wird belohnt, ich schwör!

Für den Teig

- *175 g Margarine, Zimmertemperatur*
- *175 g Zucker*
- *1 Prise Salz*
- *1 EL Sojamehl mit 2 EL Wasser verrühren*
- *350 g Mehl*
- *1 Päckchen Backpulver*

Für die Füllung

- *500 ml Pflanzendrink*
- *1 Prise Salz*
- *100 g Zucker*
- *80 g Weichweizengrieß*
- *300 g gemahlener Mohn*
- *½ Päckchen Vanillepuddingpulver*
- *125 g Margarine*
- *200 ml vegane Sahne (z. B. Hafercuisine)*
- *4 EL in Rum eingelegte Rosinen*
- *2 EL Sojamehl mit 4 EL Wasser verrühren*
- *1 großer Apfel (200 g)*
- *abgeriebene Schale von einer Bio-Zitrone*
- *4 Tropfen Bittermandelöl (optional)*

Für die Streusel

- *150 g Margarine, weich*
- *125 g Zucker*
- *250 g Mehl*
- *½ Päckchen Backpulver*

Ich stelle für diesen Kuchen gerne vorab alles parat, dann geht das Zubereiten im Anschluss etwas leichter von der Hand. Also: alle Zutaten abwiegen und zur Seite stellen, Apfel schälen und grob raspeln, dann noch fix das Mehl mit Backpulver, das Sojamehl mit dem Wasser, sowie Mohn, Zucker, Grieß und Puddingpulver vermischen und schon kann es losgehen.

1. Für den Teig Margarine, Zucker, Salz und Sojamehl-Wasser-Mischung mit einem Handrührgerät oder in der Küchenmaschine gut verrühren. Das Mehl-Backpulver-Gemisch unterrühren und schnell feststellen, dass es jetzt am besten mit den Händen weitergeht. Alles zu einem festen und halbwegs glatten Teig verkneten, eine Kugel formen und in Frischhaltefolie wickeln. Wer keinen Plastikmüll produzieren möchte, kann ein Wachstuch (gibt es auch in vegan) oder eine Schüssel mit verschließbarem Deckel nehmen. Ab damit in den Kühlschrank (ca. 30 min).

2. Jetzt ist die Füllung dran. Dafür Pflanzendrink und Salz in einem Topf zum Kochen bringen. Dann die Mohnmischung nach und nach dazu und immer gut umrühren. Kurz aufkochen lassen und dann die Margarine und Äpfel unterrühren. Wenn die Margarine komplett geschmolzen und bereits etwas abgekühlt ist, kommen zum Schluss noch die eingelegten Rosinen, die Zitronenschale, die vegane Sahne, Bittermandelöl und Sojamehl mit Wasser in die Pampe. Noch mal umrühren und weiter abkühlen lassen. ▶

3. Backofen auf 180 °C (Ober-/Unterhitze) vorheizen und ein Backblech und Backpapier/Backmatte aus dem Schrank holen. Wer jetzt der Pro sein möchte, sucht den Backrahmen in der Schublade. Der hat den großen Vorteil, dass niemand die Randstücke essen muss, da jedes Stück gleich mit Füllung bedeckt ist. Ohne geht es natürlich auch.

4. Teig aus dem Kühlschrank holen und gleichmäßig auf dem Backpapier / der Matte ausrollen. Das geht zur Not auch mit einer sauberen Bierflasche.

5. Jetzt die Mohnmasse gleichmäßig auf dem Teig verstreichen. Das klappt wunderbar mit einer feuchten Esslöffelunterseite. Einfach zwischendurch in etwas Wasser tauchen und weiter geht's.

6. Ahhh, die Streusel fehlen noch! Fix die restlichen Zutaten in eine Schüssel geben und locker mit einer Gabel und/oder der Zuhilfenahme von diversen Fingern zu Streuseln verarbeiten. Das muss relativ zackig passieren, denn sonst hast du am Schluss einen einzigen Streuselklumpen in der Schüssel und das wollen wir ja nicht. Streusel locker über den Mohn streuen, ohne dabei zu viel auf dem Küchenboden zu verteilen.

7. Das ziemlich schwere Kuchenblech in der Mitte des Ofens platzieren, den Küchenwecker auf 60 min stellen und sich zur Belohnung ein erfrischendes Kaltgetränk oder einen Espresso gönnen.

8. Sieht das Ganze nach ca. 60 min gut aus, nimmst du das Backblech raus und lässt den Kuchen abkühlen. Dafür mindestens 1 Stunde einplanen.

★ *Was mir besonders gut gefällt: Der Kuchen lässt sich hervorragend einfrieren.*

★ *Er schmeckt am zweiten und dritten Tag fast noch besser!*

Obst-Quark-Kuchen

für eine runde Backform mit 26 cm Ø, von Uschi Herzer, 🔊 BAMBIX »Club Matuchek«

Mein Lieblingskuchen! Funktioniert mit Aprikosen (frisch oder aus der Dose) oder Zwetschgen oder fast jedem anderen Obst.

Für den Teig

- *150 Margarine*
- *75 g Puderzucker*
- *1 Prise Salz*
- *240 g Mehl*
- *30 g Pflanzendrink (ich favorisiere Hafer-Vanille)*

Für die Füllung

- *200 g Pflanzendrink (siehe oben)*
- *60 g Zucker*
- *25 g Mehl*
- *15 g Speisestärke*
- *25 g Vanillepuddingpulver*

- *1 Prise Salz*
- *1 EL Zitronensaft*
- *400 g Sojaquark*

Streusel
- *30 g Margarine*
- *30 g Zucker*
- *55 g Mehl*
- *Salz, Zimt, Vanillezucker*

Obst
- *ca. 600 g frische Aprikosen, Zwetschgen, Nektarinen, Kirschen etc. oder 1 Dose*

1. Ofen vorheizen auf 180 °C.

2. Zuerst ist der Boden dran. Semi-kalte Margarine in Flocken mit dem Puderzucker verkneten, dann kommen die restlichen Zutaten dazu und weiter flott zu einem Teig kneten.

3. Backform fetten oder mit Backpapier auskleiden und ¾ des Teiges gleichmäßig auf dem Boden flachdrücken. Ab damit in den Ofen und Boden 10 min vorbacken. Teigrest im Kühlschrank deponieren.

4. In der Zwischenzeit kannst du schon mal das Obst entsteinen, falls du frisches nimmst. Zwetschgen am Stück lassen, Aprikosen halbieren.

5. Vorgebackenen Kuchenboden aus dem Ofen nehmen und in der Form etwas abkühlen lassen.

6. Für die Füllung die trockenen Zutaten vermengen. Dann mit Zitronensaft und Sojadrink mit einem Schneebesen ordentlich verrühren, so dass keine Klümpchen mehr vorhanden sind. Zum Schluss den Sojaquark gut unterrühren, fertig.

7. Ist die Backform etwas abgekühlt, den Rand einfetten und mit dem im Kühlschrank verbliebenen Teigrest einen Rand bauen. Hier zeigt sich, wer zu wenig davon übrig gelassen hat …

8. Nun noch fix die Streusel zubereiten. Dazu die Margarine schmelzen und mit den restlichen Zutaten zu krümeligen Streuseln verarbeiten – das geht am besten mit den Fingern oder einer Gabel.

9. Und jetzt kommt es darauf an, für welches Obst du dich entschieden hast:

• Aprikosen oder Nektarinen: ⅔ der Quarkmasse auf dem Boden verteilen, anschließend halbierte Früchte mit der Schnittfläche nach unten auf die Masse legen und leicht andrücken. Zum Abschluss die restliche Quarkmasse drübergießen und verteilen.

• Bei Zwetschgen erst die ganze Quarkmasse auf den Boden gießen und anschließend die Zwetschgen mit dem Inneren nach oben leicht dachziegelartig auf die Masse legen.

10. Zum Schluss noch die Streusel obendrauf und ab damit in den Ofen. Bei 180 °C dauert es jetzt ungefähr eine Stunde, bis der Kuchen fertig ist.

11. Dann entweder den Kuchen bei geöffneter Tür im ausgeschalteten Backofen stehen und abkühlen lassen oder herausnehmen und zur Seite stellen. In beiden Fällen dauert es mindestens 1–2 Stunden (oder mehr), bis der Kuchen schnittfähig ist. Ich backe den schon gerne einen Tag vorher, dann muss man sich darüber keine Sorgen machen. Und lecker schmeckt er auch noch einen Tag später.

Pflaumen-Flan

für eine runde Backform mit 24 cm Ø, von Uschi Herzer, 🔈 CHARGE 69 »Punk Attitude«

In unserem allerersten Urlaub in der Bretagne ist es passiert: Wir standen vor einer Patisserie, haben uns die Nasen am Schaufenster plattgedrückt und uns dann im Laden für einen Flan entschieden. Es war nicht irgendein Flan, sondern einer mit eingelegten Backpflaumen! Der Pudding und das Trockenobst mit Cognac-Aroma gehen eine wunderbare Symbiose ein, die sich für immer ins Hirn gebrannt hat. Jahrelang habe ich versucht, das ursprüngliche Rezept mit Eiersatz zu veganisieren, was mir aber nicht gelingen wollte. Bis zu diesem denkwürdigen Tag im Mai 2021. Mag sein, dass der Puddingkuchen für dich überhaupt nichts Besonderes ist, in mir weckt er auf Knopfdruck viele schöne Erinnerungen an einen tollen Frankreichaufenthalt.

- *150 g entsteinte Backpflaumen*
- *30 ml Cognac, Weinbrand oder brauner Rum*

Für den Teig

- *120 g kühle Margarine (z. B. Alsan)*
- *240 g Weizenmehl*
- *30 g Sojadrink*
- *50 ml Wasser*

Für den Pudding

- *480 g Sojamilch (zwingend)*
- *150 g Sojasahne*
- *1 Vanilleschote*
- *80 g Maisstärke*
- *125 g Zucker*
- *24 cm-Springform (oder notfalls eine Auflaufform)*

1. Es geht los mit den getrockneten Pflaumen. In eine passende Schüssel mit Deckel geben, Alk drüber, Deckel drauf, einmal durchschütteln und mindestens 30 min ziehen lassen, gerne auch über Nacht.

2. Für den Teig Mehl in eine Schüssel geben, Margarine in Bröckchen darauf verteilen, Sojadrink und Wasser dazu und flott mit den Händen zu einem glatten Teig verkneten. Zu einer Kugel formen und entweder in Frischhaltefolie oder ein veganes Wachstuch einwickeln. Mindestens 30 min im Kühlschrank entspannen lassen.

3. Ofen auf 170 °C Umluft (oder 185 °C Ober-/Unterhitze) vorheizen.

4. Springform ordentlich fetten und den Teig darin mit den Fingern platt drücken – und zwar so, dass es auch noch für einen hohen Rand reicht. Wenn der Teig gleichmäßig und ohne Löcher in der Form ist, ab damit in den Ofen und 10 min vorbacken. Danach herausnehmen und etwas abkühlen lassen.

5. Nach der Einweichzeit die Pflaumen abgießen und gut abtropfen lassen.

6. Während der Boden abkühlt, ist schon mal der Pudding dran. Dazu die Sojamilch mit der Sojasahne in einem Topf erhitzen. Die Vanilleschote der Länge nach halbieren, das Mark herauskratzen und zusammen mit den Schoten in den Topf geben. Kurz aufkochen und anschließend etwas abkühlen lassen. Vanilleschoten entfernen.

7. Die Maisstärke mit dem Zucker vermischen. Jetzt ein Drittel der leicht abgekühlten Flüssigkeit mit einem Schneebesen klümpchenfrei unterrühren. Das Stärkegemisch mit Hilfe des Schneebesens in die restliche Flüssigkeit im Topf einrühren. Unter ständigem Rühren noch mal erhitzen und bei schwacher Hitze 2 min köcheln lassen.

8. Etwas vom Pudding auf dem Kuchenboden verteilen – gerade so viel, dass der Boden bedeckt ist. Die abgetropften Pflaumen gleichmäßig darauf verteilen. Zum Schluss den restlichen Pudding darauf glatt streichen.

9. Jetzt noch mal für ca. 45 min in den Ofen schieben und fertig backen. Klassischerweise bekommt die Oberfläche wie bei einem Käsekuchen ein paar dunklere Flecken.

10. Wer Zeit hat: bei geöffneter Tür im Backofen abkühlen lassen. Wer nicht so viel Zeit hat: kochend aus dem Ofen nehmen und draußen in der Form abkühlen lassen.

★ *Kann man auch als Dessert servieren. Lecker dazu: ein Espresso.*

Rhabarberkuchen vom Blech

für 1 Blech, von Uschi Herzer, 🔈 DINOSAUR JR. »Sweep It Into Space«

- *1 kg Rhabarber*
- *200 g Weizen- oder Dinkelvollkornmehl*
- *100 g Mehl*
- *1 Päckchen Backpulver*
- *abgeriebene Schale von 1 Bio-Zitrone*
- *100 g gemahlene Nüsse*
- *300 ml Pflanzendrink*
- *100 ml Öl, z. B. Rapsöl*
- *60 g gehobelte Mandeln*

1. Rhabarber waschen, schälen und in ca. 1 cm lange Stücke schneiden.

2. Ofen auf 180 °C vorheizen.

3. Nun den Teig zusammenrühren. Dazu braucht es nur eine Schüssel und einen Löffel. Also: Mehl, Backpulver, Zucker, Nüsse und Zitronenschale in eine Schüssel geben und gut vermischen. ▶

Jetzt noch Pflanzendrink und Öl mit wenigen Umdrehungen einrühren (also flott) und schon ist der Kuchenteig fertig.

4. Ein Backblech mit Backpapier auslegen. Wer einen Backrahmen sein Eigen nennt, sollte diesen jetzt zum Einsatz bringen, denn dadurch gibt es keine doofen Randstücke. Teig mit dem Löffel gleichmäßig auf dem Blech verteilen und glatt streichen.

5. Zum Schluss die Rhabarberstücke aus dem Handgelenk auf dem Teig verteilen. Als Topping dann noch die Mandelblättchen darauf verteilen und ab damit in den Ofen.

6. Erfahrungsgemäß dauert es 45 min, bis der Kuchen fertig ist. Aus dem Ofen nehmen und vor dem Anschneiden etwas abkühlen lassen.

★ *Schmeckt frisch am besten.*

★ *Mehlverhältnis kann nach Belieben angepasst werden, allerdings muss bei höherem Weißmehlanteil die Flüssigkeit etwas reduziert werden.*

Russischer Zupfkuchen

für eine runde Backform mit 26 cm Ø, von Jeannie, 🔈 THE B-52's »s/t«

Für den Teig

- *300 g Mehl*
- *180 g Zucker*
- *¾ Päckchen Backpulver*
- *30 g Kakaopulver (kein Nesquik oder so!)*
- *1 Prise Salz*
- *185 g Margarine (je nach Teigkonsistenz auch etwas mehr, der Teig muss sehr fest und ein bisschen bröselig sein, aber man sollte ihn zu einem Klumpen formen können)*

Für die Füllung

- *500 g Sojajoghurt, Vanillegeschmack oder Natur*
- *125 g flüssige Margarine*
- *120 g Zucker*
- *1 Päckchen Vanillezucker oder Vanillemark (ausgekratzt aus einer Vanilleschote)*
- *1 Päckchen Vanillepuddingpulver*
- *5 EL Sojamilch*

1. Alle Teigzutaten bis auf die Margarine zusammenmischen. Zum Schluss die Margarine unterkneten, am besten mit den Händen nachhelfen.

2. Dann eine Kuchenspringform mit Margarine fetten. Den Boden und die Seiten der Form mit dem Teig auskleiden: alles schön fest drücken. Dabei ein bisschen Teig (eine Handvoll) übrig lassen.

3. Jetzt ist die Füllung dran. Dazu das Puddingpulver in einer größeren Schüssel mit den 5 EL Sojamilch anrühren. Die restlichen Zutaten der Reihe nach dazugeben und alles grüüüüündlich verrühren; der Pudding macht nämlich gerne mal Bröckchen.

4. Das Ganze kippt man jetzt in die Form und schnipselt den Rest des Schokoteigs drauf. Man kann auch Namen schreiben mit dem Rest, oder Zahlen, wenn es ein Geburtstagskuchen sein soll.

5. Bei 160 °C Umluft ca. 45 min backen. Die Füllung sollte relativ fest sein, aber noch nicht zu braun.

★ *Schmeckt nach einer Nacht im Kühlschrank fast noch besser!*

Zwetschgenkuchen mit Streuseln

für eine runde Backform mit 26 cm Ø, von Uschi Herzer, 🔈 TRASHING GROOVE »Ichthyphobia«

Einfach und lecker – genau das, was wir lieben, oder? Diesen Kuchen bekommt garantiert jede:r hin!

Für den Boden

- *100 g weiche Margarine (z. B. Alsan)*
- *100 g Zucker*
- *250 g Mehl*
- *½ Päckchen Backpulver*
- *125 ml Pflanzendrink*
- *600 g Zwetschgen*

Für die Streusel

- *100 g Mehl*
- *70 g Zucker*
- *½ TL Zimt*
- *65 g Margarine in Flocken*

1. Kuchenspringform im Schrank suchen, zusammenbauen und einfetten.

2. Zwetschgen waschen und entsteinen – das geht am besten mit einem Entsteiner. Wer dieses praktische, handliche Werkzeug nicht sein Eigen nennt, macht das mühsam per Hand. Dazu die Früchte halbieren, den Stein herauspopeln und noch mal längs etwas einschneiden, so dass die Hälften auseinanderklappen.

3. Ofen vorheizen: 200 °C Ober-/Unterhitze passt.

4. Als Nächstes die Zutaten für den Boden mit einem Handmixer zusammenrühren. Erst weiche Margarine mit dem Zucker, dann den Rest dazugeben. In die Springform kippen und glatt streichen. ▶

5. Die entsteinten Zwetschen von außen nach innen dachziegelartig Stück für Stück auf dem Boden anordnen. Die Menge sollte ziemlich genau passen.

6. Zum Schluss noch die Streusel zubereiten. Dazu alle Zutaten in eine Schüssel geben und mit den Fingern zügig zerkrümeln und über den Zwetschgen verteilen.

7. Ab damit in den Ofen und ca. 40 min backen, bis die Streusel angenehm braun sind. Herausnehmen und in der Form etwas abkühlen lassen.

Körnerbrot

von Uschi Herzer, 🔈 THE CRAMPS »Songs the Lord Taught Us«

Brotbacken ist eine Sache für sich. Backmischungen sind in Bioqualität recht teuer, viele Rezepte setzen lange Wartezeit voraus, und einen Brotbackautomaten will sich auch nicht jede:r ins Regal stellen. Wenn dann aber mal wieder Sonntag ist und vergessen wurde, Brot für die nächste Woche zu kaufen, ist es gut, auf dieses Rezept mit – zumindest für uns – Gelinggarantie zurückgreifen zu können. Weder muss hier lang geknetet werden noch ist überhaupt Maschineneinsatz nötig. »Geklaut« haben wir diesen Klassiker übrigens vor mehr als zwei Jahrzehnten von Alfred Biolek (RIP!).

- *600 g Vollkorndinkelmehl*
- *200 g Buchweizenvollkornmehl*
- *¾ l Wasser*
- *3 TL Salz*
- *4 EL Essig*
- *1 Würfel Hefe*
- *1 Tasse Sonnenblumenkerne*
- *1 Tasse Leinsamen*
- *Margarine*
- *Haferflocken*
- *1 große Kastenform mit ca. 1½ l Volumen*

1. Salz, Hefe (ich empfehle frische Hefe, Trockenhefe funktioniert in diesem Fall nur suboptimal) und Essig im lauwarmen Wasser verrühren und auflösen. Dinkel- und Buchweizenmehl mit der Flüssigkeit zu einem dickflüssigen Brei vermengen. Das geht ganz gut in der Küchenmaschine oder mit einem Quirl.

2. Sonnenblumenkerne und Leinsamen untermischen, dabei von beidem etwas für die Deko überbehalten.

3. Die Kastenform mit Margarine einfetten und mit Haferflocken ausstreuen. Den Teig hineingeben und die restlichen Kerne darüberstreuen. Ab damit in den kalten Ofen. Damit es eine schöne Kruste gibt, hilft eine kleine, mit Wasser gefüllte Auflaufform auf dem Backofenboden.

4. Den Ofen auf 220 °C Ober-/Unterhitze oder 200 °C Umluft stellen (kein Vorheizen nötig) und rein mit dem Brot. 15 Minuten nach Backbeginn mit einem Messer das Brot der Länge nach ca. 1 cm tief einschneiden. Weitere 45 min backen. Wenn fertig, das Brot vorsichtig aus der Form klopfen und auf einem Gitterrost abkühlen lassen. Das dauert leider länger, als man bei diesem betörenden Duft aushalten kann …

Für Notizen

Index

Was mache ich mit ...?

Wir haben für diese Liste Zutaten ausgewählt, die für das jeweilige Rezept grundlegenden und prägenden Charakter haben. Nebensächliches Vorkommen in einem Rezept ist nicht berücksichtigt.

Zutat	Seite
Artischocke	48, 88
Aubergine	101, 133
Avocado	36, 144, 151
Bärlauch	125, 133
Blätterteig	37, 38, 127
Blumenkohl	69, 111
Bohnen, grün	67, 89, 90, 105, 108, 145
Bohnen (Kerne)	22, 44, 63, 70, 71, 80, 86, 135
Broccoli	102, 123
Broccoli-Penne siciliana	123
Brombeeren	160, 174
Buchweizen	147, 182
Bulgur	51, 79
Catalogna	98
Chicoree	41, 145
Couscous	52, 81, 156
Dinkel	84, 90, 96, 150, 182
Emmer	96, 150
Erbsen	76
Fava-Erbsen	58
Feldsalat	142, 148
Fenchel	84, 85
Graupen	66, 84, 89
Gurke	45, 52, 71, 149, 154
Heidelbeeren	172, 174
Kartoffeln	29, 44, 46, 47, 56, 62, 64, 65, 67, 69, 70, 71, 72, 77, 100, 103, 108, 110, 111, 113, 115, 118, 124, 127, 128, 143, 149, 155
Kastanien	102
Kichererbsen	45, 48, 49, 50, 81, 112
Kichererbsenmehl	45, 46, 47, 83
Kirschen	166, 168, 177
Kiwibeeren	172
Kohl (rot, weiß)	150, 153, 157
Kohlrabi	66, 95, 128
Kritharaki	94, 105, 107, 134
Kürbis	65, 66, 67, 68, 107, 114
Lauch	96
Linsen	22, 51, 52, 62, 63, 67, 69, 72, 128, 156
Mangold	47, 77, 96
Möhre	69, 72, 80, 87, 95, 124, 128, 137, 155
Mohn	172, 174, 175
Pak Choi	124
Paprika	44, 45, 52, 63, 64, 71, 80, 81, 82, 86, 89, 90, 100, 111, 117, 128, 134, 150, 155
Paximadi	57
Quinoa	112
Radicchio	104
Reis	86, 87, 125
Reiswaffeln	42
Rettich	154
Rhabarber	167, 179
Rosenkohl	102, 106, 135
Rote Bete	76, 116, 147, 148
Rucola	85, 151
Sauerkraut	77, 93, 128, 153, 155
Schwarzwurzeln	120
Seidentofu	117, 136, 161
Seitan	100, 122, 129, 137
Sojaschnetzel	36, 71, 78, 90, 100, 121, 122, 128
Spargel	83, 94, 98, 108, 124, 125, 126, 151, 156
Spinat	47, 82, 127
Steckrübe	130
Tempeh	152
Tofu	25, 26, 39, 53, 55, 64, 76, 77, 79, 91, 93, 113, 117, 131, 132, 133
Tomaten, frisch	39, 40, 44, 45, 52, 54, 57, 96, 98, 105, 119, 135, 144
Wirsing	87
Zucchini	39, 79, 87, 111, 112, 119, 128, 134
Zwetschgen	173, 177, 181

Rezeptverzeichnis

Rezeptname	Seite
Aioli	32
Albondigas (Spanische Hackbällchen)	36
Alles-kann-nix-muss-Salat	142
Allround-Rhabarberkuchen	167
Allzweck-Kartoffelsalat	143
Ampelkoalition (Rote Bete mit Erbsenpüree)	76
Angebatzter	25
Anything-goes-Muffins (Muffins mit Kirschen und Schokolade)	166
Apfel-Mandel-Muffins	168
Aprikosen-Quark-Kuchen	176
Avocado grün-rot	36
Avocado-Tomaten-Salat	144
Banana Bread	169
Beste Linsensuppe	62
Black Forest Burger (Burger mit Räuchertofu und Sauerkraut)	77
Blätterteigquadrate mit was drauf	37
Blätterteigschnecken mit was drin	38
Blitva (Mangold mit Kartoffeln)	77
Bohnen mit Tomaten aus dem Ofen (Cassoulet)	80
Bohnen-Tomaten-Aufstrich	22
Bohnensalat deluxe	145
Bohnensalat mallorquina	44
Bolo mit Spaghetti	78
Bratkartoffeln	118
Bratlingsmassaker	30
Braune Sauce	28
Brotsalat im Glas	39
Brummbär-Panna Cotta (Panna Cotta mit Brombeeren)	160
Bruschetta	39
Bulgur-Gemüsepfanne	79
Burger mit Räuchertofu und Sauerkraut (Black Forest Burger)	77
Caprese (Tomate-Mozzarella)	40
Caprese 2: Motza Rella	40
Cashew-Frischkäse basic	23
Cashew-Frischkäse mediterran	25
Cashew-Frischkäse mit Kräutern	25
Cashew-Parmesan	92
Cassoulet (Bohnen und Tomaten aus dem Ofen)	80
Chicorée mit Dip	41
Chicoréesalat	145
Chili ohne Carne	63
Christels Mett	42
Cookiemonster	168
Couscous mit Paprika	81
Couscous-Salat (Marokkanisch)	52
Couscous-Spargel-Salat	156
Curry-Kokos-Suppe mit Tofu	64
Curryvurstsauce	42
Da-lacht-die-Kuh-Schmelze aka Hefeschmelz	29
Dakos mit Tomaten und Schafskäse	57
Das große Bratlingsmassaker	30
Der ultimative Käsekuchen	170
Dinkel mit Lauch	96
Dinkel mit Paprika	90
Easypeasy Paprika-Spinat-Spaghetti	82
Eier-Salat ohne Ei	50
Emmer mit Mangold	96
Ensalada mallorquina (Bohnensalat)	44
Ensalada rusa (Russischer Salat)	44
Erdbeer-Bananen-Sorbet	160
Wundertütenmuffins (Muffins mit Kiwibeeren)	172
Falafel	45
Farinata mit grünem Spargel	83
Fava-Püree	58
Fenchel-Dinkel-Pfanne	84
Fenchelpasta	85
Flan mit Pflaumen	178
Fleischsalat, schwäbisch	55
Fregola mit Spargel	98

Gallo Pinto 86
Gazpacho 45
Gemüse-Curry 87
Geröstete Kichererbsen 48
Geschnetzeltes mit Seitan 122
Geschnetzeltes nach Gyros-Art 121
Geschnetzeltes nach Zürich-Art 137
Getreide mit Rote Bete als Salat 147
Getreidesalat (Krasse Körner) 150
Göttliche Artischocken-Pasta 88
Graupen-Risotto mit Bohnen 89
Grüne-Bohnen-Gulasch 90
Grüne-Bohnen-Tomaten-Pastasotto 105
Grüner Spargel mit Kritharaki (Kritharoto) 94
Gurke-Rettich-Salat 154

Halloween-Suppe (Kürbis-Suppe) 65
Hefeschmelz (Da-lacht-die-Kuh-Schmelze) 29
Heidelbeermuffins 172
Herbstmuffins (Muffins mit Zwetschgen) 173
Herbstsuppe (Kürbis-Kohlrabi-Suppe mit Graupen) 66
Highway-Car-Crash-Salad (Rote-Bete-Feldsalat) 148
Hummus 49

Ingwer Shot à la Ox 31

Kanarischer Gemüseeintopf (Puchero de Coco Estilo Canario) 111
Kartoffel-Knoblauch-Püree (Skordalia) 56
Kartoffel-Oliven-Pasta 103
Kartoffeln mit Bohnen (Kretisch) 67
Kartoffeln vom Blech 29
Kartoffelquiche 113
Kartoffelsalat mit Gurke 149
Kartoffelsalat Oma Kristek 143
Kartoffelsalat, schwäbisch 155
Käsekuchen (Der ultimative) 170
Kasta-Pasta 102
Keine-Eier-Salat 50
Kichererbsen geröstet 48
Köfte 51
Körnerbrot 182
Körnerzeugs mit Paprikagemüse (Dinkel mit Paprika) 90
Krasse Körner (Getreidesalat) 150
Kräuterfrischkäse (Cashew-Frischkäse mit Kräutern) 25
Kräuterfrischkäse aus Sonnenblumenkernen 27
Kräuterquark aus Tofu 26
Krautnudeln 93
Krautnudeln alla Carbonara 93
Kretische Kartoffeln mit Bohnen 67
Kritharaki, überbacken 134
Kritharoto mit grünem Spargel (Grüner Spargel mit Kritharaki) 94
Kürbis-Kohlrabi-Suppe mit Graupen (Herbstsuppe) 66
Kürbis-Linsen-Suppe 67
Kürbis-Pastasotto 107
Kürbis-Suppe (Halloween-Suppe) 65
Kürbis-Suppe mit Kokosmilch 68
Kürbisquiche 114

Lauch-Dinkel-Pfanne 96
Lauwarmer Spargelsalat deluxe 151
Linguine mit Zitronen-Kohlrabi 95
Linsen mit Gemüse und Kokosmilch 128
Linsencurry 69
Linseneintopf mit Spätzle, schwäbisch 72
Linsenkaviar 52
Linsenpaste 22
Linsensuppe 62

Mangold mit Kartoffeln (Blitva) 77
Mangold-Emmer 96
Marokkanischer Couscous-Salat 52
Mayo, Remoulade, Aioli 32
Mediterrane Muffins 53
Mett 42
Milchmädchen 33
Minestrone alla Ox 70

Miraculöse Spaghetti (Pasta mit Tomatensauce) 97
Mohn-Muffins mit Brombeeren 174
Mohnstreusel 175
Mojo Rolo 43
Monster-Couscous aka Fregola mit Spargel 98
Motza Rella (Caprese 2) 40
Mousse au Chocolat 161
Muffins mit Apfel und Mandeln 168
Muffins mit Brombeeren und Mohn 174
Muffins mit getrockneten Tomaten 53
Muffins mit Heidelbeeren und Mohn 172
Muffins mit Kirschen und Schokolade (Anything-goes-Muffins) 166
Muffins mit Kiwibeeren (Wunder-tütenmuffins) 172
Muffins mit Zwetschgen (Herbstmuffins) 173

No milk today-Grrrl 33
Nudelsalat 146

Obst-Quark-Kuchen (Aprikose) 176
Omas Mohnstreusel 175

Pancakes, wie das Ox sie mag 162
Panna Cotta mit Brombeeren 160
Paprika mit Couscous 81
Paprika-Gulasch 100
Paprika-Linsen-Suppe mit Tofu (Curry-Kokos-Suppe mit Tofu) 64
Parmevegiano 92
Pasta à la Asia 124
Pasta alla Norma alla Uschi 100
Pasta Carbonara 91
Pasta Catalogna 99
Pasta mit Artischiocken 88
Pasta mit Broccoli (sizilianisch) 123
Pasta mit Broccoli in Sahnesauce 102
Pasta mit Dicken Bohnen (Westfälische Edamame) 135
Pasta mit Fenchel 85
Pasta mit Kartoffel-Oliven-Sauce 103
Pasta mit Kartoffeln und Bohnen 110
Pasta mit Kastanien und Rosenkohl 102
Pasta mit Paprika und Spinat 82
Pasta mit Radicchio und Birne 104
Pasta mit Rosenkohl und Walnusspesto 106
Pasta mit Rote Bete 116
Pasta mit Sauerkraut 93
Pasta mit Spargel à la Ox 126
Pasta mit Tomatensauce (Miraculöse Spaghetti) 97
Pasta mit Zitronen-Kohlrabi 95
Pasta mit Zucchini, sardisch 119
Pasta überbacken mit Tomatensauce (Ziti) 136
Pastasotto mit grünen Bohnen und Tomaten 105
Pastasotto und ofengerösteter Kürbis 107
Pebre 54
Pflaumen-Flan 178
Pizza bianca mit Spargel 108
Pizza für Faule 109
Pommes-Bohnen-Penne 110
Potato Wedges (Kartoffeln vom Blech) 29
Pseudo-Punk (Quinoa-Zucchini-Pfanne) 112
Puchero de Coco Estilo Canario (Kanarischer Gemüseeintopf) 111

Quiche mit Kartoffeln 113
Quiche mit Kürbis 114
Quinoa-Zucchini-Pfanne (Pseudo-Punk) 112

Rejuvelac 24
Remoulade 32
Reubensalat (Tempeh mit Krautsalat) 152
Rhabarberkuchen 167
Rhabarberkuchen vom Blech 179
Risotto mit Spargel 125
Rosenkohl mit Walnusspesto und Pasta 106
Rosenkohl, überbacken 135
Rosmarinkartoffeln 115
Rote Bete mit Erbsenpüree (Ampelkoalition) 76

Rote Bete mit Getreide als Salat 147
Rote-Bete-Feldsalat (Highway-Car-Crash-Salad) 148
Rote-Bete-Spaghetti 116
Rotkohlsalat 157
Rührtofu à la Rührei 117
Russischer Salat (Ensalada Rusa) 44
Russischer Zupfkuchen 180

Salat – alles kann, nix muss 142
Salat rot-grün (Gurke-Rettich) 154
Sardische Gnocchetti mit Zucchini 119
Sauerkraut-Salat 155
Schmorgurkenpott 2.0 71
Schnitzel, paniert 129
Schwäbischer Kartoffelsalat 155
Schwäbischer Linseneintopf mit Spätzle 72
Schwäbischer Vleischsalat 55
Schwarzwurzeln in Curry-Sauce 120
Seitan-Geschnetzeltes 122
Skordalia (Kartoffel-Knoblauch-Püree) 56
Sojasteaks 122
Sonnenblumen-Schnittlauch-Frischkäse 27
Spaghetti à la Asia 124
Spaghetti Carbonara 91
Spanische Hackbällchen (Albondigas) 36
Spargel mit Béchamelsauce und Pellkartoffeln 124
Spargel-Bärlauch-Risotto 125
Spargel-Couscous-Salat 156
Spargelpasta à la Ox 126
Spargelsalat, lauwarm 151
Spinat-Kartoffel-Strudel 127
Stachelbeer-Bananen-Marmelade 163
Steckrübenschnitzel 130
Stuttgarter Kokos-Linsen 128
Szegediner Gulasch 128

Tempeh mit Krautsalat (Reubensalat) 152
Tofu paniert à la Fischstäbchen 131
Tofu-Kräuterquark 26
Tofu, aber lecker 132
Tofubällchen mit Tomaten-Auberginen-Sugo aka Poser-Pasta deluxe reloaded 133
Tomate-Mozzarella (Caprese) 40
Tomaten-Bohnen-Aufstrich 22
Tortilla 46
Tortilla mit Kartoffeln und Mangold 47

Überbackene Kritharaki 134
Überbackener Rosenkohl 135
Uschis Easy Peasy Tortilla 47

Westfälische Edamame-Pasta 135
Wie ’n Schnitzel 129

Yummy Rotkohlsalat 157

Zaziki 56
Ziti 136
Zureiches Geschnetzeltes 137
Zwetschgenkuchen mit Streuseln 181
Zwiebelkuchen 138

Stina Spiegelberg
VEGAN BACKEN VON A BIS Z
Das Standardwerk der pflanzlichen Backkunst

Lena Maria Radu
VEGAN FÜR DIE SINNE
Meine vegane Kochschule

Timo Franke
RUSTIKAL - RADIKAL
Meine vegane Küche

Justin P. Moore
THE LOTUS AND THE ARTICHOKE
Vegane Rezepte eines Weltreisenden

Lorena Palombo
VEGAN IM VAN
Kreativer Freiraum für Genuss. Vielseitige vegane Küche unterwegs, im Camper oder zu Hause.

Katrin Schäfer / Daniel Roth
RUN VEGAN
Training, Ernährung, Rezepte. Das Handbuch von beVegt.de

Mechthild Bachmann (Hg.)
SCHLEMMEN FOR FUTURE
Rezepte für die klimafreundliche Pflanzenküche

Brit Morbitzer
EINFACH VEGAN GENIESSEN
Meine minimalistische Pflanzenküche.

Patrick Bolk
VEGAN, ABER GÜNSTIG - DAS KOCHBUCH

www.ventil-vegan.de
fb.com/ventilvegan
@ventilvegan